Edith Hallwass

Deutsch für kluge Köpfe

Edith Hallwass

Deutsch für kluge Köpfe

Ein vergnüglicher Sprachkurs in Frage und Antwort

WELTBILD VERLAG

Genehmigte Lizenzausgabe für
Weltbild Verlag GmbH, Augsburg 1994

Umschlaggestaltung: Peter Engel, München
Gesamtherstellung: Kösel, Kempten
Printed in Germany
ISBN 3-89350-684-5

Inhalt

Vorwort

Wer hat Ihnen geraten, dieses Buch zu lesen?

War es ein guter Freund? Dann hören Sie weiter auf seinen Rat. War es Zufall? Oder Intuition? Dann danken Sie den Göttern.

War es eine Buchhändlerin? Bleiben Sie ihr treu. Ein Vorgesetzter? Er meint es gut mit Ihrer Karriere. Oder war es vielleicht der Ruf, den die Autorin als Expertin ausstrahlt? Sehr schön ... So oder so, an meinem Vorwort kann es jedenfalls nicht liegen, daß Sie dieses Buch in der Hand halten, denn einführenden Texten begegnet man ja erst, wenn aus irgendeinem Grund die richtige Tür geöffnet, ein bestimmter Buchdeckel aufgeklappt, das lesewillige Auge ins Neuland getreten ist.

Und Neuland, lieber Leser, liegt hier tatsächlich vor; nicht allumfassend, nein – nicht in der Sprache von Grund auf, nicht einmal grammatikalisch und stilistisch, wohl aber in der praxisnahen Konfrontation mit eben diesen schreibhandwerklichen Gesetzmäßigkeiten. Das bedeutet freien Zutritt in einen sprachbewußten Lernprozeß von hautnaher Struktur und schenkt dem Lernenden den kolossal nuancenreichen Spaß, mit tagtäglichen Sprachproblemen heiter ringend umzugehen.

Nun, mögen Sie fragen, gibt's denn das, Heiterkeit im Lernen, im komplizierten Regelwerk unserer Sprache? Dazu wäre anzumerken: Schreiben heißt Erfassen, Festhalten, Ausdrücken, Verdichten, heißt Informieren, Vermitteln, Überzeugen – und all dies ausgerichtet auf eine einzige Person, auf den Leser. Was also ist Schreiben anderes als schriftliche Zwiesprache? Was könnte es Besseres sein als Reden von Mensch zu Mensch?

Allzuoft wird dies vergessen – und viel zu leicht rutscht mancher Schreiber ins Dozieren, in menschenleere Hallen, in die Substantivitis und andere postbarock kostümierte Unsitten. Was spricht denn dagegen, eine der schönsten sprachlichen Qualitäten, das Lesevergnügen, hochzuhalten und herzhaft engagiert zu pflegen? Gewiß, die Denkräume sind groß und die Präzisionswerkstätten eng; wer schreibt, muß dies respektieren. Doch der lebendig pulsierende Ausstrahlungsbereich ist von paradiesischer Weite.

Wer ihn nicht nutzt, weiß wenig von der Schönheit des sprachlichen Handwerks und bringt den Leser um ein intensives Vergnügen.
Exakt in dieser fundamentalen Qualität ist das Hallwasssche Lehr- und Übungswerk vorbildlich. Die von der Autorin konzipierte und einzelheitensatte Art und Weise des Lesens, Verstehens, Aufzeigens, Begründens und Übens macht das Lernen erlebnisreich, kurzweilig und dynamisch. In diesem Buch wird Lernen zum vergnüglichen Entdecken. Und Seite für Seite kann man erleben, daß Schreiben eine Kombination von Fakten und Formen, von Wirklichkeit und Wirkung, von Motivation und Macherlaune ist – und daß das reglementarische Gestrüpp eigentlich niemanden ernsthaft hindert, sich sprachlich individuell, spontan und elegant zu bewegen.

Milo Schraner, Zürich

Sie blättern gerade in einem Buch, lieber Mitmensch,

um das viele Nicht-Texter naserümpfend einen Bogen machen werden. »Deutsch? Kann doch jeder. Haben wir ja alle in der Schule gelernt, genau wie Rechnen und Schreiben.« Dagegen sagen Sie mal was!

Mich hat man schon oft gefragt, wie ich nur darauf gekommen sei, ausgerechnet Sprache und Stil zu meinem Thema zu machen. Das ist schnell erzählt: Auf mich kam eines Tages der Redakteur einer Zeitschrift für Bau- und Möbelschreiner zu. »Wenn Sie Deutsch studiert haben«, sagte er, »können Sie doch meinen Schreinern in einer Artikelfolge klarmachen, wie man ordentliche Geschäftsbriefe schreibt und wohin die Kommas kommen.« Nun hatte ich zwar in zehn Semestern Germanistik kein Sterbenswörtchen über Geschäftsbriefe oder gar über etwas so Profanes wie Kommas gehört, und eigentlich hätte ich auch viel lieber Kinderbücher geschrieben, aber ich sagte mir, Menschen, die keine höhere Schule besuchen konnten, weil sie vielleicht schon früh mitverdienen mußten – diesen Menschen durch ein bißchen Nachhilfe das berufliche Vorwärtskommen zu erleichtern ist auch eine schöne Aufgabe. So schrieb ich also jeden Monat eine Folge Deutsch für Schreiner. Aus Leserbriefen sah ich, daß meine Artikel gelesen wurden: von Firmenchefs, Verkaufsleitern, Werbeassistenten, Ausbildern, Chefsekretärinnen in Möbelfabriken, sogar von einem deutschen Mönch im Fernen Osten. Von einem Schreiner kam nie ein Brief. Mein Onkel, damals selbständiger Tischlermeister und Abonnent der Schreinerzeitschrift, lobte das Blatt in höchsten Tönen; er lese jede Ausgabe von der ersten bis zur letzten Seite: »Bloß den Quatsch, den du schreibst, den lese ich natürlich nicht.« Sein Sohn, damals Medizinstudent in den ersten Semestern, schnitt sich aus Vaters Zeitschrift meine Artikel aus und sammelte sie – nicht unbedingt aus Freude am Thema, mehr in der Hoffnung, seine Cousine bei einem Irrtum zu erwischen. Auch das ist ein Lesemotiv.

Erzählt habe ich die kleine Begebenheit, weil sie mir früh etwas Entscheidendes klargemacht hat: Am intensivsten werden Sprach- und Wörterbücher immer von denen genutzt, die sie am wenigsten nötig haben. Denn Menschen, die nach kurzer Schulzeit in einen praktischen Beruf gegangen sind, haben in der Regel keine Beziehung zur Sprache. Und bei denen, die sich für ein naturwissenschaftliches Studium entscheiden, bleibt das Interesse eher sporadisch, zufallsbedingt. Nur wer wie Sie schreibend mit der Sprache umgeht, nur wer wie Sie weiß, was Worte bewirken, wie Worte zaubern können, greift zu einem Sprachbuch in der Erwartung, ein paar neue Zauberkunststückchen kennenzulernen. Darum blättern Sie nur weiter. Vielleicht stoßen Sie auf den einen oder anderen Trick, der Ihre Texte noch attraktiver machen könnte.

Zur Hauptsache bekommen Sie es allerdings in diesem Buch mit Handfesterem zu tun, mit gedanklich Unklarem und sprachlich Danebengeratenem, mit allem, was dazu führen könnte, daß Anzeigen achselzuckend überblättert und Werbebriefe, kaum angelesen, in den Papierkorb befördert werden. Aus einem Werbebrief mit bestechenden Argumenten und durchgestylter Typographie auf bestem Papier braucht dem Leser nur ein einziges falsches Wort ins Auge zu springen – schon ist der Brief für die Katz. Der Tenor der Ablehnung ist immer der gleiche: »Wenn die nicht mal wissen, daß man *Variante* nicht mit *W* schreibt, kann auch ihre Ware nicht das Wahre sein.« Ein Vorurteil? Gewiß. Aber eines, das sich nur durch erhöhte Sorgfalt aus der Welt schaffen läßt.

Sie wissen ja: Mit jedem Text, der entsteht, muß einer sich plagen, entweder der Schreiber oder später der Leser. Da kein Leser bereit ist, sich von einem Text plagen zu lassen, den er nicht herbeigesehnt hat, liegt in der Werbung die Plage allein beim Schreiber.

Für die tägliche Plackerei möchte Ihnen das Buch eine kleine Hilfe sein. 444mal gibt es Ihnen Gelegenheit, Ihren Kenntnisstand zu testen, Halbvergessenes aufzufrischen und Niegewußtes nachzuholen.

Gewiß haben Sie es beim Blättern schon gemerkt: Die Fragen stehen immer links, die Antworten rechts. Spannender und effektiver wird die Lektüre, wenn Sie die rechte Seite mit einem Blatt Papier abdecken und probieren, ob Sie nicht von allein auf die Antwort kommen. Rutschen Sie erst dann mit dem Papier ein Stückchen weiter nach unten. Bei allem, was Ihnen ohnehin klar ist, brauchen Sie nur flüchtig nach rechts zu schauen; in den meisten Antworten ist das Wichtigste fein unterstrichen.

Nun müssen Sie das Buch nicht etwa Seite für Seite von vorn nach hinten lesen, und erst recht nicht am Stück. Heute ein halbes Dutzend Fragen und Antworten, übermorgen wieder – das macht mehr Spaß und ist bekömmlicher. Anfangen können Sie, wo Sie wollen: in der Mitte, am Anfang, am Schluß. Haben Sie Freude am Wortspiel? Dann sollten Sie sich zuerst das Kapitel ansehen, das auf Seite 259 beginnt: »Wenn der Kopf aber nun ein Loch hat . . .«; es ist das unterhaltsamste.

Bei der Gelegenheit: Was tun, wenn das meiste von dem, was beim letzten Frage-Antwort-Training in den Kopf gelangte, inzwischen ausgelaufen ist? Nicht klagen, nicht zagen – lieber das Register fragen. Schlagen Sie bitte Seite 307 auf. Da beginnt das erste von drei Verzeichnissen, ein Stichwortregister; es setzt Sie auf die richtige Fährte, wenn Sie sich an das Wort oder Wortpaar erinnern, um das es ging. Auf Seite 314 beginnt ein Fachwortregister, eine Nachschlagehilfe für alle, die sich in der Grammatik auskennen. Auf Seite 320 fängt schließlich ein Sachwortregister an, das Ihnen einen Zugriff auf Werbetips bietet. Über das eine oder andere oder auch über alle drei finden Sie schnell an die Stelle zurück, die Sie nachlesen möchten.

Profis gehen den umgekehrten Weg. Ein Profi liest ein Buch wie eine alte Frau die Tageszeitung: beide fangen hinten an. Die alte Frau tut's, weil hinten die Todesanzeigen stehen und es ihr Vergnügen bereitet zu sehen, wie viele Jüngere sie schon überlebt hat. Der Profi tut's, weil er die Qualität eines Buches, das nicht nur unterhalten will, nach seinem Apparat beurteilt und ein Buch mit solidem Register vor allem zum Nachschlagen nutzt.

Doch keine Bange, lieber Mitmensch: »Deutsch für kluge Köpfe« ist kein Lehrbuch im herkömmlichen Sinn, es will im Grunde nur nützliche Unterhaltung bieten. Sollten Sie trotzdem hier und da den Eindruck gewinnen, daß den kleinen grauen Zellen die Herumturnerei zu schaffen macht, dann klappen Sie das Buch getrost zu. Aber schlagen Sie es bald wieder auf. Training hält nicht nur den Korpus fit. Der englische Komponist Benjamin Britten (1913–1976) sagte es mit einem eindringlichen Bild: »Lernen ist wie Rudern gegen den Strom. Sobald man aufhört, treibt man zurück.«

Edith Hallwass, Stuttgart

Worauf es ankommt, damit es ankommt

Weniger ICH, mehr DU

»Herr Kollege, ich habe gehört, daß Sie zu Ihren Patienten reichlich grob sein sollen. Wenn Sie so weitermachen, wird sich bald keiner mehr für Sie erwärmen.«
»Ist auch nicht nötig. Hauptsache ist, daß sich möglichst viele für mich erkälten.«

Die Firma Vetter in Zülpich-Langendorf stellt Hebekissen her und stellt natürlich auch auf Messen aus. Kurz nach Messeschluß erhielt sie einmal eine Mahndrucksache auf Kunstdruckpapier. Kein Datum, keine Unterschrift, aber mehrfarbig. Der Text:

> Sehr geehrter Messeaussteller,
> wie viele andere Messebesucher finden auch wir, daß Ihr Messestand optimiert werden muß. Um Ihnen zum Erfolg zu verhelfen, haben wir uns progressives Gestalten zur Aufgabe gemacht. Wir, jung, dynamisch, Ideen sprühend, sind ein Team, das aus einer Druckerei, einem Photostudio, Graphikern und Designern besteht . . .

Würden Sie mit Leuten arbeiten, die Ihnen gedruckt mitteilen, daß Ihr Messestand miserabel sei? Bei Vetter hat man mit einem geharnischten Brief reagiert, in dem es unter anderem heißt:

> Sicherlich haben Sie viel erreicht, nicht jedoch Ihr Ziel. Ihrem gemischten Quartett fehlt nämlich ein Texter, der trotz sprühender Ideen die Wirklichkeit nicht aus den Augen verliert . . .

Und die Wirklichkeit, liebe Leute, besteht nun mal aus Menschen, die so gut wie alle ein hohes Selbstbild haben. Seien wir ehrlich: Sofern wir überhaupt Schwächen bei uns diagnostizieren, spielen wir sie herunter; die eigenen Stärken halten wir dagegen für einsame Spitze. Die meisten von uns fühlen sich dem »Durchschnitt« turmhoch überlegen.

Gewinnend schreiben kann aber nur, wer sein überkandideltes Selbstwertgefühl im Zaum hält. Sagen Sie selbst: Wäre der Brief der Messestandplaner nicht ansprechender geraten, wenn er so eingesetzt hätte?

> Falls Sie sich fragen, liebe Mitmenschen bei Vetter, ob sich an Ihrem eindrucksvollen Messestand nicht doch noch dies und das verbessern ließe . . .

Ergo: Erkälten tun sich Menschen von allein. Wollen wir sie für uns oder unser Produkt erwärmen, müssen wir schon so schreiben, daß ihnen warm ums Herz wird.

1 Postkarten mit selbstklebender Klappe werden von einem Hersteller mit der Begründung angeboten:

»Die Schreibfläche ist fast so groß wie die eines Briefes im Format A5 und wann sind Ihre Mitteilungen schon vertraulich?«

Gegen die beiden Argumente ist wenig zu sagen, gegen die Art der Argumentation sehr viel. Wie würden Sie das formulieren? (Daß außerdem vor *und* ein Komma oder – ausdrucksstärker – ein Gedankenstrich stehen müßte, ist Ihnen sicher aufgefallen.)

2 Eine Uhren-GmbH aus Rottweil wendet sich mit einem Prospekt voll *tickender Ideen* – hübsch gesagt, nicht wahr? – an Werbeleiter in der Industrie. Ihr Begleitbrief beginnt so:

»Geht es Ihnen nicht auch so, daß Sie immer wieder vor der Frage stehen, welches Präsent für Ihre Kunden genau das richtige ist?«

Etwas später dann die Frage:

»Dürfen wir Ihnen mit unserem Prospekt eine Anregung geben?«

Wie gefällt Ihnen das?

3 Hier eine Stelle aus dem Entwurf eines *Liebe-Mitarbeiter*-Briefs, mit dem ein Fachzeitschriftenverlag seinen Angestellten den Bau eines neuen Verwaltungsgebäudes ankündigte. Sie werden es merken: Verfaßt wurde der Entwurf im Namen der Geschäftsleitung von einem Organisationsberater.

»Das Verwaltungsgebäude ist nichts anderes als ein Arbeitshilfsmittel. Es muß alle Installationen, Vorrichtungen und Maschinen enthalten, die das Hilfsmittel erst zu einem rationellen Arbeitsmittel werden lassen. Es muß aber vor allen Dingen Ihnen, liebe Mitarbeiterinnen und Mitarbeiter, die Arbeit erleichtern helfen . . .«

Von der Geschäftsleitung wurde ein Satz dieser Textstelle aus guten Gründen geändert. Welcher wohl? Und wie?

1 Zu fragen ... *und wann sind Ihre Mitteilungen schon vertraulich?* heißt Leute vor den Kopf stoßen. So unverfroren kann man niemandem kommen, dem man etwas verkaufen will. Sie würden der Frage, die den Widerspruch geradezu provoziert (»Erlauben Sie mal!«), wohl auch die Untertreibung vorziehen:

Die Schreibfläche ist fast so groß wie die eines Briefes im Format A5 – *und im Geschäftsleben muß ja nicht jede Mitteilung als Geheimsache verschickt werden.*

2 Werbeleiter Karl-Heinz S. in Hagen zeigte sich von diesem Brief sehr angetan. Er sagte es so: »Der indirekte Hinweis darauf, daß ich's gar nicht leicht habe in meinem Job, verfehlt bei mir seine Wirkung nicht.« Und: »Wer mir so unaufdringlich zu verstehen gibt, daß er etwas für mich tun kann und möchte, dem widme ich gern ein paar Minuten meiner Zeit.«

Möglich, daß der Uhrenanbieter nicht bei allen Werbeleitern so gut angekommen ist. Doch im allgemeinen erreicht mehr, wer mit leisen Tönen auf die Situation des Umworbenen eingeht, statt mit lauten das eigene Produkt in den Himmel zu loben.

3 Auf die komische Idee, ein großes Verwaltungsgebäude als Arbeitshilfsmittel zu definieren, kann nur ein Organisator kommen. Aber nicht das ist der springende Punkt. Geändert wurde der letzte Satz: *Es muß aber vor allen Dingen Ihnen, liebe Mitarbeiterinnen und Mitarbeiter, die Arbeit erleichtern helfen.* Denn das könnten die lieben Beschäftigten leicht in die falsche Kehle bekommen: »Aha, wir dürfen schuften, und die da oben lassen sich's auf unsere Kosten wohl sein!«

Die Geschäftsleitung kann diesen Eindruck nur vermeiden, wenn sie auf die Anrede *liebe Mitarbeiterinnen und Mitarbeiter* verzichtet und sich in den Kreis der Arbeitenden einbezieht:

In erster Linie aber muß es uns allen die Arbeit erleichtern.

4 Werbeabteilungen in Zeitschriftenverlagen haben heute einen Leser-Service. Seine besondere Service-Leistung besteht darin, dem Umworbenen die Bestellung – und sei es nur die eines Ansichtsexemplars – so leicht zu machen, daß er nur noch zu unterschreiben braucht. Hier ein vom Leser-Service eines Bad Wörishofer Fachverlags verbrochener Bestellkartentext:

> Ja, schicken Sie mir zum Kennenlernen ein Ansichtsexemplar – für mich unverbindlich und kostenlos. Sie garantieren mir, daß aus dieser Aufforderung keinerlei Verpflichtungen entstehen.
> Bitte hier Ihre Anschrift gut lesbar eintragen. Danke!
> Name, Vorname ....
> Straße, Hausnummer ....
> Postleitzahl, Ort ....

Psychologen und Soziologen haben ein Wort für das, was da passiert ist. Kommen Sie drauf?

5 Ein Friseur, der sich *Coiffeur* nennt, versorgt die Hausbriefkästen seiner Umgebung mit elegant bebilderten Prospekten. Die Titelseite trägt den Aufdruck:

> *Wie schönes Haar noch schöner wird*

– eine auffallend melodische Schlagzeile.

Was ist vom Motivationswert der Werbeaussage zu halten?

6 Ein Elektriker hat in einem Neubaugebiet einen kleinen Betrieb aufgemacht. Mit einem Handzettel verständigt er die Nachbarschaft davon, daß er in Notfällen auch nach Feierabend zu erreichen sei. Unterschrift:

> *F. Uhlmann*
> *Elektroinstallationen*

Sie hätten das geschickter hingekriegt. Wie hätten Sie die Unterschrift gefaßt?

4 Rollentausch. Wer einen Text in der Ichform vorgibt, den der Umworbene unterschreiben soll, darf nicht zwischen Text und Unterschrift plötzlich wieder vom eigenen Schreibtisch aus argumentieren. Die Aufforderung

Bitte hier Ihre Anschrift gut lesbar eintragen. Danke!

darf allenfalls neben oder unter der Unterschriftzeile stehen, niemals darüber. Achten Sie darauf, so ein Rollentausch ist auf Bestellformularen nicht selten.

5 Viel, denn charmanter kann man es den Frauen nicht sagen. Hier verkündet kein arroganter Figaro: Dank meiner unnachahmlichen Geschicklichkeit wird unter meinen Künstlerhänden sogar Ihr strähniges (schnell fettendes, strohiges, störrisches oder viel zu feines) Haar zu einem Kunstwerk. Hier heißt es weit klüger: Was ich zu bieten habe, ist nur eine Steigerung Ihrer Schönheit.

Schon im 16. Jahrhundert hat man es gewußt: »Auch wenn die Weiber häßlich und narbig saint, thue ihnen schön, es bringt Nutz.« Die Motivforschung ist so kompliziert geworden, daß wir uns ruhig hin und wieder an die alten, simplen Einsichten erinnern sollten.

6 Sie hätten gewiß daran gedacht, daß sich gerade in Neubaugebieten schnell ein Zusammengehörigkeitsgefühl entwickelt. Darum hätten Sie Nähe und Nachbarschaft betont und wahrscheinlich so unterschrieben:

Felix Uhlmann
Ihr Elektriker von nebenan

Oder:

Ihr Elektromeister aus der Karlshofstraße

Damit hätten Sie den Leuten gleich noch den Vorteil »geringe Wegekosten« signalisiert. Sie meinen, die Adresse des Elektrikers stehe ohnehin oben auf dem Handzettel? Stimmt. Aber was unter der Unterschrift steht, wird mit größerer Wahrscheinlichkeit gelesen.

7 Josef Zachl, Werbetexter in Steyr in Österreich, staunte nicht schlecht, als er sah, was Kollegen über eine hochwertige Kamera zusammengedichtet hatten:

> »Die erste mit Motivprogrammierung und Autofocus. Das Ergebnis: Profimäßig creativ gestaltete Bilder.«

»Da muß wohl«, meinte Zachl, »ein ›Creativchip‹ die Kamera in den Händen des Fotografen so lange bewegen, bis der Ausschnitt stimmt.«

Wie könnte man für die Kamera werben, ohne dem Käufer vorzugaukeln, Spitzentechnik ergäbe *creativ* gestaltete Bilder?

8 Die Informationszentrale der Elektrizitätswirtschaft in Frankfurt am Main bot – nicht ganz ohne Hintergedanken – Redaktionen zum Jahreswechsel 88/89 ein schönes Geschenk an, einen großformatigen Kunstkalender. Der Redakteur brauchte nur die Abrufkarte aus einem perforierten Blatt zu lösen und unterschrieben abzuschicken. Vorher aber las er oberhalb der Perforierung noch den Hinweis:

> »Bitte beachten Sie, daß nur ausreichend frankierte Postkarten bearbeitet werden können.«

Das verstimmte ihn. Warum wohl?

9 Kalender sollten Sie im Frühherbst bestellen, die interessantesten sind vielleicht schon im Oktober vergriffen. Das etwa ist der Inhalt eines Briefs, mit dem ein Verlag für seine Kalender wirbt. Der Brief schließt:

> »Bitte benutzen Sie die beiliegende Bestellkarte, und vergessen Sie nicht Ihre Anschrift! (Das kommt nämlich ziemlich oft vor.)«

So ist der Text eine glatte, wenn auch ungewollte Beleidigung. Doch zwei winzige Änderungen, und schon wird daraus eine höfliche Erinnerung. Welches sind die störenden Stellen, und wie wären sie zu ändern?

7 Zachl schlägt vor:

> *Die Kamera nimmt Ihnen alle technischen Einstellungen einschließlich der Entfernungseinstellung ab. Sie können sich voll auf das Motiv konzentrieren und bessere Bilder als je zuvor nach Hause bringen.*

Mir gefällt daran, daß hier nicht die Spitzentechnik besungen, sondern einem Durchschnittsmenschen wie mir gesagt wird, was er von der Spitzentechnik hat.

8 Weil ihm wieder einmal etwas vorgeflunkert wird. Wieso sollten Leute, die teure Kunstkalender verschenken, unfrankierte Postkarten nicht bearbeiten können? *Können* tun die Brüder schon, sie *wollen* bloß nicht. Und das kann man verstehen. Man versteht sogar, daß sie mit ihrem Nicht-Wollen hinterm Berg halten möchten. Aber für *nicht wollen* einfach *nicht können* zu sagen ist eine fadenscheinige Ausrede. Glaubwürdiger argumentiert, wer auf modifizierende Angaben wie *können* und *wollen* verzichtet und Tatsachen sprechen läßt:

> *Haben Sie bitte Verständnis dafür, daß wir nur ausreichend frankierte Abrufkarten bearbeiten.*

9 Das erste störende Wort ist *Ihre.* Dem Empfänger des Briefes wird damit unverschämterweise erklärt, daß er ziemlich oft vergesse, seine Anschrift anzugeben. Das richtige Ersatzwort wäre *die,* es verallgemeinert. Und wenn Sie dann noch das erste Wort in der Klammer, das Demonstrativpronomen *das,* gegen *so etwas* austauschen:

> . . . und vergessen Sie nicht *die* Anschrift! *(So etwas* kommt nämlich ziemlich oft vor),

dann kann niemand mehr mit zureichendem Grund den eingeklammerten Hinweis auf sich selbst beziehen.

10 Aus einem Schlankheitsinserat:

»Mit 10, 15 oder gar 25 Kilo weniger wird für Sie ein ganz neuer Lebensabschnitt beginnen. Sie werden sich so wohl fühlen wie noch nie in Ihrem Leben – und so attraktiv und jung aussehen wie vor vielen Jahren.«

Von der Übertreibung abgesehen, die das Angebot unglaubwürdig macht, wird hier psychologisch ungeschickt argumentiert. Wieso?

11 Will einer seinen Mitmenschen besonders liebenswürdig kommen, hat er die Wahl. Er kann seine Anreden aus dem Tierreich beziehen: *Sie schlauer Fuchs, Sie alter Hase, Sie Dackel, Rindvieh, dumme Gans!* Oder aus der feinen Küche: *Sie Früchtchen, Würstchen, junges Gemüse, Sie Windbeutel, komische Nudel, beleidigte Leberwurst!* Neuerdings dient sogar die Zeichensetzung als Anredereservoir. Ein Werbebrief eines Münchner Vertriebsunternehmens beginnt so:

Sehr geehrte(r) ?
Das einzige, was wir von Ihnen haben, ist eine Adresse aus dem Telefonbuch. Deshalb möchten wir Sie gerne kennenlernen, möchten dieses ? durch Ihren Namen, Ihre Firma ersetzen.
Dazu laden wir Sie ? recht herzlich ein zu unserer Hotelausstellung nach . . .

Würde es Ihnen gefallen, als Fragezeichen tituliert zu werden?

12 Wenn Sie einen Werbebrief an Bezieher höherer Einkommen verschicken, dann machen Sie es gewiß nicht wie der geschäftsführende Komplementär eines Touristikunternehmens, der auf der Suche nach Kommanditisten lapidar behauptet:

»Unsere Broschüre ›Steuerersparnis durch Investitionen in der Touristik‹ ist für Sie als gutverdienenden Bundesbürger sehr interessant.«

Das ist unklug, weil anmaßend gesagt. Wieso?

10 Zwar beginnen Gewichtsprobleme meist erst in mittleren Jahren, doch kein Mensch, ob Dickerchen, ob Bohnenstange, hört gern, wie alt er schon ist.

... *so attraktiv und jung wie vor vielen Jahren* – wer mir derart unverfroren den Spiegel vorhält, dem kaufe ich nicht die klitzekleinste Kleinigkeit ab. Das Versprechen, ich würde nach der Schlankheitskur *attraktiver und jünger* aussehen, hätte ich mir eher gefallen lassen.

Aber man kann so etwas auch intelligenter arrangieren. Angesprochen hat mich die Werbung eines Modehauses:

> *Meine Dame, hat man Sie schon einmal für die Schwester Ihrer Tochter gehalten? Nein? Dann sollten Sie gelegentlich zu uns kommen.*

11 Wohl kaum. Die meisten Adressaten reagieren empfindlich, wenn ihr Name verstümmelt, unterschlagen oder kurzerhand durch ein Fragezeichen ersetzt wird. Schließlich ist er Teil ihrer Identität, etwas, was sie unverwechselbar macht. Und man mag sagen, was man will: Je demokratischer es bei uns zugeht, desto mehr zehrt es an uns, wenn man uns um das betrügt, wodurch wir uns von unseresgleichen unterscheiden.

Kleine Anmerkung am Rande: Ein Gag erscheint gewöhnlich dem, der ihn macht, weit witziger als dem, der ihn über sich ergehen lassen muß.

12 Was für ihn interessant ist, läßt sich ein gutverdienender Bundesbürger nicht gern von anderen vorschreiben; darüber entscheidet er selbst. Das Apodiktische im Tonfall wäre geschwunden, hätte man aus der Behauptung eine Vermutung gemacht:

> ... ist für Sie als gutverdienenden Bundesbürger *sicher/gewiß/vermutlich/wahrscheinlich* sehr interessant.

13 In der »treffenden Reihe« des Ott Verlags in Thun (Schweiz) ist ein Buch mit dem Titel »Das treffende Werbewort« erschienen, eine wörterbuchartige Sammlung mehr oder minder werbewirksamer Wendungen. Auf der Rückseite des Schutzumschlags kann man lesen:

> Wodurch wollen Sie Kunden gewinnen?
> – Durch imponieren
> – Durch das Warenangebot
> – Durch den Preis
> – Durch Kunden-Betreuung
> – Durch Beeinflussung
> – Durch Appelle an das Gefühl
> – Durch schöne Worte
> Suchen Sie Ihr Stichwort und schlagen Sie nach!

An einer Stelle ist Ihr geschultes Auge soeben hängengeblieben, nicht wahr? An welcher?

14 Stärker ins Gewicht als die beiden läßlichen Rechtschreibsünden auf der Rückseite des Schutzumschlags fällt etwas anderes: Unter den aufgezählten sieben Themen fehlt die wichtigste Methode, Kunden zu gewinnen. Und die wäre?

15 Uwe F., der Leiter des Zentralstabes Öffentlichkeitsarbeit eines großen Industrieunternehmens in Hanau, dient Wirtschaftsredaktionen einen Bericht über sein Unternehmen an, der im »Wirtschafts-Kurier« erschienen ist. Der Brief an die Redaktionen beginnt so:

> Sehr geehrte Damen und Herren,
> es gehört mit zu Ihren Aufgaben, komplexe Vorgänge in verständlichen Worten und angemessener Form wiederzugeben. Die Schwierigkeiten bei dieser Arbeit sind Ihnen bekannt: Oft fehlen einzelne Aspekte, die vereinfachte Darstellung stellt den Fachmann nicht zufrieden, der Laie ist überfordert . . .

Stellen Sie sich vor, Sie hätten als Wirtschaftsredakteur diesen Brief erhalten. Wie wirkt er auf Sie?

13 Sicher gleich am Anfang. Da steht etwas sehr Bedenkliches, und das ist auch noch falsch geschrieben. Wenn man schon *aufs Imponieren* aus ist, sollte man wenigstens wissen, daß substantivierte Verben groß zu schreiben sind. Was substantiviert ist, erkennt man daran, daß ihm ein Artikel, ein Geschlechtswort, vorangehen könnte: *durch* (das) *Imponieren.*

Außerdem müßte vor *und* ein Komma stehen, denn *und* verbindet hier zwei vollständige Sätze: *Suchen Sie Ihr Stichwort, und schlagen Sie nach!*

14 *Durch Aufzeigen des Nutzens*

Erfahrene Werber wissen es: Noch wichtiger, als dem Kunden hervorragende Ware zu einem christlichen Preis anzubieten, ist es, ihm zu zeigen, was er davon hat.

15 Auf mich arrogant und belehrend. Vielleicht reagiere ich überempfindlich, aber ich gehe jedesmal in die Höhe, wenn ein mir unbekannter Mensch mir auf den Kopf zusagt, was zu meinen Aufgaben gehört und was mir bekannt ist, und dann auch noch meint, mir das Bekannte auseinanderklamüsern zu müssen. Für wie bescheuert hält der mich denn!

Der ungewollt herablassende Ton hätte sich vermeiden lassen, hätte der Brief allgemeiner eingesetzt und das Verbindende betont, etwa so:

> Komplexe Vorgänge in verständlichen Worten und angemessener Form wiederzugeben ist alles andere als leicht. Aber wem sagen wir das! Uns,
>
> liebe Kollegin, lieber Kollege,
>
> geht es nicht anders als Ihnen. Wir tun uns oft schwer, die vielfältigen Aktivitäten unseres Hauses umfassend und verständlich darzustellen. Rundum gelungen erscheint uns aber der im »Wirtschafts-Kurier« veröffentlichte Beitrag von Dr. Karl-Heinz L., den wir Ihnen in einer leicht veränderten Fassung zum Abdruck anbieten . . .

16 Jedesmal, wenn sie unter einer Messe-Einladung lesen müsse:

Wir freuen uns, Sie auf unserem Messestand begrüßen zu können,

denke sie sich, gesteht mir eine Journalistin: »Aha, die Leute haben gerade eine schwere Grippe hinter sich. Jetzt sind sie wieder bei Kräften.« Wodurch kommt die Dame wohl auf so sonderbare Ideen?

17 Briefe stets mit *freundlichen Grüßen* zu beenden ist ebenso korrekt wie langweilig. Kein Wunder, daß phantasiereiche Leute auf die Idee gekommen sind, zur Abwechslung auch mal

Wir grüßen Sie freundlich

zu schreiben. Irgendwelche Einwände?

18 Vor kurzem bekam ich einen geschäftlichen Brief mit persönlichem Touch, geschrieben von einem Texter in Flensburg. Der Brief schloß nicht mit der ewig gleichen Grußformel, die man schon nicht mehr lesen mag, sondern mit

Ich wünsche Ihnen einen schönen Oktober.

Mich hat das angesprochen. Und darauf gebracht, daß man persönlich eingefärbte Werbebriefe, wie sie bei manchen Katalogversendern zur Freude ihrer Kunden noch üblich sind, auch mit einem Wunsch statt mit der üblichen Grußfloskel schließen kann. Überlegen Sie mal: Was könnte man seinen Mitmenschen wünschen? Konkreter gefragt: Womit würden Sie

Ich wünsche Ihnen . . .

unter einem persönlich gehaltenen Werbebrief fortsetzen? Lassen Sie sich bitte sechs Varianten einfallen, bevor Sie nach rechts schauen. Aber nicht . . . *viel Spaß beim Blättern in unserem neuen Katalog* – das ist abgedroschen.

16 Durch das Wort *können.* Wer sich darauf freut, jemand begrüßen zu können, fühlt sich stark genug zum Händeschütteln. Die Journalistin hat recht:

Wir freuen uns darauf, Sie auf unserem Messestand *zu begrüßen,*

sagt das gleiche kürzer und korrekter. Aber es geht auch frischer, weniger konventionell:

Kommen Sie? Sagen Sie JA auf der beigefügten Antwortkarte.

Oder auch nur:

Bis bald, ja?

17 Ja, die sollten Sie haben. In *Freundliche Grüße* ist *freundlich* Attribut zu *Grüße.* Doch in *Wir grüßen Sie freundlich* bezieht sich *freundlich* auf den, der grüßt. Nun können wir eine Eigenschaft wie Freundlichkeit wohl anderen attestieren, nicht aber uns selbst. Wir können sagen: »Sie grüßen mich immer so freundlich, darüber freue ich mich jedesmal«, aber kaum: »Ich grüße Sie immer so freundlich, nun freuen Sie sich mal.«

18 ... einen angenehmen Tag.
... trotz Nieselregen einen sonnigen Septembertag.
... Freude an der Arbeit und einen schönen Abend.
... daß Sie wohlauf und guter Dinge sind.
... daß Ihnen, was Sie vorhaben, leicht von der Hand geht.
... daß nach Ihrem ausgefüllten Tag ein guter Abend auf Sie wartet.
... daß Sie bei diesem Novemberwetter schön gesund bleiben.
... daß Ihnen heute einfach alles gelingt.

Wer will, kann unter die guten Wünsche noch ein *In diesem Sinn Ihr ...* setzen. Nötig wäre es nicht.

19 Eine Frage, die jeder, der eine Sekretärin hat, irgendwann einmal von ihr zu hören bekommt: Wie adressiere ich den Brief an Herrn Meyer, dem man gerade Prokura erteilt hat?

a) Herrn Prokuristen Felix Meyer
b) Herrn Prokurist Felix Meyer
c) Herrn Felix Meyer

20 Angenommen, Sie umwerben 15- bis 18jährige Berufsanfängerinnen. Ihre Adressenkollektion enthält den kompletten Namen. Wie reden Sie die 16jährige Marlies Ebel an?

a) Sehr geehrte Frau Ebel
b) Sehr geehrtes Fräulein Ebel

21 Gesetzt den Fall, Sie hätten einen Brief an einen weiblichen Bankdirektor namens Müller zu richten. Welche Anrede wählen Sie?

a) Sehr geehrte Frau Direktor
b) Sehr geehrte Frau Bankdirektorin
c) Sehr geehrte Frau Müller
d) Sehr verehrte gnädige Frau

22 Aus einem Angebotsbrief eines Hamburger Werbeartikelversenders:

»Besonders erfreulich für Sie dürfte sein: Ein großer Teil unserer Artikel wurde im Preis nicht angehoben; für einige Serien wurde der Preis sogar gesenkt. Nur vereinzelt sind kleinere Erhöhungen zu verzeichnen.«

Das ist normales Deutsch, wie es jedem von uns täglich aufs Papier geraten kann. Trotzdem werden empfindsame Gemüter ein Härchen in der Suppe finden: *dürfte sein* hat für sie einen leicht herablassenden Unterton. Und wenn wir genau hinhören, müssen wir ihnen recht geben. Was könnte man sagen für *dürfte sein*?

19 Anschrift a mit dem gebeugten Prokurist*en* ist korrekt und richtig schön altmodisch.
Die Beugung zu unterlassen wie in b ist auch zulässig und ein bißchen moderner.
c ist modern und kann, wenn man Pech hat, als Unhöflichkeit aufgefaßt werden. Denn wer einen Titel hat, legt meistens auch Wert darauf, ihn zu lesen – zumindest solange der Lack noch frisch ist.
Ich selbst benutze eine vierte Möglichkeit:

Herrn Felix Meyer
– Prokurist –

20 Ich würde auf eine dritte Variante ausweichen, auf die Anrede mit Vor- und Zunamen:

Liebe Marlies Ebel

Darin liegt nichts Gekünsteltes und nichts Herablassendes – im Gegenteil! Mit Vor- und Zunamen redet man ja sonst Künstler, Schriftsteller und andere an, wenn man persönliche Wertschätzung ausdrücken möchte.

21 Einig sind wir uns gewiß in einem Punkt: c wäre arg normalsprachlich. Wenn eine Frau es zur Bankdirektorin gebracht hat, hört sie das auch ganz gern. Aber wie? An sich genügt die einmalige Kennzeichnung des Geschlechts (*Frau* Direktor). Emanzipationsbewußte Frauen wollen gern doppelt weiblich sein (*Frau* Bankdirektor*in*).
Mit d kann ein Mann nach meiner Erfahrung nie etwas falsch machen: So ein bißchen altmodische Courtoisie tut auch den arriviertesten Frauen gut.

22 Beispielsweise *ist wahrscheinlich* oder *ist sicher* oder *wird sein;* das Futur *(werden)* drückt hier eine Vermutung aus. Kürzer und frischer wirkt eine Kurzformel am Satzanfang:

Eine gute Nachricht: Die Preise sind weitgehend stabil geblieben, einiges wurde sogar billiger.

23 Was soll man davon halten, wenn ein Begleitbrief zu einem Prospekt mit den Worten schließt:

»Falls Sie Interesse haben sollten, stehen wir für weitere Auskünfte zur Verfügung.«

24 Wasser ist zum Waschen da. Und Information? Sie werden es nicht für möglich halten: zur Kenntnisnahme. So wenigstens ist es in großen Lettern auf dem Briefbogen einer Advertising Agency aus Lohmar aufgedruckt: *Information zur Kenntnisnahme.* Die Agentur muß schlimme Erfahrungen gemacht haben. Jedenfalls entpuppt sich die mir vorliegende Information als informationsleerer Begleitbrief, der in dem Satz gipfelt:

»Bei Interesse Ihrerseits bitten wir um direkte Kontaktaufnahme an die Mitarbeiter.«

Kontaktaufnahme an die Mitarbeiter?

25 Ein anderer Begleitbrief schließt mit dem Hinweis:

»Für weitere Rückfragen stehen wir Ihnen jederzeit zur Verfügung.«

Was setzen *weitere Rückfragen* voraus?

26 Zur Feier ihres 50jährigen Bestehens hatte eine bekannte Firma in Norddeutschland die Presse eingeladen. Die Journalisten bekamen zum Abschied ein kleines Präsent, und darin steckte ein Kärtchen mit dem Text:

»Wir bedanken uns herzlich für Ihre gute redaktionelle Arbeit und verbinden damit den Wunsch für eine weiterhin erfolgreiche Zusammenarbeit.«

Erstens hat *bedanken* im Gegensatz zu *danken* für viele einen leicht ironischen Unterton. Zweitens muß man zwischen *Wunsch für* (Ihre Arbeit, Ihr Wohlergehen) und *Wunsch nach* (Fortsetzung der Zusammenarbeit) unterscheiden; hier hätte es *nach* heißen müssen. Und drittens enthält der Satz etwas, was bei einigen Journalisten gar nicht gut angekommen ist. Was wohl?

23 Daß die Leute offenbar an ihrem eigenen Angebot zweifeln, und das gleich doppelt: Anders als das bedingende *wenn* rechnet *falls* nur mit einer vagen Wahrscheinlichkeit. Kommt dazu noch der Konjunktiv II *(sollten),* dann hört sich das an wie: »Daß Sie Interesse haben, halten wir für unwahrscheinlich. Aber natürlich stehen wir zur Verfügung. Es läßt sich leider nicht vermeiden.«

24 Unter »Kontaktaufnahme an den Mitarbeitern« hätte man sich noch was vorstellen können: Aha, da zupft einer den andern am Ärmel! Aber »Kontaktaufnahme an die«, das ist kein Deutsch. Man kann sich wohl *an* jemand *wenden,* doch *Kontakt aufnehmen* kann man nur *mit* oder *zu* jemandem:

> *... bitten wir um direkte Kontaktaufnahme mit den Mitarbeitern.*

Doch damit ist der Satz noch nicht im Lot. Das zweifelnde *Bei Interesse Ihrerseits* ist nichts für einen Werbebrief. Und wenn man schon um Kontaktaufnahme bittet, sollte man auch einen Ansprechpartner nennen. Vorschlag:

> *Interessiert Sie das? Dann lassen Sie bitte bald von sich hören. Unsere Anke Schramm weiß, worum es geht, und freut sich schon auf eine Nachricht von Ihnen.*

25 Daß der Angeschriebene mindestens schon einmal rückgefragt hat. Und das hat er in den seltensten Fällen. Ohne *weitere* wäre der Schlußsatz richtig – richtig abgestanden. Frischer ist:

> *Wenn Sie Fragen haben – wir antworten gern.*

26 Ein Industrieunternehmen hat nicht das Recht, für redaktionelle Arbeit die Zensur »gut« zu vergeben. Redakteure sind Menschen mit eigenem Urteil und, zum Leidwesen von Werbe- und Anzeigenleitern, eben keine Hofberichterstatter. Partnerschaftlicher wäre es so geworden:

> *Wir danken Ihnen dafür, daß Sie sich die Zeit genommen haben, zu uns zu kommen, und ...*

27 Ein Ludwigsburger Reisebüro wirbt mit einem gedruckten Brief, der so beginnt:

»Wir erlauben uns, Ihnen unser Reiseprogramm für das nächste halbe Jahr vorzulegen. Wir würden uns freuen, wenn der eine oder andere Reisevorschlag Ihren Wünschen entspräche.«

Das ist kein gelungener Einstieg. Wieso nicht?

28 Ein Modehaus in Pforzheim lädt mich zu einer Modenschau ein:

»Am zweiten Adventssamstag wollen wir Ihnen in einem Modedefilee einen Überblick über unsere Kollektion geben. Top-Mannequins zeigen in zwangloser Folge unsere schönsten Modelle. Dazwischen Gespräch, Beratung, Verkauf. Wir würden uns riesig freuen, wenn Sie zu diesem Anlaß unser Gast wären.«

Das branchenübliche, sonst aber unbekannte *Modedefilee* stört mich nicht groß. Erstens kann ich mir ja denken, daß die Mannequins nicht im Stechschritt vorüberdefilieren werden, und zweitens weiß ich schließlich, daß die Werbung immer wieder neue Wörter braucht. Doch was meinen Sie zum Schlußsatz *Wir würden uns riesig freuen, wenn . . .*?

29 Angenommen, Sie haben erst seit kurzem ein Postfach. Die Bundespost stellt Ihnen Aufkleber mit dem Aufdruck »Briefsendungen an unser Postfach kommen schneller an« zur Verfügung. Sie kleben die Dinger auf Ihre Briefbogen, aber Ihre Geschäftspartner schreiben nach wie vor an Ihre Hausanschrift. Sie entschließen sich, eine Zeitlang jedesmal am Briefende auf das Postfach zu verweisen. Welche Formulierung ziehen Sie vor?

a) Übrigens, wir haben jetzt ein Postfach!
b) Beachten Sie bitte unser Postfach.
c) Richten Sie bitte in Zukunft Ihre Briefe an unser Postfach 32 07 20.

27 Weil die Textstelle an einer »Wirus«-Infektion leidet, beide Sätze beginnen mit *Wir*. Besonders am Satzanfang wirkt wiederholtes *Wir* egozentrisch, manchmal sogar anmaßend. Sagen Sie deshalb in Ihren Werbebriefen so oft wie möglich *Sie*. Vorschlag:

> *Schauen Sie sich einmal unser Reiseprogramm für das nächste halbe Jahr an. Ob darunter nicht die eine oder andere Reise ist, die Sie schon lange machen möchten?*

28 Da hat wieder mal einer zu ichbezogen gedacht. Denn was hat die Kundin davon, wenn der Modehaus-Inhaber und sein Stab sich freuen? Wer Kundinnen bewegen möchte, eine Einladung zur Modenschau anzunehmen, sollte ihnen zeigen, wieviel Schönes *sie* erwartet und worüber *sie* sich freuen werden. Vielleicht so:

> *... Beratung und Verkauf. In stimmungsvoller Atmosphäre warten einmalige Geschenkideen auf Sie, auch interessante, modische Einzelteile, weit günstiger, als Sie denken. Machen Sie sich für ein paar Stunden frei, gönnen Sie sich das prickelnde Erlebnis tragbarer Eleganz zu erschwinglichen Preisen. Und lassen Sie sich von uns verwöhnen: Erfrischungen und eine kleine Überraschung sind schon bereitgestellt. Bitte, seien Sie unser Gast.*

Dann erst darf die Zusicherung folgen: *Wir würden uns riesig darüber freuen.*

29 a wirkt frisch, c wie eine Rüge und b wie eine Ohrfeige. Noch besser als a gefällt mir eine begründende Formulierung, wie sie Werbeberater Harald L. in Essen verwendet:

> *Zuletzt eine Bitte: Die Deutsche Bundespost hat es leichter, wenn Sie bei meiner Anschrift statt Fischerstraße 43 mein Postfach 32 07 20 einsetzen.*

Wer wollte sich dem verschließen?

30 Was ist davon zu halten, wenn eine Versicherungsgesellschaft »Richtlinien für den externen Schriftverkehr« ausarbeitet und darin als Universalanrede bei Massendrucksachen an Versicherungsnehmer *Sehr geehrter Kunde* vorsieht?

31 Urteilen beruht auf Vergleichen. Bitte vergleichen Sie einmal die beiden Textstellen. a) stammt aus dem Prospekt einer Girokasse, b) aus dem Werbebrief einer Handelsbank.

a) »Wollen Sie Geld anlegen, so ist es gar nicht schwer, durch unseren sachkundigen Rat die richtige Anlageform zu finden. Sollten Sie die Vorteile staatlicher Sparförderung bereits ausgenutzt haben, gibt es für eine gute Geldanlage trotzdem noch viele Möglichkeiten. Auch wenn Sie einen Kredit brauchen, erhalten Sie von unseren Fachleuten schnell Auskunft.«

b) »Technik allein macht noch keine gute Bank. Unsere Mitarbeiter werden sich bemühen, alle Geldprobleme mit Ihren Augen zu sehen. Sie sollen sich bei uns wohl fühlen. Vom ersten Augenblick an. Bitte, kommen Sie zu uns, und bringen Sie gleich ein paar Fragen mit. Zum Beispiel, welche Sparmöglichkeiten Ihnen den größten Nutzen bringen oder was ein Kredit bei uns kostet.«

Welcher Text spricht Sie mehr an?

32 Wenn Ihnen eine *Einladung zur Subskription* zugeht, dann sind Sie sicher auf Bücher gefaßt, eventuell auch auf Wertpapiere. Gemeinhin hat *subskribieren* die Bedeutung: mehrbändige Lexika zu ermäßigtem Preis vorbestellen.

Was halten Sie davon, wenn eine Eltviller Sektkellerei zur Subskription eines Sektes einlädt, der nur in geringer Flaschenzahl aufgelegt werden soll? Kann man denn Sekt subskribieren?

30 Wenig. Das ist zu sehr aus der Perspektive der Versicherung gesehen. Für sie ist der Versicherungsnehmer zwar Kunde, doch als Kunde fühlt er sich ihr gegenüber nicht. Kunde ist er aus seiner Sicht bei seinem Bäcker oder seinem Fotohändler. *Kunde* – der Begriff ist an den regelmäßigen Bezug von Ware (Brötchen, Filme) gebunden, nicht aber an die hoffentlich seltene Inanspruchnahme einer Schadensversicherung. Bei Massendrucksachen an Versicherungsnehmer wäre eine flotte Schlagzeile anstelle der blassen Anrede *Sehr geehrter Kunde* allemal besser.

31 Möglich, daß Sie anders urteilen, aber mich spricht b mehr an. Der Text der Handelsbank ist weniger geschäftsmäßig, deutlich eine Spur wärmer, ist eher mit den Augen des Kunden gesehen und aus seiner Perspektive geschrieben.

Sich in die Lage des Empfängers zu versetzen und die Dinge sehen wie er – das ist die Voraussetzung für jeden guten Werbebrief.

32 Ja, warum nicht? *subskribieren* kommt von lateinisch *subscribere,* wörtlich: unterschreiben.

Daß man gemeinhin nur Bücher und Effekten subskribiert, ist nichts als eine seit dem 18. Jahrhundert übliche Einengung des Begriffs. Einen eingeengten Begriff in seiner in Vergessenheit geratenen Grundbedeutung zu gebrauchen ist sprachlich völlig legitim und außerdem sehr wirkungsvoll.

Gute Literatur lebt von solchen Stilmitteln, und gute Werbung auch. Zumal hier, wo die ungewohnte Verwendungsweise von *subskribieren* andeutet, daß sich ein Kenner an einen ausgewählten Kreis von Kennern (mit kleinem Latinum!) wendet. Gekonnter Snob-Appeal.

33 Ein Wäscheversandhaus in Weiden hat sich wieder einmal »etwas Besonderes« einfallen lassen. Es bietet seinen Kunden an, sich eine Sendung für vierzehn Tage zur Ansicht kommen zu lassen. Dafür sollen sie auch ein hübsches Präsent erhalten:

»Jeder Testanforderung im Wert von über 120,– DM fügen wir das abgebildete Kristall-Cabarett bei.«

Genaugenommen ist damit nicht gesagt, daß das gefächerte Glasschälchen auf Edelstahltablett auch abgeschickt wird. Wieso nicht?

34 Wäre die Logik im Text des Weidener Wäscheversandhauses repariert, wenn es hieße:

Jedem Testpaket im Wert von über 120 DM fügen wir . . .

35 Soll man im Werbebrief dem Kunden vorrechnen, wieviel er spart, wenn . . .? Ich meine, ja. Nur für dumm verkaufen darf man ihn nicht. Schreibt mir doch der Otto Versand im November 1988:

»Alles, was Sie jetzt bestellen, brauchen Sie erst ab dem 1. Februar im nächsten Jahr zu bezahlen. Mit dem geringen Aufschlag von 1%. Das ist nicht mehr als ein Pfennig. Und: Dieser Vorteil gilt für das gesamte Otto-Angebot.«

Mit solchen Halbwahrheiten bringt sich die Werbung in Verruf. Wie hätten Sie den Vorteil herausgestellt?

36 Aus einem Einführungssonderangebot einer Mainzer Großkellerei; der Inhaber wahrt den persönlichen Touch:

»Mit diesem Angebot will ich Sie zu einer unverbindlichen und kostenlosen Weinprobe einladen. Denn ich bin sicher, nachdem Sie diesen Wein probiert haben, werden Sie zu meinen treuen Kunden gehören. Bei Nichtgefallen senden Sie mir einfach auf meine Kosten den Karton mit der angebrochenen Flasche zurück.«

Was ist daran argumentativ ungeschickt?

33 Weil auch dieser Versender die Dinge zu sehr aus eigener Perspektive sieht. Eine *Testanforderung* ist das, was er vom Kunden erhält und was man normalsprachlich *Ansichtsbestellung* nennt. Anzunehmen, daß man intern im Versandhausjargon beim Terminus *Testanforderung* bleibt. Was dann aber an den Kunden auf den Weg gebracht wird, ist keine Anforderung mehr, sondern Ware: eine *Ansichts-*, *Auswahl-* oder *Probesendung* oder auch ein *Testpaket.*

34 Schon, nur nicht im Sinn des Versenders. Ware im Wert von 121 Mark könnte nämlich, wenn sie sperrig oder sehr empfindlich ist, in mehreren Paketen reisen müssen; dann ginge der Ansichtsbesteller leer aus. Deshalb hätte ich eher so geschrieben:

> *Jeder, der sich Wunsch-Artikel im Wert von über 120 Mark kommen läßt, erhält als Dankeschön . . .*

35 Daß 1 Prozent nicht mehr als 1 Pfennig sei, stimmt nur mit dem Zusatz: *von einer Mark.* Je größer die Bestellung, desto höher natürlich der absolute Betrag. Da 1 Prozent aber in jedem Fall wenig ist, hätte ich einen andern Vergleichsmaßstab gewählt:

> . . . Mit dem geringen Aufschlag von 1 Prozent. *Das sind bei einem Großeinkauf von 299,90 DM nicht einmal 3 Mark.*

36 Wer so sicher tut, daß einer nur seinen Wein zu probieren braucht, um sofort sein treuer Kunde zu sein, darf nicht anschließend kostenlose Rücksendung der Ware bei Nichtgefallen anbieten. Tut er es, kann es mit der Sicherheit nicht weit her sein.

Im Original fällt der Widerspruch weniger auf, weil der letzte Satz vom vorhergehenden Text durch mehrere Absätze getrennt ist. Trotzdem wäre es gut gewesen, der Texter hätte ein *wider Erwarten* einfließen lassen oder geschrieben:

> *Sollte Ihnen, was ich für ausgeschlossen halte, der Wein nicht zusagen, dann schicken Sie mir . . .*

37 »Als ältestes Beratungsunternehmen auf dem Gebiet der Textprogrammierung haben wir . . .«

So beginnt ein Werbetext eines Lehrinstituts. Textprogrammierung ist eine Methode zur Rationalisierung der Routinekorrespondenz. Propagiert wird sie, seit um 1970 die ersten Schreibautomaten aufkamen. Also noch keine uralte Geschichte.

Halten Sie es für angebracht, daß sich die Initiatoren der Methode als *ältestes* Beratungsunternehmen empfehlen?

38 Natürlich läßt sich aus dem Umstand, daß ein Unternehmen auf jahrzehntelange Erfahrung zurückblicken kann, auch eine positive Werbeaussage formulieren:

> »Entscheidend für unseren Erfolg ist neben unserer Größe unser Service, und der ist einsame Spitze. Kein Wunder, denn wir verfügen über 80 Jahre Erfahrung auf diesem Gebiet.«

Spricht Sie das an? Wohl kaum. Man kann das sympathischer sagen. Wie wohl?

39 Was macht Frau Klugemann, die bei Meiermann-Delikatessen zum Wochenende telefonisch eine Party-Platte und Salate bestellen möchte, dann aber hören muß:

> »Hier spricht der automatische Anrufbeantworter des Delikatessengeschäfts Meiermann. Die Telefonzentrale ist zur Zeit nicht besetzt. Sie können nach dem Pfeifton eine Nachricht von 30 Sekunden Dauer . . .«

Frau Klugemann legt auf, schaut ins Branchentelefonbuch und wählt die Nummer von Delikatessen-Rosemann.

Wie könnte man den aufzusprechenden Text so fassen, daß er weniger Kunden vergrault?

37 Auf Alter und Erfahrung zu pochen ist eine zweischneidige Sache. Als *ältestes Bankhaus* am Platz kann man sich empfehlen, wenn es um die Sicherheit von Kapitalanlagen geht. In einer Zeit aber, wo außer der Mode auch die Schokolade jung ist und Jungsein als Wert an sich gilt, wirken junge Unternehmen oft attraktiver, weil dynamischer, als das *älteste* auf einem relativ jungen Gebiet.

38 Um jahrzehntelange Erfahrung herauszustreichen, muß man sich nicht unüberhörbar auf die Brust klopfen. Eigenlob packt man am besten in den Nebensatz, da wirkt es beiläufiger und verfehlt trotzdem seine Wirkung nicht. Mir gefällt, wie die amerikanische Paketpostkonkurrenz United Parcel Service in einer ganzseitigen Tageszeitungsanzeige auf 80 Jahre Erfahrung verweist:

> Aber nicht allein die Größe ist für unseren Erfolg entscheidend. Sondern auch unser Service. Denn wir wissen, *daß man sich Vertrauen selbst nach 80 Jahren Erfahrung jeden Tag neu verdienen muß.*

39 Vielleicht sollte man den abschreckenden Hinweis *automatischer Anrufbeantworter* ganz weglassen und so formulieren:

> *Hallo! Sie sind mit Delikatessen-Meiermann verbunden. Unser Telefon ist im Augenblick nicht besetzt. Bitte legen Sie trotzdem nicht auf. Denn dann erfahren wir ja nicht, was wir für Sie tun können. Und das wäre schade. Sie haben nach dem Pfeifton eine halbe Minute Zeit. Nennen Sie zuerst Ihren Namen und Ihre Anschrift. Oder sagen Sie uns einfach Ihre Rufnummer. Wir rufen gern zurück.*

Wichtig ist, daß sich der Anrufbeantworter mit einer munteren, angenehmen Telefonstimme meldet. Ich habe von Anrufbeantwortern schon so abweisende (seufzende, schnaufende, klagende, herablassend näselnde) Stimmen gehört, daß ich für jeden Anrufer Verständnis habe, der auflegt.

40 Eine deutsche Fotosetzerei in Mönchengladbach, die sich *Satzstudio* nannte, gab im Oktober 1988 eine Umfirmierung bekannt. Der Anfang der Mitteilung las sich so:

> »Ab 01. 12. 1988 bitten wir folgende Änderung zu notieren: Unsere Firma nennt sich ab 01. 12. 1988:
> *Publications Service . . .*«

So ein schicker neuer Name – und keine Rücksicht auf die deutsche Grammatik! Von den zwei *ab* ist nämlich nur eines richtig. Welches ist das falsche?

41 Zurück zum *Publications Service.* Was stellt sich einer, der nicht weiß, wer oder was sich hinter dem neuen Namen verbirgt, mit seinem bißchen Schulenglisch darunter vor?

42 Eine Dame in Basel denkt über Kommafragen höchst individuell; ein falsches Komma verteidigt sie mit dem Hinweis, es solle eine Sprechpause markieren. Ich möchte ihr nun in einem Brief erklären, daß Kommas keine beliebig zu setzenden Pausenzeichen sind; ihr Platz im Satz richtet sich nicht nach dem Sprachduktus, sondern allein nach den Regeln der Grammatik. Meinen Brief beginne ich einlenkend mit »Ihre Überlegungen, liebe Frau S., haben manches für sich«, um dann sogleich die Einschränkung folgen zu lassen. Aber wie formuliere ich die, ohne daß sie zu schulmeisterlich ausfällt?

a) Nur müssen Sie bitte beachten, daß . . .
b) Aber bedenken Sie bitte folgendes . . .
c) Doch Sie täuschen sich, wenn Sie meinen . . .

43 Aus dem Katalog eines Versandhauses in Erkrath: »Auf elektronische und technische Artikel gewähren wir 12 Monate Garantie.«

Wieso *elektronische und technische* – gehört die Elektronik nicht zur Technik? Und wie wirkt das Wort *gewähren* auf Sie?

40 Das erste. Wollte wirklich jemand *ab 1. Dezember* eine Änderung notieren, verbrauchte er viel Papier. Denn dann müßte er die Änderung immer wieder von neuem aufschreiben. Ergo: Gemeint ist nicht *ab,* sondern *zum 1. Dezember.*

41 Wahrscheinlich eine Agentur, die Autoren das Vermarkten ihrer Manuskripte abnimmt. Bei *Print Service* hätte er eher auf das Richtige getippt. – Werbeberater Lothar Schumacher aus Mönchengladbach hat sich übrigens einen Jux daraus gemacht, die *Publications Service*-Leute in einem Brief in englischer Sprache auf die Schippe zu nehmen. Er fragte an: *Are we now obliged to write our copy in English? Or is there anybody left speaking German with us? Please call me back and tell me whom of your staff we may contact if one of our clients should have the impudence to ask for type-setting in German.*

42 Nichts dergleichen. Appelle an die kleinen grauen Zellen bringe ich im Brief nicht gern in der *Sie*-Form an *(Berücksichtigen Sie bitte . . ., Denken Sie immer daran, daß . . .).*
Lieber stelle ich mich als Leidensgenossin auf die Seite des Briefpartners und beziehe mich durch die *Wir*-Form in die eigene Belehrung ein. In meinem Brief nach Basel heißt es:

> *Nur dürfen wir dabei nicht vergessen, daß . . .*

Vielleicht liege ich falsch, vielleicht empfinden Sie das anders. Trotzdem – mir kommt ein Appell in der *Wir*-Form nur noch halb so belehrend vor wie die gleiche Aufforderung in der *Sie*-Form.

43 Natürlich ist die Elektronik ein Teilgebiet der Elektrotechnik; folglich schließen sich *elektronisch* und *technisch* nicht aus.
gewähren wirkt ausgesprochen gönnerhaft, nicht wahr? Ein guter Texter gewährt keine Garantie, er räumt sie auch nicht ein. Er sagt es in der *Sie*-Form so:

> Auf elektronische und *andere* technische Artikel *haben Sie* 12 Monate Garantie.

44 Je voller der Terminkalender, desto empfindlicher stört unangemeldeter Besuch den Arbeitsablauf. Wenn Sie beispielsweise Immobilienangebote zu texten haben und verhindern wollen, daß Interessenten Ihnen zu ungelegener Stunde ins Haus schneien, wie sagen Sie das Ihren Kunden?

a) Wir bitten um telefonische Vereinbarung eines Besuchstermins mit unserem Herrn . . .

b) Haben Sie bitte Verständnis dafür, daß wir Besuche nur nach telefonischer Anmeldung empfangen können.

c) Infolge Arbeitsüberlastung ist es uns leider völlig unmöglich, unangemeldete Besucher zu empfangen.

45 »Es ist gefährlich, Gedanken, Gefühle, Wünsche beim Briefempfänger vorauszusetzen«, warnt die durch ihre Bücher zum Thema Werbetext und ihre Texterseminare bekannt gewordene Eleonore von Planta. Und: »Floskeln wie *Das wird Sie interessieren . . ., Sicher haben Sie auch schon . . ., Wollten Sie nicht schon lange einmal . . .* oder *Endlich ein Angebot, das Sie zufriedenstellt!* sind, vom Standpunkt ihrer Werbewirksamkeit aus gesehen, schlecht; sie wecken im kritischen Konsumenten (und welcher Konsument ist nicht kritisch?) den Widerspruch.«

Sehen Sie das auch so?

46 »Schlecht, weil ohne Werbewirkung«, fährt Eleonore von Planta fort, »sind auch Verallgemeinerungen wie *Jede Frau sehnt sich nach . . ., Junge Leute von heute wollen mehr als nur . . ., Kein aktiver Mann will . . .* Wer seine Kunden in Gattungen zusammenfaßt, hat keinen Respekt vor dem Individuum, und das nimmt man ihm übel. Gerade weil man heute überall von ›Vermassung‹ spricht, muß sich die Werbung per Brief an den einzelnen wenden.«
Soll man daraus nun folgern, daß es besser wäre zu schreiben:

- Sie, verehrte gnädige Frau, sehnen sich nach . . .
- Sie sind jung und wollen mehr als nur . . .
- Als aktiver Mann wollen Sie . . .

44 Empfehlenswert ist davon nichts. Ich wäre eher für:

Am besten, Sie vereinbaren Ihren Besuch telefonisch. Dann brauchen Sie nicht lange zu warten.

Die meisten Dinge lassen sich so drehen, daß man sie dem anderen in dem für ihn günstigen Licht präsentieren kann.

45 Ich würde differenzieren. *Sicher haben Sie auch schon ...* ist nur eine Annahme; *sicher* im Sinne von ›sicherlich‹ meint etwas, was eben nicht sicher, sondern nur wahrscheinlich ist. Dagegen habe ich nichts. – *Wollten Sie nicht schon lange einmal ...* ist zwar eine Suggestivfrage, und Suggestivfragen tun so, als wäre auf sie nur die suggerierte Antwort möglich, aber es ist immerhin eine Frage, und fragen darf man. – Selbst wenn mir einer auf den Kopf zusagt: *Das wird Sie interessieren,* nehme ich ihm das nicht übel; schließlich drückt *wird* hier nur eine Vermutung aus. Bevormundet fühle ich mich erst bei einem: *Das ist für Sie von Interesse.* Und ausgesprochen sauer reagiere ich, wenn ein wildfremder Mensch mir zu schreiben wagt: *Darauf haben Sie schon lange gewartet* oder *Endlich ein Angebot, das Sie zufriedenstellt!* Denn das ist keine Werbung, sondern eine Unverfrorenheit.

46 Bloß nicht! Dem einzelnen mitzuteilen, wonach er sich sehnt oder was er will, ist weit riskanter als die angeführten Verallgemeinerungen; es kann nicht bloß Widerspruch wecken, sondern Empörung und Zorn. Der Unmut vieler gegen Werbung überhaupt hat in solchen Formulierungen, mit denen man dem Empfänger unweigerlich auf die Zehen tritt, zwar nicht seine, aber doch eine Wurzel. Drei Auswege:

- Die Frage: Sehnen Sie, verehrte gnädige Frau, sich nicht nach ...?
- Die Abschwächung durch Modaladverbien: *Vielleicht* sehnen Sie, verehrte gnädige Frau, sich schon lange nach ...
- Die unwiderlegbare Subjektivierung: Gerade eine Frau wie Sie sehnt sich, *nehme ich an,* nach ...

47 Im Frühjahr 1988 veröffentlichte die Tagespresse in einer Gemeinschaftswerbung in eigener Sache eine Serie ganzseitiger Anzeigen, die durch bemerkenswerte Schlagzeilen in großer Frakturschrift auffielen. Eine lautete:

> *Ohne Zeitung wüßten Sie nicht, wie es Ihnen gestern im Theater gefallen hat.*

Empört sich Zeitungsleser Hans-Herbert G. aus Hamburg: »Diese Anzeige ist eine Unverschämtheit. Unterstellt sie nicht, daß die Theaterbesucher nicht in der Lage seien, sich selbst ein Urteil zu bilden?«

Frage an Sie: Unterstellt sie das?

48 Wer Fachzeitschriftenleser auf sich und seine Produkte oder Leistungen aufmerksam machen möchte, hat zwei Möglichkeiten: Er kann mit Anzeigen, Einheftern oder Beilagen werben – das kostet Geld. Er kann aber auch Presseinformationen an die Redaktionen schicken, das kostet nur Papier und Porto und hat wenig Aussicht auf Erfolg. Denn Redaktionen werden von allen Seiten derart mit Presseinformationen zugeschüttet, daß das weitaus meiste davon unangelesen im Redaktionspapierkorb landet. Doch offenbar ist das nicht einmal Direktwerbern bekannt. Jedenfalls verschickte die Bayerische Akademie der Werbung im Oktober 1988 eine Presseinformation, die ungekürzt eine halbe Druckseite beansprucht hätte. Der Begleitbrief lautete:

> Sehr geehrte Damen und Herren,
> hier ist eine brandneue Nachricht für Sie: Das BAW-Fachstudium Direktmarketing an der Bayerischen Akademie der Werbung hat zum zweiten Mal begonnen. Wiederum unter der bewährten Studienleitung von Siegfried Vögele.
> Sie erhalten heute eine Presseinformation, die Sie selbstverständlich frei redigieren können.
> Sollten Sie weitere Fragen haben, wenden Sie sich bitte an …

Welche werbepsychologische Ungeschicklichkeit enthält dieser Brief?

47 Nein. Denn wo steht, daß man als Theaterbesucher die Meinung des Theaterkritikers übernehmen soll?

Ich sehe das so: Wer eine Theaterpremiere besucht, genießt den festlichen Abend, läßt die Aufführung auf sich wirken. Die Auseinandersetzung mit dem Stück beginnt gewöhnlich erst, wenn ein kompetenter Gesprächspartner da ist. Und die eigene Meinung bildet sich oft erst an dessen Gegenmeinung heraus. Die Theaterkritik, die der Theaterbesucher am Morgen nach der Premiere liest, übernimmt die Rolle des kenntnisreichen Gesprächspartners. Genau das hat die Werbung in den einen blitzgescheiten Satz zusammengezogen: *Ohne Zeitung wüßten Sie nicht, wie es Ihnen gestern im Theater gefallen hat.*

48 Er erlaubt den angeschriebenen Redakteuren gnädig, ihren Beruf auszuüben. Denn etwas anderes ist die Zusicherung

> *... eine Presseinformation, die Sie selbstverständlich frei redigieren können*

nicht. Der Fachzeitschriftenredakteur als Erfüllungsgehilfe der Werbeakademie – ausgesprochen schmeichelhaft für ihn! Warum nur weist die Akademie auf etwas hin, was auch nach ihren Worten *selbstverständlich* ist? Zeitschriftenredakteure haben für das, was sie bringen wollen, nie genug Platz. Schon aus Platzmangel müssen sie die generell viel zu langen Presseinformationen, soweit sie überhaupt veröffentlicht werden, auf ein Minimum zusammenstreichen.

Was mache ich als Redakteur mit einer Presseinformation, deren Absender mir gnädig das Kürzen erlaubt? Wenn Sie jetzt denken, ich sei darüber so sauer, daß ich sie unverzüglich in den Papierkorb werfe, kennen Sie mich schlecht. Eine so wertvolle Information werfe ich natürlich nicht ungenutzt weg. Nein. Als sparsamer, umweltbewußter Mensch drehe ich sie um und benutze ihre blanke Rückseite erst einmal als Schmierpapier.

49 Ein Weingut versucht Kunden zu gewinnen, indem es den Adressaten seiner Werbebriefe die Möglichkeit bietet, an einer Verlosung (»Schatzkammerspiel«) teilzunehmen:

> »Vielleicht fragen Sie, warum gerade Sie zu diesem Schatzkammerspiel eingeladen werden. Ein besonderes Jubiläum veranlaßt uns, Sie in einen Kreis aufzunehmen, der exclusiv an diesem Schatzkammerspiel teilnimmt. Wir haben in den Archiven eine höchst interessante Urkunde gefunden: Nachweislich war unser Qualitätsweingut schon vor mehr als 700 Jahren das Schloßweingut von Schloß Böckelheim. Darauf sind wir stolz . . .«

Hier hat die Logik ein Loch. Wo und wieso?

50 Aus den Zahlungsbedingungen von Anno Tobak (und heute):

> »Zahlbar innerhalb von 14 Tagen nach Erhalt der Ware. Die Preise verstehen sich inkl. MwSt.«

Was machen Preise eigentlich, wenn sie sich verstehen? Ob sie sich tief in die Augen schauen oder bloß kräftig auf die Schulter hauen? Mir ist das schleierhaft. Aber soviel weiß ich: Das Ganze ließe sich menschlicher fassen. Wie zum Beispiel?

51 Wer meint, ihm sei Un-Recht geschehen, hat als deutscher Bundesbürger nach Artikel 17 des Grundgesetzes das Recht, sich nach Bonn zu wenden. Eingaben, so versichert die Deutsche Bundespost, erreichten die zuständige Stelle auch dann, wenn sie, was vorkommt, sonderbare Adressen haben, unter anderem:

- Pietätsausschuß Bonn
- Repetitionsausschuß des Deutschen Bundestages
- Speditionsausschuß Bundeshaus
- Expeditionsausschuß, Abteilung Berichtigung
- Korrekturausschuß für Fehlurteile
- Abteilung für höhere Gerechtigkeit, Bonn

Zwei Fragen:

a) Wie heißt die zuständige Stelle?

b) Was sollte man als Texter aus den eigenartigen Adressierungen folgern?

49 *... warum gerade Sie zu diesem Schatzkammerspiel eingeladen werden* – auf die angedeutete Verneigung vor dem Briefempfänger hätte ein Kompliment folgen müssen, etwa:

Wir vermuten, daß Sie zu den wenigen zählen, die von guten Weinen wirklich etwas verstehen.

Statt dessen argumentiert der Weingutbesitzer allein aus seiner Perspektive, und das ist beim Briefeschreiben nie gut.

50 *Unsere Liefer- und Zahlungsbedingungen* könnte man in *Ihre Kauf- und Zahlungsvorteile* umgestalten, doch so weit werden die wenigsten Lieferanten gehen wollen. Aber das Kleingedruckte auf Ihren Angeboten, Lieferscheinen und Rechnungen sollten Sie sich ruhig einmal gründlicher ansehen; vieles davon läßt sich kundenfreundlicher formulieren:

Sie haben einige Tage Zeit, die Lieferung in Ruhe zu überprüfen und bequem innerhalb 14 Tagen nach Erhalt der Ware zu zahlen.

Und statt die verständnisvollen Preise in uraltedelkaufmannsdeutscher Weise zu besingen, könnte man schlicht drucken lassen:

Die Mehrwertsteuer ist im Preis enthalten.

51 Die zuständige Stelle heißt *Petitionsausschuß*; lateinisch *petitio* bedeutet soviel wie ›Bitte‹, ›Bewerbung‹, ›Forderung‹, ›Anspruch‹, auch ›Angriff‹.

Natürlich kann man auch als Texter über die seltsamen Anschriften erst einmal herzlich lachen, aber es dabei bewenden zu lassen wäre billig. Die Fehladressierungen zeigen, daß manchem, der von der Existenz eines Petitionsausschusses nur durch Zufall erfahren haben mag, das Wort *Petition* überhaupt nichts sagt.

Das heißt: Wer von vielen verstanden werden will, muß um schwierige, selten gebrauchte Wörter einen Bogen machen wie um den Hundedreck auf dem Gehweg. Schreiben können heißt: Kompliziertes einfach sagen, nicht umgekehrt.

Logik mit kleinen Sprüngen

Scherzartikel aus der Wundertüte

»Der Sammy war ja sein Leben lang ein Knickstiebel, aber daß er sich nun noch mit zwei anderen die gleiche Grabstelle teilt!«

Wußten Sie,

daß der Rhein neuerdings von der Mündung zur Quelle fließt?
Titel eines Zeitungsberichts:
»Mit dem Rhein geht es jetzt aufwärts«

daß eine doppelt genähte Freundin besser hält?
Headline einer Jeans-Anzeige, im Bild ein behoster Popo:
»Bevor Ihnen diese Tasche ausreißt, reißt Ihnen eher die Freundin aus. Sie ist an allen kritischen Punkten doppelt genäht.«

daß Schweine den Metzgerberuf erlernen können?
Anzeige in der Hersfelder Zeitung:
»Dauerwurst – von unseren eigenen Schweinen selbst hergestellt«

daß Weinhändler stolz auf trockene Flaschen sind?
Schlagzeile eines Werbebriefs:
»An alle, die für eine trockene Flasche Qualitätswein keinen Phantasiepreis bezahlen wollen . . .«

daß man mit ein und derselben Fremdsprache mehrmals im Leben von vorn anfängt?
Anzeige eines Lehrinstituts:
»Sie haben noch nie so schnell Englisch gelernt!«

daß deutsche Urlauber zum Autoklau an den Gardasee fahren?
Aus den Kieler Nachrichten:
». . . sind entlang des größten norditalienischen Sees seit Beginn der Feriensaison schon etwa 1000 Autos von Feriengästen aus der Bundesrepublik gestohlen worden.«

daß man sich wahlweise jetzt auch lebendig begraben lassen kann?
Aus den Mitteilungen eines Ortsvereins:
»Bis zum 30. April 2001 können in bestehenden Wahlgräbern noch lebende Ehegatten und deren Kinder beigesetzt werden.«

Grienen ist leicht, Bessermachen ein bißchen schwerer. Auf den nächsten Seiten haben Sie zu beidem reichlich Gelegenheit.

52 Auf einer Produktkarte, mit der man genauere Informationen abrufen kann, geht es um die Ausschreibung eines »Kunstpreises Ökologie«. Dazu heißt es:

> »Mit AEG Hausgeräte befragt ein Industriebetrieb junge Künstler zum Thema Ökologie. Und stiftet einen Kunstpreis, der mit 20 000 Mark dotiert ist.«

Mit AEG Hausgeräte? »Aha«, sagt sich der Leser, »die Brüder haben den Bindestrich und ein *-n* vergessen. Heißt natürlich: *Mit AEG-Hausgeräten.*« Dann aber setzt das große Grübeln ein. Denn wie stellt ein Industriebetrieb es an, mit Hausgeräten junge Künstler zu befragen? Ziehen ein paar AEG-Leute mit geschultertem Kühlschrank los, oder gehen sie als Staubsaugervertreter? Der Leser kann es nicht ergründen und blättert kopfschüttelnd im Produktkartenabreißblock weiter. – Haben Sie eine Erklärung?

53 Als kritischer Texter werden Sie mit der verbesserten Fassung (52) noch nicht zufrieden sein; immerhin könnte ja jemand wissen wollen, wie denn der Industriebetrieb heißt, der zusammen mit dem Geschäftsbereich »AEG Hausgeräte« junge Künstler befragt.

Also, was schlagen Sie vor?

54 Unter der Überschrift »Welche Worte wirken in der Werbung?« ist in einer Broschüre »36 Erfolgsrezepte für mehr Gewinn« folgendes zu lesen:

> »In den 60er Jahren konnten Sie mit dem Wort *neu* die größte Aufmerksamkeit in Anzeigen erwecken. Das ist heute nicht mehr so. Auch Wörter wie *toll* und *prima* sind abgegriffen und kalter Kaffee. Dagegen erfährt das Wörtchen *welches* eine hohe Aufmerksamkeit. Es ist unmöglich, eine schlechte Headline zu schreiben, wenn sie das Wort *welches* enthält.«

Im Gegenteil, behaupte ich, es ist sogar sehr leicht möglich. Hier der Beweis: »Ein Modell, *welches* Ihnen gefallen wird.«
Ahnen Sie, worauf der Autor hinauswollte und woran er nicht gedacht hat? Wie ließe sich die Behauptung präzisieren?

52 Der Leser war auf der falschen Spur. Da ist überhaupt kein Dativ -*n* ausgelassen. Ausgelassen ist etwas viel Entscheidenderes, nämlich die Angabe, daß *AEG Hausgeräte* ein Geschäftsbereich der AEG ist:

> Mit dem *Geschäftsbereich »AEG Hausgeräte«* befragt ein Industriebetrieb junge Künstler . . .

53 Sie kennen sicher den berühmten Satz aus der Todesanzeige: *Mit unserem verehrten Seniorchef verlieren wir einen hervorragenden Fachmann und einen guten Freund* – und das Erstaunen der Belegschaft: »Nein, so was! Gleich drei Tote.«
Seien wir deshalb vorsichtig mit diesem sonderbaren *mit.* Sagen wir es einfacher:

> Der Industriebetrieb »AEG Hausgeräte« befragt junge Künstler zum Thema Ökologie . . .

Oder, um *Industriebetrieb* stärker herauszustellen:

> Industriebetrieb als Förderer der Kunst
> Der AEG-Geschäftsbereich »Hausgeräte« befragt junge Künstler zum Thema Ökologie . . .

54 Der Autor hat nicht daran gedacht, daß *welches* auch Relativpronomen (bezügliches Fürwort) sein kann und dann oft als ausgesprochen schwerfällig empfunden wird *(Ein Modell, welches* . . . klingt in deutschen Ohren unbeholfen, verglichen mit *Ein Modell, das . . .).* Er hatte offenbar nur das Interrogativpronomen (Fragefürwort) *welches* im Sinn. Das bestätigt der weitere Text. Da heißt es:

> »Wenn Sie fragen: ›Welches Modell gefällt Ihnen am besten?‹ muß sich der Kunde entscheiden und seine Antwort begründen. Wenn Sie dagegen Ihre *neuen Modelle* anbieten, braucht ihn das nicht weiter zu interessieren.«

Präzisiert könnte die Behauptung lauten:

> Es ist unmöglich, eine schlechte Headline zu schreiben, wenn sie das Fragewort *welches* enthält.

55 In einer Anzeige für Kinderbrillen, einer Gemeinschaftswerbung Essener Optiker, die 1988 in der Westdeutschen Allgemeinen erschienen ist, heißt es:

»Keinen Pfennig hat meine Mutti für diese chice Brille bezahlt.«

Nun gibt es in Essen eine Art Aufpasser-Institut. Es benutzt Briefpapier mit dem Aufdruck *Lektorat, Sprachstrategie, Ergonomie,* spießt falsches Deutsch in Inseraten auf und reibt es den Inserenten unter die Nase – nicht, um die deutsche Sprache zu pflegen, sondern um als Werbeberatung ins Geschäft zu kommen. An die Essener Optiker schrieb das Aufpasser-Institut: »In Ihrem Text heißt es: ›... hat meine Mutti für diese *chice* Brille bezahlt.‹ Bei vorheriger Rücksprache mit uns hätte dort richtig gestanden: ›... für diese *chique* Brille ...‹«

Was wäre passiert, wenn die Essener Optiker dem Rat gefolgt wären und fortan *chique* Brillen angeboten hätten?

56 In seinem Brief an die Essener Optiker hat das Aufpasser-Institut auch eine Begründung genannt: »Ihre Schreibweise *chice* müßte ›schiße‹ gesprochen werden.« Stimmt das?

57 Und nun ohne Spott: *chice Brillen* werden zwar häufig angepriesen, aber dadurch kein richtiges Deutsch. Wir sollten sie uns abgewöhnen, eben weil man *chice* weder nach deutschen noch nach französischen Lautgesetzen »schicke« aussprechen kann. – Heißt das, man soll das französische Adjektiv *chic* im Deutschen überhaupt nicht benutzen?

58 Die Essener Optiker hätten das Kind in der Anzeige auch sagen lassen können: »... hat meine Mutti für diese *tolle* Brille bezahlt.« Warum denn dauernd *chic*? Es gibt so viele Wörter zum Variieren.

Schauen Sie bitte auf die Uhr. Wetten, daß Ihnen in den nächsten drei Minuten ein ganzes Dutzend einfällt?

55 Dann hätten sie für »Kautabak-Brillen« geworben. Ja, das französische Wort *chique* bedeutet ›Kautabak‹, ›Priem‹, auch ›geschwollene‹ oder ›dicke Backe‹, außerdem ›Sandfloh‹. Mit *chic* hat *chique* nichts zu tun. Beim Essener Aufpasser-Institut weiß man offenbar nicht, daß das französische *chic* in der Deklination unverändert bleibt.

chic ist im Französischen nämlich ein Fremdwort, und zwar – jetzt werden Sie staunen – eines, das sich die Franzosen aus der deutschen Sprache geholt haben: *chic* war ursprünglich das, was sich *schickt,* was *schicklich* ist. Um 1870 haben wir *schick* und *Schick* aus Frankreich rückimportiert. Inzwischen sind die beiden deutschen Wörter fast in Vergessenheit geraten: *chic* liegt näher bei Eleganz und Haute Couture.

56 Nein. *chice Brillen* wären bei französischer Aussprache »Schießbrillen«, bei englischer – *chic* ist auch ins Englische gedrungen – »tschaiß«-Brillen. Stellen Sie sich vor, da vergäße einer das *t*!

57 Nein. Prädikativ (in der Satzaussage) darf man es getrost verwenden: *Die Brille ist ausgesprochen chic* oder auch . . . *très chic.* Attributiv (als Beifügung) geht's nur auf deutsch: *eine todschicke Brille.*

Ganz ähnlich ist es übrigens mit *fit.* Wir können von einer 75jährigen Autofahrerin anerkennend sagen, sie sei *topfit* (prädikativ). Attributiv aber ist sie eine noch erstaunlich *leistungsfähige, muntere, couragierte alte* Dame – »topfite« geht nicht, weil es »toppfait(e)« gesprochen werden müßte. Allenfalls könnten wir sie eine *topfitte 75jährige* nennen, mit zwei *t.* So sieht man es vereinzelt schon gedruckt.

58 *Apart, attraktiv, berückend, bezaubernd, bildschön, fesch, flott, geschmackvoll, großartig, hübsch, kleidsam, modern, phantastisch, super, wunderschön*

59 Eine Ankündigung, 1988 in Berlin entdeckt:

Also sprach Zarathustra
mit den Berliner Philharmonikern
und Herbert von Karajan

Warum lachen Sie?

60 Aus der Werbung eines Weinhändlers:

»›Glück‹, so schrieb der große George Sand in einem seiner Bücher, ›liegt nur in dem Bewußtsein, das wir von ihm haben.‹ Ich aber, geschätzter Freund eines edlen Tropfens,
wage zu behaupten: Es gibt Mittel und Wege, dem Bewußtsein vom Glück auf die Sprünge zu helfen . . .«

Eines hat der Glücksverheißer übersehen. Was?

61 dpa meldete am 29. Juni 1988:

»Wegen des Verkaufs gesundheitsschädigender Substanzen als Medikamente gegen Aids und Krebs hat die Staatsanwaltschaft Göttingen gegen zwei 56 und 65 Jahre alte Männer Anklage erhoben.«

Dumme Frage: Wie alt sind *zwei 56 und 65 Jahre alte Männer* zusammen? 242 Jahre, 121 Jahre oder 177 Jahre?

62 Wie hätten Sie den Lesern das Alter der beiden Männer in der dpa-Meldung oben verklickert? Überlegen Sie sich bitte drei Möglichkeiten.

63 Sachen gibt's! Mit der Behauptung

Der Schwarzweiß-Filmamateurfotograf greift zum Profifilm von Ilford

macht doch tatsächlich ein Amateur-Orthographiker aus einem Knipser ein Zebra. Wieso?

59 Weil etwas fehlt, was nach Jenningers verunglückter Bundestagsrede zum 50. Jahrestag der Reichskristallnacht zu neuem Ansehen gekommen ist: die Anführungszeichen.

»Also sprach Zarathustra«
mit den Berliner Philharmonikern
und Herbert von Karajan

60 Daß George Sand (eigentlich Aurore Dupin, 1804–1976) eine Frau war.

Werbung für Wein mit einem nachdenklich machenden Zitat zu eröffnen kann durchaus wirkungsvoll sein. Auf dem Buchmarkt gibt es eine Reihe ausgezeichneter, nach Sachgebieten geordneter Zitatenlexika, die eine Fülle kluger Gedanken bereithalten (mehr darüber auf Seite 329). Doch abschreiben genügt nicht. Ein bißchen muß man sich schon ansehen, wen oder was man da zitiert. Denn wenn es so danebengeht wie in der Weinwerbung, zeigt man damit in aller Öffentlichkeit, daß die ganze imposante Bildung bloß aus dem Büchmann stammt.

61 Geben Sie es nur zu: Ihr Taschenrechner hat 121 herausbekommen, nicht wahr? So ist es vermutlich richtig.

Aber einen Augenblick haben Sie wohl doch gestutzt, und manchem Leser der dpa-Meldung wird es nicht anders ergangen sein. Ergo: Damit ein Text glatt gelesen werden kann, darf man sich nicht zu knapp ausdrücken und schon gar nicht zwei Zahlen *(zwei 56)* unmittelbar nebeneinanderstellen.

62 a ... hat die Staatsanwaltschaft Göttingen gegen *zwei Männer im Alter von 56 und 65 Jahren* Anklage erhoben.

b gegen *zwei Männer* Anklage erhoben, *der eine 56, der andere 65 Jahre alt.*

c gegen *einen 56- und einen 65jährigen* Anklage erhoben.

63 Weil er den Bindestrich an die falsche Stelle praktiziert hat. Angesprochen ist nämlich kein schwarzweißer Filmamateurfotograf, sondern ein Amateurfotograf, der Schwarzweißfilme verwendet, ein *Schwarzweißfilm-Amateurfotograf.*

64 Mit einem Zitat aus einer Rezension in der Neuen Zürcher Zeitung wirbt der Fischer Taschenbuch Verlag für das »Unwörterbuch« von Alfred Gleiss:

»Endlich ein heutige
Sprachfehler,
Sprachtorheiten,
Sprachmätzchen
wertendes Buch!«

Müßte es nicht *Endlich ein heutiges . . . Buch* heißen?

65 Die Empfehlung des NZZ-Rezensenten (64) ist nicht gerade eine sprachliche Glanzleistung. Oder sind *Sprachmätzchen* etwa keine *Sprachtorheiten*?
Außerdem wäre es besser gewesen, der Rezensent hätte sich daran erinnert, daß . . .?

66 *Wir erlauben uns,* heißt es in einem Immobilienprospekt, *Ihnen heute wieder einen Teil unseres derzeitigen Angebotes zu unterbreiten.* Ist das unmißverständlich?

67 Ein Frankfurter Verlag hat für 1989 einen farbenprächtigen Monatskalender mit Blumenmotiven des bekannten Stuttgarter Fotografen Werner H. Müller herausgebracht. Das Kalenderblatt für Januar zeigt lachsrosa leuchtende Dahlien. Die Bildunterschrift lautet:

Seerosen, Dahlien

Doch selbst mit Lupe entdecken Sie auf dem Bild keine einzige Seerose, nur Dahlien und Dahlienknospen.
Können Sie sich denken, was da passiert ist?

68 Betten-Braun näht in gereinigte Daunendecken einen kleinen Gewissenszwacker ein. Und so kann Frau Müller jedesmal, wenn sie die Betten frisch bezieht, die Worte lesen:

Wir empfehlen die nächste Bettenreinigung 1988.

Und jedesmal schüttelt Frau Müller den Kopf und sagt sich – ja, was wohl?

64 Nein, *heutige* will auf *Sprachfehler* bezogen werden, vielleicht auch auf *Sprachtorheiten* und *Sprachmätzchen.* Das aber müßte man, wenn man die Wörter schon untereinander statt hintereinander setzt, optisch verdeutlichen:

»Endlich ein
heutige Sprachfehler,
Sprachtorheiten,
Sprachmätzchen
wertendes Buch!«

65 Daß ein Relativsatz allemal deutlicher als eine längere Partizipialkonstruktion ist:

Endlich ein Buch, *das heutige Sprachfehler und Sprachtorheiten ans Licht hält.*

66 Nein. *derzeit* heißt ›augenblicklich‹, ›gegenwärtig‹, heißt aber auch noch vereinzelt ›früher‹, ›damals‹.
Auch wenn man den Kontext berücksichtigt, kann ein Wort mit zwei sich ausschließenden Bedeutungen nie völlig eindeutig sein. Ein Werbewort ist *derzeitig* ohnehin nicht: die Werbung sagt dafür *heutig, neu* oder *aktuell.*

67 Falls Sie jetzt denken, der Drucker hätte die Bildvorlage so beschnitten, daß die Seerosen weggefallen sind, wäre das ein Irrtum. Das Foto zeigt eindeutig einen Teil einer Dahlienstaude. Des Rätsels Lösung ist simpel: Da hat ein Verlag wieder mal am Korrekturlesen gespart. Gemeint sind

Seerosen-Dahlien

(mit Bindestrich statt Komma), eine Dahlienart, die im Gegensatz zu den Kaktus-Dahlien glatte, rosafarbene Blütenblätter wie eine Seerose hat.

68 »Immer diese Sprüche! Kein Mensch hat mir 1988 empfohlen, wann ich die Betten reinigen lassen soll.« Sie sehen, Frau Müller hat kein übertriebenes Reinlichkeitsbedürfnis, aber Humor. Natürlich weiß sie, was gemeint ist:

Unser Rat: Nächste Bettenreinigung 1988.

69 Eine Überschrift aus der Stuttgarter Zeitung:

Tod einer Frau verschuldet
Geldstrafe für zwei Ärzte

Wie kann der Tod eine Geldstrafe verschulden? Der Sinn der Überschrift geht einem auf, sobald man etwas einfügt. Was und wo?

70 Einem Werbetext zufolge übernimmt die Europa-Krankenversicherung »alle Kosten, z. B. für Pflege und Unterkunft, Visiten, Operationen, für Herzerkrankungen, Herz-Lungen-Maschine, künstliche Niere, eiserne Lunge, Röntgentiefen- und Radiumbestrahlung und für alle anderen Behandlungskosten.«
Das ist ein Ding der Unmöglichkeit. Wieso?

71 Aus den Lieferbedingungen eines Frotteemodenherstellers:

»Etwaige Reklamationen können Sie sofort nach Erhalt der Ware geltend machen. Sie berechtigen zu Umtausch oder Rückerstattung des Warenwertes.«

Das erste *Sie* bezieht der Leser natürlich sofort auf sich. Und das zweite ebenfalls, zumal es in der 3. Person Plural mit *berechtigen* weitergeht. Erst dann merkt er, daß das zweite *Sie* nicht ihn, sondern die Reklamationen meint. Wie könnte man ihm das kleine Mißverständnis ersparen?

72 Aus der Werbung eines Zeitschriftenverlags:

»Zum Kennenlernen erhalten Sie das neueste Exemplar, druckfrisch und ohne Extra-Zustellkosten.«

Der Verlag will damit sagen, das Porto trage er. Ist *Extra-* dann nicht völlig überflüssig?

73 »An den beleuchteten Werbesäulen von Normaluhren«, so schreibt mir Werner D. aus Düsseldorf, »wirbt seit einiger Zeit eine Optikerkette mit dem Slogan:

Wir geben unser Wissen für Ihre Augen.

Bargeld oder Krankenschein wird offenbar nicht genommen. Es muß in Naturalien (Augen) bezahlt werden.«
Was soll man dazu sagen?

69 Einen Doppelpunkt oder einen Gedankenstrich hinter *verschuldet.*

70 Weil niemand die Kosten für Kosten *(Behandlungskosten)* übernehmen kann. – So etwas passiert öfter, wenn die Aufzählung zu lang wird. Am Schluß eines langen Satzes weiß man manchmal nicht mehr, wie man angefangen hat. Sichert man aber schon am Anfang die Übernahme aller Kosten zu, kann es am Schluß nur heißen: ... *und aller anderen Behandlungen.*
Außerdem kann die Versicherung nicht gut »Kosten für Herzerkrankungen« übernehmen, sondern nur für deren *Behandlung* oder *bei Herzerkrankungen.*

71 Da sich ein Leser mit jedem groß geschriebenen *Sie* unwillkürlich erst einmal selbst angesprochen fühlt, habe ich mir angewöhnt, vor jedes *Sie* am Satzanfang, das nicht Anrede ist, Semikolon statt Punkt zu setzen; denn nach dem Semikolon schreibt man ja klein:

> Etwaige Reklamationen können Sie sofort nach Erhalt der Ware geltend machen; *sie* berechtigen zu Umtausch oder ...

Und jetzt könnte es mit *Erstattung des Warenwerts* weitergehen, *Rückerstattung* ist ein Doppelmops, eine Tautologie.

72 Ja, und mißverständlich ist es obendrein. Denn *ohne Extra-Zustellkosten* könnte als ›nur zu den üblichen Zustellkosten‹ aufgefaßt werden. Gemeint ist aber:

> ... druckfrisch und *ganz ohne Kosten für Sie.*

73 Vielleicht sollte man dem Kritikus entgegenhalten, daß zur Frische und Unmittelbarkeit der Umgangssprache ein kleiner Schuß Ungenauigkeit gehört. Und daß man manches eben nicht wortwörtlich auslegen darf. Denn sonst könnte man auch behaupten, Bachstelzen seien Holzbeine zum Überqueren schmaler Gewässer.
Andererseits ist ein Slogan, der verhohnepipelt werden kann, nicht das Gelbe vom Ei. Gekürzt wäre er weniger leicht mißdeutbar:

> *Unser Wissen für Ihre Augen.*

74 Aus einem Wirtschaftsbericht, Sommer 1988:

»Obwohl der Dollar um etwa 40 Prozent gegenüber Yen und Mark gefallen ist, blieb er gegenüber den Hauptkonkurrenten unverändert, also Ländern wie Korea, Taiwan und Hongkong, die die USA bereits aus vielen Märkten weitgehend verdrängt haben.«

Erkennen Sie, wer da wen verdrängt hat? Falls nicht: Wodurch ließe sich der Aussage die Doppeldeutigkeit nehmen?

75 Ein »Erfolgs- und Karrierehandbuch«, eine Loseblattsammlung, wird vom Verlag auch als Ansichtslieferung angeboten. In einer Zeitungsbeilage heißt es:

»Sie erhalten das komplette rund 1200-seitige Werk in zwei robusten Kunstlederordnern zum günstigen Preis von nur 29,50 DM für zehn Tage zur Ansicht.«

»Bin doch nicht blöd!« sagt sich Herr Lehmann da. »Neunundzwanzichfuffzich bloß dafür, daß ich mir die Geschichte zehn Tage lang angucken kann?!«

Was hätten Sie getan, um Herrn Lehmann nicht auf krause Gedanken kommen zu lassen?

76 Ein Fachzeitschriftenverlag mahnt säumige Abonnenten: ». . . Bitte haben Sie die Freundlichkeit, den fälligen Betrag innerhalb der nächsten zehn Tage zu überweisen.« Die Zahlungserinnerung schließt mit dem Satz:

Für Ihre pünktliche Überweisung danken wir Ihnen.

Abonnent Heller, der wie die meisten vielbeschäftigten Menschen Briefe von unten nach oben liest, oft aber schon unten zu lesen aufhört, staunt über den letzten Satz: »Daß Verlage heutzutage noch Zahlungsbestätigungen verschikken! So viel Höflichkeit ist selten.« Und schon befördert er guten Gewissens die Zahlungserinnerung in den Papierkorb.

Wie hätte der Verlag das verhindern können?

74 Auch wenn man mit einer gewissen Wahrscheinlichkeit aus dem Inhalt des Satzes auf den Täter schließen kann – theoretisch könnten die USA der Verdränger sein. Doch *die USA* ist nicht Subjekt, sondern Akkusativobjekt des Relativsatzes. Eindeutigkeit erreicht man in solchem Fall nur durch das Passiv:

> . . . von Ländern wie Taiwan, Korea und Hongkong, durch *die die USA* bereits aus vielen Märkten weitgehend *verdrängt worden sind.*

Falls Ihnen außerdem aufgefallen ist, daß nicht Länder wie Korea, Taiwan und Hongkong die Hauptkonkurrenten des Dollars sind, sondern ihre Währungen, dürfen Sie stolz auf Ihre scharfen Augen sein.

75 Sie hätten natürlich gewußt, daß bei Loseblattwerken der Preis des Grundwerks ungewöhnlich günstig ist, weil sich die Verlage das große Geschäft über die teuren Ergänzungslieferungen erhoffen. Und Sie hätten auch gewußt, daß dies durchaus nicht überall bekannt ist. Eben deshalb hätten Sie zwei Sätze draus gemacht, für jeden Vorteil einen:

> Das komplette rund 1200seitige Werk in zwei robusten Kunstlederbänden kostet nur 29,50 DM. Wir schicken es Ihnen gern für zehn Tage zur Ansicht.

76 Nicht nur aus Rücksicht auf Flüchtigleser hätte dem Verlag auffallen dürfen, daß der Satz *Für Ihre pünktliche Überweisung danken wir Ihnen* unter einem Mahntext nichts zu suchen hat. Auch wer langsam liest, könnte Bauklötzer staunen: »Wie, haben die das Geld doch schon erhalten? Dann brauchen sie mich doch nicht zu mahnen!«

Will der Verlag unbedingt Dankbarkeit bezeigen, so muß er sie in die Zukunft verlagern und vielleicht so schreiben:

> Unser Buchhalter (und nicht nur er!) *wird Ihnen dankbar sein, wenn Sie den fälligen Betrag bis zum . . . überweisen.*

77 Aus einer Werbung für Badezimmereinrichtungen:

»Berufstätige Ehepaare können nicht morgens auf die Badezeremonie des anderen warten. Schon deshalb sind zwei Waschbecken zweckmäßig.«

Der erste Satz enthält gleich zwei ungewollte Ungenauigkeiten. Welche?

78 Ein wöchentlich erscheinender Bau-Informationsdienst sucht Abonnenten. In einem Werbebrief nennt er sich »das Radargerät für die gesamte Bauwirtschaft« und fährt fort:

»Dabei kostet Sie der monatliche Bezugspreis Ihrer Gebietsausgabe weniger als ein Gang auf eine einzige Baustelle.«

Glauben Sie das?

79 Ein Boris-Becker-Plakat mit der Aufschrift *Boris Becker Fieber* habe ich einmal der fehlenden Bindestriche wegen kurz kommentiert. Das fing so an:

»Die Begeisterung hat sich abgekühlt. Das Fieber ist auf Normaltemperatur gesunken. Geblieben ist . . .«

»Wenn das möglich wäre«, schreibt mir daraufhin ein Leser aus Düsseldorf, »hätte ich mit 36,6 auch Fieber.«

Ist das ein stichhaltiger Einwand?

80 Ein Makler bietet ein Baugrundstück an. In seinem Angebot heißt es:

»Auf diesem Grundstück kann ein an das Haus Sommerhaldenstraße 60 angebautes Einfamilienhaus mit einer Grundfläche von 90 bis 100 Quadratmetern in zweigeschossiger Bauweise erstellt werden.«

Was meinen Sie dazu?

77 Daß berufstätige Ehepaare morgens nicht auf die Badezeremonie des anderen (grammatisch folgerichtig zu ergänzen wäre jetzt: *Ehepaares)* warten können, ist natürlich nicht gemeint. Gemeint ist auch nicht das Warten auf die Zeremonie, sondern auf deren Ende. So hätte es heißen können:

> Sind beide Ehe*partner* berufstätig, *dann kann der eine nicht warten, bis der andere seine Badezeremonie beendet hat.*

78 Wohl besser nicht. Ein Preis kann nämlich nichts kosten. Richtig ist:

> Dabei kostet Sie der *Bezug* Ihrer Gebietsausgabe weniger als der Gang auf eine einzige Baustelle.

Oder besser noch:

> . . . als *ein einziger Gang auf eine* Baustelle.

79 Ja. Strenggenommen kann Fieber nicht auf Normaltemperatur sinken. Fragt sich nur: Wie streng nehmen wir es?
Frische und Unmittelbarkeit der Umgangssprache beruhen zu einem gut Teil auf läßlichen kleinen Sünden. Sagen wir beispielsweise von jemandem, er habe zwar kein Fieber, aber Temperatur, so wissen wir alle, daß damit *erhöhte* Temperatur gemeint ist, obgleich der Mensch genaugenommen auch mit 36,6 Temperatur hat.
Aber natürlich kann man sich auch frisch und unkompliziert ausdrücken, ohne die Logik zu vergewaltigen. Hätte ich gemerkt, welchen Un-Sinn ich verzapft habe, hätte ich so korrigiert:

> Die Begeisterung hat sich abgekühlt, *das Fieber ist weg, die Temperatur wieder normal.* Geblieben ist die Unart, Zusammengehöriges ohne Durchkopplungsbindestriche zu schreiben.

80 Das Kunststück, ein bereits angebautes Einfamilienhaus zu erstellen, soll der Makler uns mal vormachen, was? Gemeint ist:

> Auf diesem Grundstück kann ein an das Haus Sommerhaldenstraße 60 *anzubauendes* Einfamilienhaus . . . erstellt werden.

81 Vor langer Zeit muß ein Werbemann den *warmen Mantel* erfunden haben, der aber nicht warm ist, sondern bloß warm hält, und auch die *Flotte Lotte,* die überhaupt nichts Flottes hat, solange man sie ungerührt in der hintersten Ecke des Küchenschrankes stehenläßt. Inzwischen kennt die Werbung *schnelle Rezepte,* obwohl nur das Zubereiten schnell geht, *schlanke Puddings* (wer's glaubt, wird selig) und *hellwache Biere,* die ganz gewiß nicht hellwach, sondern bloß alkoholfrei sind.

Hier werden also Dingen (Mantel, Rührgerät, Rezept, Pudding, Bier) menschliche Eigenschaften zugeordnet, attribuiert. In Sprachwissenschaft und Logik nennt man diese Art der Gedankenübertragung *Attributionsanalogie.*

Sind solche Bildungen gutzuheißen?

82 In einer Anzeige, die auf eine neuartige Aphorismensammlung aufmerksam macht, heißt es:

> »Die Datenbank ›Bonmot‹ stellt Sinnsprüche, Lebensweisheiten und Aphorismen für Anlässe des geschäftlichen und privaten Lebens zur Verfügung. Die Auswahl erfolgt aus dem reichhaltigen Fundus von Sinnsprüchen und Lebensweisheiten bekannter Persönlichkeiten *wie Politiker, Schriftsteller und normalen Menschen.*«

Es geht um das letzte, hier durch Schrägdruck hervorgehobene Satzstück.

a) Müßte es nicht *wie Politikern, Schriftstellern* heißen?

b) Oder wäre *und normaler Menschen* richtig?

c) Der Text dichtet – haben Sie es bemerkt? – bekannten Persönlichkeiten einen Dachschaden an. Was müßte man ändern, um Politiker und Schriftsteller von dem Verdacht zu befreien, sie seien nicht normal?

81 Darüber kann man geteilter Meinung sein.

Texter mögen griffige Formeln, die einen Sachverhalt kurz auf den Punkt bringen. Dingen menschliche Eigenschaften beizulegen ist zudem besonders eingängig.

Wer aber Wert auf präzise Sprache legt, lehnt Attributionsanalogien ab; denn sie verwischen Unterschiede. In einem Bäckerladen, der sich *Der frische Bäcker* nennt, ist nicht der Bäcker frisch, sondern sein Brot. In der Stuttgarter Optikerkette *Der scharfe Optiker* gibt es vielleicht wirklich ein paar scharfe Burschen – andernfalls sind nur die Gläser scharf. Und wenn ein Chinarestaurant unter dem Namen *Der pikante Reiskoch* eröffnet, macht es gleich noch dem *faulen Apfelsinenmann* unseligen Angedenkens Konkurrenz.

82 a Nein. *bekannter Persönlichkeiten wie Politiker, Schriftsteller* ist aus zwei Gründen richtig. Erstens kann man den *wie*-Vergleich als Apposition (Beisatz) auffassen; dann stände *Politiker, Schriftsteller* korrekt im gleichen Kasus wie *bekannter Persönlichkeiten,* nämlich im Genitiv. Zweitens kann man den *wie*-Vergleich als Ellipse (Auslassungssatz) ansehen: ... *Persönlichkeiten(,) wie Politiker, Schriftsteller* (es sind); dann stände *Politiker, Schriftsteller* korrekt im Nominativ.

b Ja. Rein grammatisch betrachtet, müßte es *normaler Menschen* heißen; denn von *Lebensweisheiten* hängt ein Genitivattribut ab: *Lebensweisheiten bekannter Persönlichkeiten . . . und normaler Menschen.*

c Die ungewollte Komik läßt sich vermeiden, indem man *bekannten Persönlichkeiten* nicht *normale Menschen* gegenüberstellt, sondern *weniger bekannte.*

Eingängigkeit erreicht man erst durch Vereinfachen. Ich hätte von *Lebensweisheiten bekannter und unbekannter Leute* gesprochen.

83 Titel eines Zeitungsartikels über Bad Friedrichshall:

Die Salzstadt pocht statt trockener Information auf Unterhaltung

Was heißt das?

84 Ein Memento mori unter den Kleinanzeigen:

Wir bepflanzen und pflegen Ihr Grab.

Schmunzeln ist leicht. Aber wie das Angebot zurechtrücken?

85 Im Prospekt eines Brennstoffhändlers steht auf der letzten Seite, auf der es um Kohlen geht:

Preise für Sondersorten erhalten Sie auf Anfrage. Beanstandungen erbitten wir sofort bei Anlieferung.

Zwei Fragen:

a) Was für Preise kann man erhalten?
b) Was muß der Kunde tun, um der Bitte nachzukommen?

86 Wer Sprachzweifel hat, kann in Aachen das *Grammatische Telefon* anrufen. Eingerichtet hat die Auskunftsstelle ein Germanistikprofessor der Rheinisch-Westfälischen Hochschule Aachen. Als ich mich einmal öffentlich darüber wunderte, wieso ein Telefon, das bekanntlich *rot* oder *neu* oder *kaputt* sein kann, plötzlich auch *grammatisch* sein darf, antwortete mir der Herr Professor: »Das Grammatische Telefon ist so wenig grammatisch wie der Indische Ozean indisch. Wir verwenden Adjektive im Deutschen eben häufig nicht so, wie es die Schulgrammatik behauptet.« Kein Wunder, daß wir es nicht tun, wenn uns der Herr Professor mit dem komischen Namen, den er seiner Sprachauskunftsstelle gegeben hat, die Abweichung von der Schulgrammatik geradezu in den Mund legt.

a) Wie müßte das *Grammatische Telefon* nach den Regeln der Schulgrammatik heißen?
b) Auf welchen Namen hätten Sie das Kind getauft?

83 Daß die trockene Information jetzt der Salzstadt das Pochen auf Unterhaltung überläßt.

Gemeint ist wohl eher:

> Die Salzstadt *setzt statt auf trockene Information* auf Unterhaltung

84 *Ihr Grab* durch *die Gräber Ihrer Lieben* zu ersetzen wäre zu vertraulich. Und . . . *die Gräber Ihrer Angehörigen*? Dann blieben die von guten Freunden ungepflegt. Wohl besser so:

> Wir nehmen Ihnen Bepflanzung und Grabpflege ab.

85 Den Preis, den eine Ware hat, kann man beispielsweise fordern, verlangen, zahlen, bezahlen, unterbieten, drücken, herunterhandeln – *erhalten* kann man ihn nicht.

a Erhalten kann man Sport- und Literaturpreise.

b Er muß gleich losmeckern, wenn die Kohlen kommen.

Komprimierte Sprache hat viel für sich. Wo aber alles, was durch Nebensätze ausgedrückt werden müßte, in Substantive gepreßt wird, bleibt die Logik auf der Strecke. Um etwas sinngemäß richtig darzustellen, braucht man öfter ein paar Wörter mehr:

> Die Preise für Sondersorten *nennen wir Ihnen* auf Anfrage. *Sollten Sie bei der Lieferung etwas zu beanstanden haben,* verständigen Sie uns bitte sofort.

86 Nach der Regelgrammatik wäre das *Grammatische Telefon* ein *Grammatiktelefon*; schließlich ist in gutem Deutsch ein »schulischer Leiter« ein *Schulleiter* und ein »chemischer Betrieb« ein *Chemiebetrieb.*

Sie hätten sich gewiß einen kürzeren, anschaulicheren, besser sprechbaren Namen ausgedacht, *Sprachsorgentelefon* vielleicht oder auch *Sprachkummerruf.*

87 Ein Freiburger Verlag wirbt für sein Loseblattwerk »Die besten Geschäftsbriefe« mit einem Prospekt, auf dem verschiedene Musterbriefe abgebildet sind. In einem gratuliert der junge Chef einer Vertriebsgesellschaft dem Chef einer Herstellerfirma zum 60. Geburtstag. So fängt der Glückwunsch an:

> Sehr geehrter Herr . . .,
> Ihren 60. Geburtstag möchte ich zum Anlaß nehmen, um Ihnen einmal zu sagen, wie froh ich bin, mit Ihnen zusammenarbeiten zu können. Ohne die hilfreichen Ratschläge und die kreativen Ideen Ihres Hauses fühlte ich mich heute nicht so sicher in der Wahrnehmung meiner geschäftlichen Aufgaben. Vielen Dank!
> . . . und natürlich das Wichtigste: Herzlichen Glückwunsch zu Ihrem 60. Lebensjahr! Für das kommende Jahrzehnt . . .

Solche Mischung aus Ehrerbietigkeit und Honig wird sicher gern gelesen. Doch eines ist daran nicht korrekt. Was?

88 »Wenn man Kreuzfahrten in fremde Länder veranstaltet«, meint Helmut Th. K. Rall aus Freudenstadt, »sollte man deren Sprache kennen – und auch die eigene beherrschen, um fehlerfrei werben zu können.« Veranlaßt zu dieser Äußerung hat ihn die Titelseite eines Reiseprospekts. Die verheißt nämlich:

> »Exclusive Kreuzfahrten in der Karibik, Mittelamerika und der Baja California.«

Abgesehen vom *c* in *exclusive,* das, weil man es häufig sieht, nichts Exklusives hat, stecken darin zwei Fehler: eine läßliche Sünde und ein dicker Hund. Wo? Wieso? Und wie müßte es richtig heißen?

89 Aus einer Werbung für Quarzuhren:

> »Die Selbstregulierung erfolgt 170mal pro Sekunde und gewährleistet eine Ganggenauigkeit, die etwa eine Minute pro Jahr beträgt.«

Das ist ein Witz. Wieso?

87 Wird jemand 60 Jahre alt, dann darf man ihm nicht mehr zum 60. Lebensjahr gratulieren; vor ihm liegt bereits das 61.!
Rechnen Sie nach: Da wir den Tag der Geburt nicht mitzählen, waren wir an unserem ersten Geburtstag ein Jahr alt; es begann für uns das zweite Lebensjahr. Und am 60. Geburtstag beginnt mit dem 61. Lebensjahr das siebente Jahrzehnt.
Aber müssen wir bei runden Geburtstagen tatsächlich Zahlen nennen? Nach meinem Eindruck macht es den meisten 60jährigen keine Freude, daran erinnert zu werden, wie alt sie schon sind. Die Zahl 60 in einem Geburtstagsglückwunsch gleich zweimal zu nennen ist mehr als einmal zuviel.

88 Da wir *Karibik* mit Artikel, *Mittelamerika* aber ohne gebrauchen, müßte man in einer Aufzählung die Präposition wiederholen: . . . *in der Karibik und in Mittelamerika.* Aber Kreuzfahrten in Mittelamerika – gibt es das? *Baja* heißt nicht, wie der Texter offensichtlich meint, ›Bai‹ oder ›Bucht‹; es ist das spanische Wort für ›Nieder-‹. *Baja California* ist die langgestreckte, zu Mexiko gehörende Halbinsel *Niederkalifornien,* englisch *Lower California.*
Und weil das Schiff weder auf einer Halbinsel noch »in Mittelamerika« kreuzen kann, müßte die Ankündigung lauten:

> *Exklusive* Kreuzfahrten in der Karibik, *vor den Küsten* Mittelamerikas und *um Niederkalifornien.*

Oder . . . *um Baja California,* wenn man uns unbedingt spanisch kommen will.

89 Weil man eine Uhr, die im Jahr nur eine Minute lang genau geht, auf den Schrott werfen müßte.
Natürlich beträgt nicht die Ganggenauigkeit etwa eine Minute pro Jahr, sondern die Abweichung davon. Also:

> 170mal in der Sekunde reguliert die Uhr sich selbst. Dadurch geht sie so genau, daß die *Gangschwankungen* im Jahr nur etwa 1 Minute betragen.

90 Karl-Heinz S., Werbeleiter in Hagen, ist über den Text einer sonst recht gut gemachten Calvados Anzeige gestolpert. Zu Recht, denn der Anzeigentext behauptet schlicht das Gegenteil von dem, was er sagen will:

> »Wie man ihn am liebsten mag, ist reine Geschmacksache. Aber das probieren Sie am besten selbst. Und wenn Sie ganz weit weg vom Meer wohnen, ist das auch nicht schlimm. Schließlich kann ja nicht jeder in der Normandie zu Hause sein. Was aber nicht heißt, daß auch Ihnen ein Gläschen Calvados oder ein Täßchen Café Calva ausgesprochen guttun würde.«

Wo steckt der Stein des Anstoßes? Und wie müßte man ihn aus dem Weg räumen?

91 Was grammatisch korrekt ist, ist damit noch lange nicht gut, schon gar nicht in der Werbung. Werbetext muß auf Anhieb verständlich sein. Ein doppelt verneinter Satz ist aber immer schwerer verständlich als seine positiv formulierte Entsprechung.

Wie ließe sich der Schluß der Calvados-Anzeige unkomplizierter fassen?

92 Mit der Behauptung, daß die Papierablage der teuerste Spaß des Unternehmers sei, bietet ein Organisationsberater für Mikroverfilmung Firmen seine Hilfe an. In seinem Akquisitionsbrief heißt es:

> »Für eine über die Kurzanalyse hinausgehende Soll- und Feinkonzeption biete ich an:
> 2 kostenlose Beratungsstunden a DM 200,– für die Kurzanalyse.
> Einmalige kostenlose An- und Abfahrt zum Preis von DM –,84 je Doppelkilometer Entfernung.«

Abgesehen davon, daß das französische *à* einen Gravis haben muß – kostet die Kurzanalyse nun 400 Mark? Oder kostet sie nichts? Und wie ist das mit dem Kilometergeld?

90 Der letzte Satz besagt: »Wenn Sie Pech haben, bekommt Ihnen das Zeug nicht.« Gemeint ist das Gegenteil: »Auch wenn Sie nicht in der Normandie wohnen – ein Gläschen Calvados würde Ihnen ausgesprochen guttun.« Will man diesen positiven Gehalt in einem verneinten Satz ausdrücken, dann braucht man ein zweites *nicht*; denn erst die doppelte Verneinung ergibt eine Bejahung:

Was aber nicht heißt, daß nicht auch Ihnen ...

91 Beispielsweise so:

... Und wenn Sie ganz weit weg vom Meer wohnen, ist das kein Beinbruch. Denn auch Landratten tut ein Gläschen Calvados oder ein Täßchen Café Calva ausgesprochen gut.

Kleiner Tip: Verzichten Sie auf doppelte Verneinungen; ein einfaches Ja oder Nein wird immer schneller verstanden. Professor Paul Watzlawicks in Werbekreisen vielzitiertes Wort *Keiner kann nicht kommunizieren* wird deutlicher und anschaulicher, wenn man den gleichen Sachverhalt mit Johannes Mario Simmel nur einmal verneint: *Niemand ist eine Insel.*

92 Das eben ist die Frage. Vermutlich hat der Organisationsberater schreiben wollen:

Wenn Sie mich mit einer über die Kurzanalyse hinausgehenden Soll- und Feinkonzeption beauftragen, *ist die Kurzanalyse für Sie kostenlos; auch die Fahrtkosten für die erste Hin- und Rückfahrt trage ich. Erwarten Sie von mir aber nur eine Kurzanalyse,* so müßte ich Ihnen dafür 2 Beratungsstunden à 200 DM und die Fahrtkosten (0,84 DM je Doppelkilometer Entfernung) berechnen.

Im konkreten Fall ist es nicht einmal zu einer Kurzanalyse gekommen. Der Adressat des Angebots, Chef einer Firma für Betonbauteile in Regensburg, ist über die »2 kostenlosen Beratungsstunden a DM 200,–« gestolpert und hat mir den Akquisitionsbrief mit den Worten zugeschickt: »Sie werden das komische Angebot besser verwerten können als ich.«

93 In einem Zeitschriftenartikel klagt der Autor darüber, daß Betriebsanleitungen für Computer viel zu umfangreich seien. Wörtlich heißt es:

»Wer sich anschickt, einen PC zu nutzen, hat zunächst einmal in Ehrfurcht zu erstarren. Unter zwei Pfund Papiergewicht schickt kein Hersteller seine erklärungsbedürftige Ware auf den umkämpften Markt.«

Wer oder was hat denn da zwei Pfund Papiergewicht?

94 Falls Sie nicht gleich auf die Lösung (93) gekommen sind, ein kleiner Trost: Wie verkorkst die Textstelle ist, habe auch ich erst mitbekommen, als mir einige Leser unter die Nase rieben, was mir beim Redigieren durchgerutscht war. Herbert W., Werbeberater in Stuttgart, schlug als Verbesserung vor:

»*Ohne zwei Pfund Papier* (Papiergewicht ist etwas ganz anderes) *bringt* (nicht: *schickt) kein Hersteller seine erklärungsbedürftige Ware auf den umkämpften Markt* (besser wohl: *an den Mann,* aber da haben sicher wieder einige kämpferisch gesinnte Frauen etwas dagegen).«

Sind Sie mit dem Vorschlag einverstanden?

95 Eine Büromöbelfirma bietet Schränke mit flachen Schubladen an, sogenannte Planschränke. Im Angebot steht:

»XY-Planschränke für Vielzweckablage (Zeichnungen, Bürobedarf, Kleineisenteilen, Werkzeugen etc.) werden aus naturlackierter nordischer Kiefer hergestellt.«

Wieso stimmt hier die Reihenfolge nicht? Und wie würde der Satz ohne Grammatikfehler heißen?

96 Eine Meldung aus der »Rheinpfalz«:

Stadionbrand: Fahrlässige Tötung. Der Stadionbrand, bei dem am 11. Mai in der nordenglischen Stadt Bradford 56 Menschen umkamen, ist nach Erkenntnis einer zehnköpfigen Geschworeneninstanz auf fahrlässige Tötung zurückzuführen.

Erkennen Sie, was da passiert ist?

93 Schwer zu sagen – dem Wortlaut nach entweder der Hersteller oder der PC, nicht aber die Betriebsanleitung.

94 Ich bin es nur im ersten Teil. Wäre mir der schiefe Satz rechtzeitig aufgefallen, hätte ich den Anfang geändert in: *Ohne kiloschwere Betriebsanleitung schickt kein Hersteller...*

Doch warum sollte ... *bringt an den Mann* »besser« sein als ... *schickt auf den umkämpften Markt*? Ich halte die eine Wendung für so brauchbar wie die andere, nur geht es um zwei verschiedene Sachverhalte: Wenn einer seine Ware auf den umkämpften Markt schickt, ist damit noch nicht gesagt, daß er sie auch an den Mann bringt.

95 Ein Attribut wie *naturlackiert* macht viel her. Nur scharf ansehen darf man es nicht, sonst blättert der Lack. Oder wissen Sie, was es sagen will? Wenigstens steht fest, daß die Natur nicht selbst lackiert und Holz üblicherweise nicht erst lackiert und hinterher zu Schränken verarbeitet wird.

für verlangt den Akkusativ: *für Kleineisenteile, Werkzeuge.* Das Dativ *-n* muß sich eingeschlichen haben, weil der Texter bei der Aufzählung innerhalb der Klammer die Präposition *von* im Sinn hatte: . . . *für Vielzweckablage (von Zeichnungen, Bürobedarf, Kleineisenteilen, Werkzeugen etc.)* . . .

Gemeint ist wahrscheinlich:

> XY-Planschränke für Vielzweckablage (Zeichnungen, Bürobedarf, *Kleineisenteile, Werkzeuge* und dergleichen) werden aus *naturbelassener* nordischer Kiefer hergestellt *und mit farblosem Lack überzogen.*

96 Hier sind Ursache und Wirkung vertauscht. Fahrlässige Tötung kann nicht Ursache des Brandes gewesen sein, wohl aber Fahrlässigkeit. Texter Paul H. in Otterberg, der mich auf diese Meldung aufmerksam machte, hätte so korrigiert:

> Der Stadionbrand . . . ist . . . *auf fahrlässiges Verhalten* zurückzuführen.

97 Doris B. berichtet von ihrer Arbeit in einer Hamburger Werbeagentur:

»Bis heute, den 30. April, hatten wir – die Kreativen aus Beratung, Grafik und Text – drei Wochen Zeit. Doch neben den drängenden Tagesproblemen mit Castrols ›fließender Technik‹, ›Blue Bird von Schiesser‹ und zweideutigen Slogans für Beiersdorf-Kondome schiebt man Langfristiges gerne auf, bis es eben ganz kurzfristig ist . . .«

Das ist frisch und munter erzählt. Doch an einer Stelle hat der Text einen kleinen Knacks. Wo und wieso?

98 Autor H. öffnet einen Brief von seinem Finanzamt und liest:

»Aufgrund einer Kontrollmitteilung vom Finanzamt Memmingen haben Sie im Jahr 1986 vom Hans Holzmann Verlag in Bad Wörishofen insgesamt . . .,92 DM Honorare erhalten. Teilen Sie uns bitte mit . . .«

H. denkt, er liest nicht recht. Hatte er sich doch bis dahin eingebildet, er hätte das Honorar aufgrund seiner Arbeit bekommen. Wie sehen Sie das?

99 Im attraktiv bebilderten Prospekt eines Stuttgarter Strickwarengeschäfts heißt es:

»Weitere Neuheiten zeigen wir Ihnen gern unverbindlich.«

Wie würden Sie den Satz reparieren?

100 *Spitzenleistung, Spitzentechnik, Spitzenbedarf, Spitzenerzeugnis, Spitzenposition* – das alles ist hoch oben angesiedelt, höher geht's nicht. Und wie ist das mit *Spitzenpreisen*? Ein Computershop wirbt mit dem Hinweis:

»Vom Kleinrechner bis zum gewerblich nutzbaren Computersystem zeigen geschulte Verkäufer führende Weltmarken zu Spitzenpreisen.«

Und ein Hi-Fi-Fachgeschäft bietet eine *riesige Auswahl an Markengeräten zu Spitzenpreisen.* Muß Werbung wirklich so deutlich zeigen, wie gern sie den Kunden die Tausender aus der Tasche lockt?

97 Die meisten von uns schieben Langfristiges gern auf, bis es ganz kurzfristig ist. Sie tun es, weil sie täglich so viel anderes um die Ohren haben. Die *drängenden Tagesprobleme* sind der Grund fürs Aufschieben, keine Nebensache. Folglich schiebt man Langfristiges nicht *neben* den drängenden Tagesproblemen auf, sondern ihretwegen: *wegen* der drängenden Tagesprobleme.

98 Ja, das Finanzamt hat die falsche Präposition erwischt. Dabei ist das Angebot an passenden Präpositionen groß genug: *Gemäß einer Kontrollmitteilung . . ./Laut Kontrollmitteilung . . ./Einer Kontrollmitteilung zufolge* . . . Das gleiche eine Spur natürlicher: *Nach einer Kontrollmitteilung* . . .

99 *unverbindlich* kann sich nur auf den Kunden beziehen; er soll sich die Ware zeigen lassen, ohne daß daraus eine Verpflichtung zum Kauf entsteht. Also:

> Weitere Neuheiten zeigen wir Ihnen gern. *Schauen Sie doch einmal unverbindlich bei uns herein.*

Und wie wär's, wenn man *unverbindlich* ganz wegließe? Auf immer wieder breitgetretene Selbstverständlichkeiten reagiert auch ein friedlicher Kunde allmählich mit Unlust.

100 O nein, so ist es nicht. Die meisten Kunden nehmen heute *Spitzenpreise* entgegen dem Wortlaut nicht als Höchstpreise, sondern als das, was sie sein sollen: eine besonders günstige Gelegenheit.
Mit einer anderen Preisgruppe ist es ähnlich. Wer gern ein Schnäppchen macht, wundert sich nicht im geringsten darüber, daß im Supermarkt zum Superangebot auch ein *Superpreis* gehört.
Erklären müssen wir uns das wohl so: *super* und *Spitze* sind Wertbegriffe geworden; sie haben neben ihrer ursprünglichen Bedeutung ›höchst‹ heute den Sinn ›großartig‹, ›irre‹, ›toll‹.
Nur, die Erbsenzähler unter uns haben die Bedeutungserweiterung noch nicht registriert. Mit Rücksicht auf sie würde ich es bei Zugreifpreisen belassen.

101 Ein holländischer Blumenzwiebelexporteur spricht in seinem prächtig bebilderten Blumenkatalog eine Bitte aus:

»Falls Ihre Adresse nicht ganz richtig ist, bitten wir Sie, in den Kästchen (unterhalb der Adresse) Ihre Korrektur anbringen zu wollen.«

Was würde passieren, wenn jeder, dessen Adresse nicht ganz stimmt, der Bitte nachkäme?

102 Auf der Rückseite eines Briefumschlags – Absender ist ein Möbelwerk – ist zu lesen:

»Das ...werk beliefert Jahr für Jahr etwa 250 000 zufriedene Kunden!«

Das spricht für sich. Und gegen die Logik. Wieso?

103 Aus einem Werbebrief eines Münchner Lotterieeinnehmers:

»Alle Gewinne kommen laufend in voller Höhe und ohne jeden Abzug zur Auszahlung, selbstverständlich einkommensteuerfrei.«

Ist die für den Leser angenehme und unter Umständen wichtige Information deutlich genug formuliert?

104 Aus den Liefer- und Zahlungsbedingungen eines Hamburger Delikatessenversandhauses:

»Der Rechnungsbetrag ist sofort nach Rechnungserhalt zahlbar. Skontoabzug erkennen wir nicht an.«

Was passiert, wenn der Kunde das wörtlich auslegt?

105 Wußten Sie schon, daß Versandhauskunden neuerdings umsonst kaufen, weil der Versandhandel jetzt auch die Zahlung übernimmt? Bittschön:

»Alle Artikel, die wir führen, sind im Katalog verzeichnet. Auch über unsere Versand- und Zahlungsweise werden Sie eingehend informiert.«

Was ist gemeint?

101 Dann bekäme der Blumenzwiebelexporteur keine einzige Adressenkorrektur. Die Aufforderung, *etwas tun zu wollen,* ist eine längst veraltete Floskel und genaugenommen nicht gleichbedeutend mit der Aufforderung, *etwas zu tun.*

102 Zufriedene Kunden brauchen keine neuen Möbel. Erst wenn sie die Möbel haben, sollen sie zufrieden sein. Vorschlag:

Das ...werk beliefert Jahr für Jahr rund 250 000 Kunden.
Kunden, die mit uns zufrieden sind.

103 Nach meinem Eindruck nicht. Die Intelligenz eines Menschen wächst nicht proportional zu seinem Einkommen. Wer noch nie das Große Los gezogen hat und sich in der Steuergesetzgebung nicht gut genug auskennt, könnte den Satz so verstehen, daß die Gewinne zwar ohne Abzug einkommensteuerfrei ausgezahlt würden, aber später bei der Steuererklärung angegeben und nachversteuert werden müßten. Ein entscheidender Vorteil sollte dem Leser deutlicher präsentiert werden:

Alle Gewinne werden laufend in voller Höhe und ohne jeden Abzug ausgezahlt. *Lotteriegewinne sind einkommensteuerfrei.*

104 Dann kann der Delikatessenversand lange auf sein Geld warten. Mit Beträgen, die *zahlbar* sind, ist das nämlich nicht anders als mit Pilzen, die eßbar sind: Die Pilze können, müssen aber nicht gegessen werden. Ein Glück, daß die meisten Kunden die Sprache nicht beim Wort nehmen.

105 Gemeint ist: *unsere Versand- und Ihre Zahlungsweise.* Sprachlich bekommt man das am besten in den Griff, wenn man beide Possessivpronomen wegläßt:

Auch *über Versand- und Zahlungsweise* werden Sie eingehend informiert.

106 Eine Brennstoffhandlung hat sich zur Absatzbelebung etwas Nettes einfallen lassen. Für eine Ausstellung sucht sie Fotos von alten Öfen; sie schreibt an ihre Kunden:

»Ihr alter Ofen bringt Geld. Wissen Sie noch, wie Sie ihn bekommen haben und wann er in Ihr Zimmer kam? Neu und glänzend und bullernd vor gemütlicher Wärme.«

Da muß die Erinnerung dem Texter einen Streich gespielt haben. Wieso?

107 Aus einer Anzeige eines Schuhhauses in Bad Ischl:

»Aktion Schulbeginn
Auf alle Kinderschuhe bis Größe 35 um 10 Prozent verbilligt.«

Erkennen Sie, was da passiert ist?

108 Eine Marketingagentur stellt in einem graphisch ansprechenden Prospekt dar, was sie tut und was sie kann.
Unter der Überschrift *Werbetext* heißt es:

»Eine psychologisch durchdachte, logisch aufgebaute textliche Aussage kann über den Kaufentschluß Ihrer Kunden entscheiden. Unsere erfahrenen Texter sind deshalb unentbehrliche Mitarbeiter für Ihre Werbung.«

Was läßt der Text erkennen? Daß Logik nicht die starke Seite der Agentur ist. Um logisch zu sein, hätte er ein Wort und ein *n* weniger haben müssen. Wo?

109 Aus Zürich schickt mir Rolf K. einen Prospekt, der seiner Neuen Zürcher Zeitung beilag. In dem Prospekt heißt es:

»Unsere Kunden schätzen seit Jahren die Hico-Dienstleistungen. Als Dank dafür schenken wir Ihnen etwas Besonderes: Die kleinste Kamera der Welt.«

»Werden da nicht«, fragt Rolf K., »wieder mal die Falschen belohnt?«

106 Weil der Ofen bestimmt nicht bullernd vor gemütlicher Wärme ins Zimmer kam. Geheizt wurde erst, als er angeschlossen war.

107 Der Texter hatte einen Satz im Kopf, den anderen auf der Zunge. Und so hat er denn den Anfang des einen mit dem Ende des andern verquickt. Sprachwissenschaftler nennen eine solche Vermengung eine Kontamination.

Zwei Möglichkeiten der Korrektur:

a *Auf alle* Kinderschuhe bis Größe 35 erhalten Sie *10 Prozent Rabatt.*

b *Alle* Kinderschuhe bis Größe 35 *um 10 Prozent verbilligt.*

108 Im Anfang des zweiten Satzes. Statt *Unsere erfahrenen Texter ...* hätte es *Erfahrene Texter ...* heißen müssen.

Damit wäre der Satz zwar logisch, aber nichts als eine für die Eigenwerbung nutzlose Binsenweisheit. Also muß noch ein Hinweis auf die Agentur hinein, der keinen Absolutheitsanspruch enthält:

> Erfahrene Texter, *wie unsere Agentur sie hat,* sind deshalb unentbehrliche Mitarbeiter für Ihre Werbung.

Achten Sie drauf: Unlogische Überheblichkeiten schleichen sich leicht in die Eigenwerbung ein.

109 Ja. In den beiden Sätzen wird tatsächlich vorläufigen Nicht-Kunden ein Geschenk versprochen, weil die Kunden, die es verdient hätten, seit Jahren die Hico-Dienstleistungen schätzen. Das ergibt keinen Sinn.

Allenfalls hätte man nach der Melodie »Seid umschlungen, Millionen« so argumentieren können:

> Unsere Kunden schätzen seit Jahren die Hico-Dienstleistungen. *Das macht uns stolz und froh. Und weil wir möchten, daß Sie sich mit uns freuen,* schenken wir Ihnen ...

Übrigens ist *schenken* ganz schön übertrieben. Es geht nur um eine Verlosung von fünf Minox-Kameras. Solche Abweichungen von der Realität sind es, die Verbraucher der Werbung übelnehmen.

110 Eine Einladung zur Fameta in Essen, zur Internationalen Fachausstellung für Metallverarbeitungsmaschinen, trägt die Schlagzeile:

Diese Einladung sichert Ihren Erfolg!

Als was könnte man das bezeichnen?

111 Ein bekannter Stuttgarter Büromaschinenhersteller lud Journalisten nach Berlin zu einem Seminar ein. In der Einladung hieß es wörtlich:

»Nachdem die Veranstaltung am 15. Februar um 12 Uhr beginnt, besteht die Möglichkeit der Anreise am Vormittag des gleichen Tages.«

Also mittags beginnt die Veranstaltung, und anschließend dürfen die Journalisten am Vormittag des gleichen Tages anreisen? Den Unsinn würde man herauslesen, nähme man den Satz beim Wort. Die Sache kommt zeitlich ins Lot, sobald Sie eine Konjunktion gegen eine andere austauschen – nämlich?

112 Ein 1988 gegründeter Wirtschaftsnachrichtendienst lädt zum Probelesen ein und schließt seinen Werbebrief mit der Aufforderung:

»Bitte, unterschreiben Sie die beiliegende Bestellkarte für ein Probeabonnement und Sie können jederzeit kündigen.«

Sicher, um sich das Vergnügen einer Scheidung leisten zu können, muß man erst mal geheiratet haben. Trotzdem ist das wohl nicht ganz der Sinn der Sache. Was ist gemeint?

113 Ganz hinten in einer Zeitschrift findet sich der Hinweis:

»Nachdruck nach vorheriger Genehmigung und Übersendung von 2 Belegexemplaren gestattet.«

Das heißt: »Nachdrucken, Leute, dürft ihr. Aber vorher müßt ihr uns zwei Exemplare mit dem nachgedruckten Text schicken.« Außerdem enthält der Hinweis doppelt und dreifach Gesagtes. Möchten Sie nicht probieren, ihn zu kürzen und dabei in die richtige zeitliche Folge zu bringen?

110 Als ärgerliche Aufschneiderei oder auch als Unwahrheit. Die Einladung kann *zum Erfolg führen,* doch *sichern* kann den Erfolg nicht einmal der Messebesuch. Der Berufserfolg hängt schließlich weniger vom Messebesuch als vom Messebesucher ab.

111 *nachdem* begründend statt nur zeitlich zu gebrauchen ist süddeutsch, aber nicht hochdeutsch. Richtig ist nur:

Da die Veranstaltung . . .

112 Daß einer, der ein Probeabonnement abschließt, schnell wieder aussteigen kann, wenn ihm die Geschichte nicht zusagt. Um das auszudrücken, darf man nicht zu sehr mit Worten knausern; dem Schlußsatz fehlt mehr als nur das Komma vor *und.* So hätte ich geschrieben:

> Der Bestellschein für ein Probeabonnement ist vorbereitet. Je früher Sie ihn uns unterschrieben zurückschicken, desto früher ist die neueste Ausgabe bei Ihnen. *Lesen Sie, bilden Sie sich ein Urteil. Es wird, so denken wir, positiv ausfallen. Wenn nicht – kündigen können Sie jederzeit.*

113 Gehen wir schrittweise vor.

a *nach vorheriger Genehmigung* ist doppelt gemoppelt, *nach Genehmigung* genügt.

b *nach Genehmigung gestattet* ist wiederum ein Doppelmops (Sprachwissenschaftler würden sagen: eine Tautologie); natürlich ist, was genehmigt ist, gestattet. Gesagt werden sollte: *Nachdrucke bedürfen der Genehmigung.* Zu geschraubt? Also dann: *Nachdruck nur nach Genehmigung.*

c Damit das zeitliche *nach* nicht auch auf *Übersendung* bezogen werden kann, müssen wir eine Präposition einfügen:

> Nachdruck nur *nach Genehmigung* und *gegen Übersendung* von 2 Belegexemplaren.

Wieviel Grammatik braucht der Mensch?

(Manchmal mehr, als er ahnt)

»Wenn ich groß bin, möchte ich im Jahr eine halbe Million verdienen wie mein Vati.«
»Was, dein Vati verdient im Jahr eine halbe Million?«
»Nein, er möchte es auch.«

»Wenn man Sie so liest«, sagte mir einmal ein Anzeigenleiter, »könnte man meinen, wir Werbeleute müßten ständig die Grammatik unterm Arm haben.« – »Aber nein«, versicherte ich ihm. »Unterm Arm natürlich nicht. Im Kopf!«

Doch das ist Jahre her. Inzwischen urteile ich weniger rigoros. Heute meine ich, es genüge, die Grammatik so weit intus zu haben, daß man merkt, wo man unsicher ist und nachschlagen müßte. Viele merken es nie und manche erst, wenn es zu spät ist.

Vielleicht erinnern Sie sich: Ein weltbekannter Glühlampenhersteller warb kurze Zeit mit dem Slogan »Heller wie der lichte Tag«. *heller wie*? Das ist nicht unüblich; es gab sogar einen deutschen Bundeskanzler, der in seinem rheinisch gefärbten Idiom den Komparativ grundsätzlich mit *wie* bildete. Trotzdem ist offenbar die andressierte Regel, im Komparativ heiße es *als,* in den Köpfen der meisten noch so fest verankert, daß der Glühlampenhersteller den Slogan ändern mußte. Heute wirbt er im Positiv: *Hell wie der lichte Tag.* Der Slogan hat gewonnen.

Auch das ist ein Vorteil fundierter Grammatikkenntnisse: Man weiß, wo man sich mit gutem Grund von der Regel lösen kann. Nehmen wir nur mal das Anakoluth, den Satzbruch. »Wenn Sie morgen allein um Kap Horn segeln müßten, würden Sie eine Rolex tragen«, das ist ein grammatisch richtiger, ziemlich langweiliger Satz. Mit dem Anakoluth, das manche Lehrer ihren Schülern als Fehler anstreichen, wird daraus eine temperamentvolle Headline – ein Baumuster, das sich einprägt:

- *Wenn Sie morgen allein um Kap Horn segeln müßten – Sie würden eine Rolex tragen* (Rolex-Uhren)
- *Wenn es die Bahn nicht gäbe . . . jetzt müßte sie erfunden werden* (DB)
- *Wenn Sie Probleme haben – wir haben Telefon* (Ruhrkohlen-Beratung)

Mindestens so weit sollten wir uns in der Grammatik auskennen, daß wir wissen, wo wir uns um der Wirkung oder auch um der besseren Verständlichkeit willen über sie hinwegsetzen können. Sonstige Abweichungen von der Regel sind in den meisten Fällen keine kreative Individualität, sondern schlicht und einfach Stümperei.

114 »druck und papier«, das Zentralorgan der Gewerkschaft Druck und Papier, klagt darüber, daß erschreckend viele deutsche Erwachsene nicht richtig lesen und schreiben können. Ob die Redaktion des Gewerkschaftsblattes daran ganz unschuldig ist? Erstens druckt sie munter alle Hauptwörter klein, und zweitens leistet sie sich sonderbare Überschriften wie die:

lese-schreibkurse für erwachsene analfabeten

Frage an alle, die *Analphabet* noch groß und mit *ph* schreiben: Woher kommt das Wort, und was bedeuten seine Bestandteile?

115 Doch selbst, wenn man die Überschrift so schriebe:

Lese-Schreibkurse für erwachsene Analphabeten,

enthielte sie noch einen Fehler. Wieso?

116 Wenn Sie eben die Antwort 115 sehr aufmerksam gelesen haben, könnte es sein, daß Sie kurz gestutzt haben.
Da steht nämlich:

»Kurse, in denen abwechselnd Lesen und Schreiben geübt wird . . .«

Müßte es nicht *geübt werden* heißen? Schließlich sind *Lesen* und *Schreiben* zwei Tätigkeiten.

117 Stellen Sie sich vor, Sie entwerfen einen Text, der Käufer für eine kleine Terrassenhaus-Wohnanlage finden soll. Sie beschreiben gerade die Lage des geplanten Bauobjekts. Bei dem Satz

»Schmucke Einfamilienhäuser mit . . . säumen die Straße zu Ihrem künftigen Domizil«

überlegen Sie, was richtig ist:

a) Einfamilienhäuser mit *gepflegtem Vorgarten*?
b) Einfamilienhäuser mit *gepflegten Vorgärten*?

114 *Analphabet* kommt aus dem Griechischen. Es stecken darin die ersten beiden Buchstaben des griechischen Alphabets, *Alpha* und *Beta,* unser A und B, außerdem das griechische Verneinungspräfix *an-*, das unserem *un-* entspricht: Ein *Analphabet* ist ein des Lesens und Schreibens *Un*kundiger.

115 »Lese-Schreibkurse« gibt es nicht. Kurse, in denen abwechselnd Lesen und Schreiben geübt wird, sind *Lese-Schreib-Kurse* oder *Lese-und-Schreib-Kurse,* mit Durchkopplungsbindestrich.

116 Nein, üblich ist der Singular. Die Regel heißt: Besteht das Subjekt eines Satzes aus zwei artikellosen Infinitiven, so steht das finite Verb im Singular:

Kurse, in denen abwechselnd *Lesen* und *Schreiben* geübt *wird* . . .

Übrigens haben sich das die Grammatiker nicht erst gestern ausgedacht. Es ist eine uralte Gepflogenheit. Ein Blick auf unsere Sprichwörter bestätigt es:

- *Essen und Trinken hält* (nicht: halten) *Leib und Seele zusammen.*
- *Scheiden und Meiden tut* (nicht: tun) *weh.*
- *Schmieren und Salben hilft* (nicht: helfen) *allenthalben.*

117 Die Frage gehört in ein Kapitel, das in den Grammatiken mit »Kongruenz« überschrieben und dem mit Logik schwer beizukommen ist. Deshalb sollten wir uns für die Form entscheiden, die sprachüblich geworden ist. Und das ist in den meisten Fällen der Singular:

Hunde wedeln mit dem Schwanz, nicht mit den Schwänzen; wenn zwei sich schämen, *bekommen sie einen roten Kopf,* nicht zwei rote Köpfe. Und wenn man seine Kunden wieder einmal vor unvermeidliche Tatsachen stellen muß, *schickt man ihnen die neue Preisliste* und nicht – sofern es für den einzelnen Kunden nicht gleich mehrere Listen sind – die neuen Preislisten. Dementsprechend rate ich auch hier zum Singular: *Einfamilienhäuser mit gepflegtem Vorgarten.*

118 Wer sich von seinem Sprachgefühl leiten läßt, liegt meistens richtig. Nur weiß er nicht, warum. Und weil das auf die Dauer ein unerquicklicher Zustand ist – jüngere Mitarbeiter stellen oft unbequeme Fragen –, lassen Sie uns hier einmal einem Warum auf den Grund gehen.

Der Satz »Auf exakte Angaben ist besonderen Wert zu legen« ist falsch. Es muß *besonderer* heißen, soviel sagt einem das Sprachgefühl. Aber warum ist *besonderen* falsch? Man sagt doch auch: *Auf exakte Angaben lege ich besonderen Wert.* Und warum ist hier *besonderen* richtig?

119 *Public Relations* verdeutschen wir uns zwar mit Öffentlichkeitsarbeit, aber anschaulicher sagt es eine vielzitierte Definition des Bankiers Alwin Münchmeyer, die PR gegen Reklame und Reklame gegen Werbung abzugrenzen sucht:

> »Wenn ein junger Mann ein Mädchen kennenlernt und ihr sagt, was für ein großartiger Kerl er ist, so ist das Reklame. Wenn er ihr sagt, wie reizend sie aussieht, dann ist das Werbung. Aber wenn das Mädchen sich für ihn entscheidet, weil sie von anderen gehört hat, was für ein feiner Kerl er sei, dann ist das Public Relations.«

Einverstanden werden alle sein, die jünger als vierzig sind. Wer aber älter als sechzig ist, findet in der Buchstabensuppe mit Sicherheit vier Haare. Schauen Sie genau hin: Vielleicht entdecken Sie die Haare auch mit jüngeren Augen?

120 Eine Firma, die geschmackvolles Motiv-Briefpapier anbietet, schreibt in einem Werbebrief:

> »Sofern für besondere Zwecke keine größeren Mengen gebraucht werden, bestellen unsere Kunden meist eine oder zwei Packungen mit je 50 Faltbriefen.«

Ist das richtig: *eine oder zwei Packungen*?

118 Machen wir es uns an einem Parallelbeispiel klar: *Auf den Tisch lege ich weißen Damast.* Das ist ein Aktivsatz, der genauso gebildet ist wie *Auf exakte Angaben lege ich besonderen Wert.* Wen oder was lege ich auf den Tisch? *Weißen Damast* (Akkusativ). Wen oder was lege ich auf exakte Angaben? *Besonderen Wert* (Akkusativ).

Formen wir den Aktiv- in einen Passivsatz um, dann hört sich das so an: *Auf den Tisch wird weißer Damast gelegt.* Wer oder was wird auf den Tisch gelegt? *Weißer Damast* (Nominativ). Wer oder was wird auf exakte Angaben gelegt? *Besonderer Wert* (Nominativ).

Die Antwort auf die Warum-Frage heißt demnach: Wird ein Aktivsatz in einen Passivsatz umgewandelt, dann wird aus dem Akkusativobjekt des Aktivsatzes *(besonderen Wert)* das Subjekt des Passivsatzes *(besonderer Wert).*

Nun ist die Konstruktion aus *»sein* + Infinitiv mit *zu«* (*ist ... zu legen*) strenggenommen kein Passiv, sie hat aber passivische Bedeutung. Wer oder was ist auf exakte Angaben zu legen? *Besonderer Wert.* Auch hier ist *besonderer Wert* Subjekt.

119 Die vier Haare sind die Personalpronomen *ihr, ihr, sie, sie* statt »korrekt« *ihm, ihm, es, es.* Mit andern Worten: Es geht um das Mädchen, *das (die)* selbst dann, wenn die Natur *es (sie)* mit ansehnlichen Rundungen ausstaffiert hat, lange Zeit nur als Neutrum behandelt wurde. Denn für junge wie für späte Mädchen galt einheitlich nicht das natürliche Geschlecht *(sie, ihr),* sondern das grammatische *(es, ihm, sein).* So halten es die Älteren unter uns und übrigens auch die Dudenleute heute noch. Doch unter dem Einfluß der Emanzipation setzt sich allmählich bei *Mädchen* das natürliche Geschlecht durch. Die Verwendung der weiblichen Pronomen wie in der PR-Scherzdefinition kann man heute nicht mehr als falsch ansehen.

120 Falsch ist es nicht, aber ungewöhnlich. Gewöhnlich steht *eine* in der unflektierten Form, wenn es durch *oder* an *zwei* gekoppelt ist: *ein oder zwei Packungen.*

121 Beim Schreiben des Geschäftsberichts seien ihr Zweifel gekommen, schreibt mir Carola D. von den Westharzer Kraftwerken in Osterode. Und weil ihre Zweifelsfrage öfter auftaucht, sei sie an Sie weitergegeben. Was ist richtig?

a) »Nach wie vor liegt der Stromverbrauch je *angeschlossenem* Haushalt vergleichsweise niedrig.«

b) ». . . je *angeschlossenen* Haushalt . . .«

122 Aus einem Beitrag »Werbung auf Schallplattenrillen« in ZV + ZV:

»Beinah wär's mit der Vinyl-Revolution nichts geworden. Die Band ›Sigue Sigue Sputnik‹ streitete sich nämlich wochenlang mit ihrer Plattenfirma, wem denn das Vakuum auf den schwarzen Rillen eigentlich gehöre.«

Das ist fortschrittlicher formuliert, als die geltenden Regeln gestatten. Inwiefern?

123 »Du denkst, dich tretet ein Pferd!« könnte man stöhnen, wenn man sieht, was heute mit dem Imperativ angestellt wird.

Helfe Deinem Nächsten!

rief uns die Schirmherrin der Drogenhilfe auf ganzseitigen Anzeigen zu.

Spreche, meine Seele

nannte Margret D. einen bei Bläschke erschienenen Gedichtband.

Schlag mich! Tret mich! Nadel mich!

hatte der »Stern« eine Anzeige überschrieben, mit der er für eine Ausgabe warb, die, von Tomi Ungerer illustriert, Voyeuren Einblick in die sadistischen Praktiken der Dominä gewährte.

Alle drei Beispiele weichen im gleichen Punkt von der Schulgrammatik ab. In welchem? Und wie wäre es korrekt?

121 Als falsch gilt der Dativ nicht, doch die Regel verlangt sonderbarerweise den Akkusativ:

. . . je *angeschlossenen* Haushalt . . .

122 *streiten* ist ein starkes Verb, es bildet seine Vergangenheitsformen mit Ablaut (Änderung des Stammvokals). Mit schwachen Verben ist leichter umzugehen, bei ihnen ändert sich der Stammvokal nicht. Deshalb neigen Sprecher und Schreiber dazu, starke Verben wie schwache abzuwandeln, und das nicht erst neuerdings. So kommt es, daß aus manchen starken Verben im Lauf der Zeit schwache geworden sind. Früher, als die Bäuerin noch *buk* und der Hund noch *boll,* hat es im Winter *geschnieen.* Heute werden *backen, bellen, schneien* schwach flektiert.

streiten aber wird nach wie vor stark abgewandelt: *stritt, gestritten.* Die Band »streitete« sich nicht mit ihrer Plattenfirma, sie *stritt* sich.

123 Das hat offenbar mancher vergessen: Der Imperativ Singular von *helfen* heißt nicht »helfe«, sondern *hilf,* von *sprechen* nicht »spreche«, sondern *sprich,* von *treten* nicht »trete«, sondern *tritt.*

Die Regel: Verben, deren Stammvokal *–e–* in der 2. Person Singular zu *–i–* wird, bilden den Imperativ Singular mit *–i–*:

werben – *du wirbst – wirb! (Wirb* oder *stirb!)*
messen – *du mißt – miß!*
sehen – *du siehst – sieh!*

Ausnahme:

werden – *du wirst – werde!*

Mensch, *werde* präziser! Und mirk dir:

Sag nicht »gebe«, »helfe«, »lese«,
sonst ist mancher dir noch böse!
Richtig nämlich ist nur dies:
Iß, nimm, sprich, gib, hilf und *lies.*

Wer weiß, vielleicht helft's!

124 Am 1. November 1988 übernahm Peter Carl die Chefredaktion des in München erscheinenden ... Ja, wie nun weiter?

a) »Industriemagazins«
b) »Industriemagazin«

125 Kopfzerbrechen machen manchmal Zeitschriftentitel, die wie *Der Erfolg, Der Werbeberater, Der Literat* mit dem bestimmten Artikel einsetzen. Angenommen, Sie wollen Bezieher für die Zeitschrift *Der Journalist* werben und bieten Probehefte an. Wie würden Sie formulieren?

a) Möchten Sie sich nicht ein Exemplar des »Journalist« zur Ansicht kommen lassen?
b) ... des »Journalisten« zur Ansicht kommen lassen?
c) ... des »Der Journalist« zur Ansicht kommen lassen?
d) ... »Der Journalist« zur Ansicht kommen lassen?
e) ... der Zeitschrift »Der Journalist« zur Ansicht kommen lassen?

126 Was tut einer, der gerade ein so köstliches Thema wie den Gänsebraten in der Mache hat, aber nicht recht weiß, ob er die Gans *mit Gehacktes* oder *mit Gehacktem* füllen soll? Er füllt sie garantiert mit *Hackfleisch*.
Sie, lieber Leser, hätten sich's nicht so bequem gemacht, Sie hätten gewiß nachgeschlagen. Wo zum Beispiel?

127 Vor zwanzig Jahren fiel es noch auf. Damals verschenkte ein pädagogischer Verlag (!) lustige Stundenpläne. Auf der Werbekarte, mit der man die Stundenpläne anfordern konnte, hieß es:

> »Wie immer mit viel Witz und Praxis gestaltet – ausgedacht von unserem Autoren Jo Pestum.«

War die Werbeabteilung des Verlags, der sich immerhin an Lehrer wandte, ihrer Zeit voraus? Oder gilt, was sie damals schrieb, auch heute noch als falsch?

124 Namen haben, so meine ich, das Recht, sich jeder Veränderung ihrer Schreibweise oder ihres Klanges zu entziehen, also auch dem Anhängen eines Genitiv-*s*. Die Dudenleute sehen das zwar anders, sie behaupten: »In gutem Deutsch ist die Beugung des Zeitungsnamens notwendig«, doch die Praxis kümmert das nicht. Beim »Industriemagazin« in München jedenfalls und auch sonst in der Fachpresse bleiben Zeitschriftentitel ungebeugt:

> Stellvertretender Chefredakteur *des »Industriemagazin«* wurde am 1. November 1988 Dr. Franz Jägeler.

125 Die Ausweichmöglichkeit e ist nur da die beste Lösung, wo der Zeitschriftentitel nicht in jedem dritten Satz eines Textes in flektierter Form vorkommt. Die Journalisten *des »Journalist«* halten sich an Lösung a; sie ist im Vergleich zu b, c und d das kleinere Übel.

126 Zum Beispiel im Rechtschreibduden, der auf keinem Schreibtisch fehlen darf. Unter *Gehackte, das* finden Sie einen Verweis auf R 7 und unter R 7 die Angabe, daß substantivierte Partizipien – *Gehacktes* ist eines – stark gebeugt werden, wenn sie allein stehen. Mehr sagt Ihnen wahrscheinlich das Parallelbeispiel: *mit Gebratenem.* Jetzt haben Sie nicht nur die Bestätigung, daß es *mit Gehacktem* heißen muß – jetzt können Sie auch sicher sein, daß analoge Bildungen wie *mit Gehacktem, aus Gefolgertem, laut Vereinbartem* ein Dativ-*m* bekommen.

127 Vielleicht aus Mitleid mit dem armen, gebeutelten Autor, vielleicht aber auch nur aus Unkenntnis der Grammatik beugen heute viele Texter den *Autor* nicht mehr stark *(des Autors, dem/den Autor),* sondern nur noch schwach *(des/dem/den Autoren).* Doch auch der jüngste Duden läßt kategorisch nur die starke Beugung zu. Demnach ist die Wendung *von unserem Autoren Jo Pestum* statt *von unserem Autor . . .* heute noch so falsch wie vor zwanzig Jahren.

128 Im November 1988, eine Woche vor der amerikanischen Präsidentschaftswahl, berichtete die Frankfurter Allgemeine, daß der damals noch amtierende Präsident Reagan seinem Vizepräsidenten Bush riet:

> *Mach keine Gefangenen!*

Hätte sie den Rat nicht mit *Mach keine Gefangene!* übersetzen müssen?

129 Die Volkswohl-Krankenversicherung wartet in einem Werbebrief mit einer Fallstudie auf; sie rechnet haarklein den horrenden Betrag vor, den 13 Tage Krankenhaus kosten. Sie könne solche Rechnungen genau belegen, schreibt sie:

> *»Aber warum? Glauben Sie, daß ein Unternehmen unseres Ranges etwas behauptet, was es nicht beweisen könnte? Fragen Sie lieber mal den Nachbar . . .«*

den Nachbar oder *den Nachbarn*, das ist die Frage.

130 Eine Werbeagentur im Frankfurter Raum behauptet in eigener Sache:

> »Wir sind nicht überheblich, aber wir sind davon überzeugt, daß uns schon einiges Gutes eingefallen ist . . .«

einiges Gutes – ist das korrekt?

131 In der Hauptstadt eines Schweizer Kantons gibt es eine Geschenkboutique für Damen und Herren, die sich sinnigerweise SIE + ER nennt. Das ist ein hübscher Name, doch er hat seine Tücken. Ein Werbebrief, mit dem sich die Inhaberin an ihre wohlsituierte Nachbarschaft wendet, beweist es:

> ». . . Wertvolle handgefertigte und gemalte Einzelstücke aus Porzellan und Steinzeug sowie eine auserlesene Kollektion vergoldeter und versilberter Geschenkartikel gehören ebenfalls zu meinem Verkaufsprogramm und wird
>
> SIE + ER
>
> begeistern.«

Vermutlich sind Sie jetzt eher ent- als begeistert, was? Worüber?

128 Nein, so hätte man früher gesagt. Heute wird das substantivierte Partizip nach flektiertem *kein* schwach gebeugt, alle Formen des Plurals enden auf *-en: Mach keine Gefangenen* ist richtig.

Leichter läßt es sich so merken: Nach *keine* geht es weiter wie nach *meine: Triffst du meine Bekannten/keine Bekannten? (Meine Bekannte/keine Bekannte* wäre ein einziges weibliches Wesen.)

129 *Nachbar* gehört zu den wenigen Wörtern, die stark *(des Nachbars, dem Nachbar, den Nachbar)* oder schwach *(des/dem/den Nachbarn)* dekliniert werden können. Die schwachen Formen *(Fragen Sie lieber mal den Nachbarn)* sind gebräuchlicher.

130 Durchaus, aber es wird weniger gebraucht. Die übliche Form ist *einiges Gute.*

Nach *viel* wird dagegen nur stark dekliniert: *Wenn einem so viel Gutes widerfährt . . .*

131 Ja, da mit SIE + ER nicht die Boutique gemeint sein kann, müssen die Pronomen natürlich flektiert werden:

. . . wird SIE und IHN begeistern. Doch damit ist der Satz noch nicht korrekt. Sein Subjekt *(wertvolle Einzelstücke . . . sowie eine auserlesene Kollektion . . .)* steht ja im Plural, also muß auch das Prädikat im Plural stehen:

. . . werden SIE und IHN begeistern.

Außerdem ist anzunehmen, daß die Boutique nicht *gemalte* Einzelstücke aus Porzellan und Steingut verkaufen möchte, sondern *bemalte.*

Drei Schnitzer in einem Satz – wer bietet mehr?

132 Als in den siebziger Jahren im Süden Stuttgarts eine »Wohnstadt« entstand und von den 1200 Eigentumswohnungen erst die Hälfte verkauft war, pries man das heute nicht mehr ganz so angesehene Bauobjekt in den höchsten Tönen an. Versprochen wurde den künftigen Käufern, daß sie stadtnah und mit herrlichem Rundblick in der modernsten Wohnanlage Europas wohnen würden,

> »mit Schwimmhalle, Sauna, Liegeterrassen, Spielanlagen, Bankfilialen, Tennisplätzen, Postamt, Spazierwege, Kindergärten, Rollschuhbahn, Erholungszentrum.«

Vergessen hat man damals außer Dachrestaurant und Ladenzentrum noch etwas. Und das wäre?

133 Er habe schon verzweifelt den Duden 9 gewälzt, aber keine Antwort auf seine Frage gefunden, erzählt mir am Telefon Ulrich F., Texter und Journalist in Konstanz. Es geht um den Satz:

> »Die Firma X braucht den direkten Kontakt mit den Partnern, um deren . . . Bedürfnisse genau einschätzen zu können.«

In die durch Punkte markierte Lücke soll das Wort *individuell* eingefügt werden, aber in welcher Flexionsform?

a) individuelle
b) individuellen

Wissen Sie's? Wenn nicht: Wissen Sie, unter welchem Stichwort Sie im Duden 9 nachschlagen müßten, um fündig zu werden?

134 Eine Anschlußfrage zu 133: Braucht man denn das steife *deren* überhaupt? Könnte man nicht einfach *ihre* schreiben?

> *. . . um ihre Bedürfnisse genau einschätzen zu können.*

132 Das Dativ-*n*: *mit Schwimmhalle, Sauna . . . Spazierwegen* . . . So etwas kann leicht passieren. Achten Sie drauf: Wenn eine längere Aufzählung im Dativ beginnt, muß jedes Aufzählungsglied im Dativ stehen.

133 Der Duden 9, der seit seiner 3. Auflage von 1985 »Richtiges und gutes Deutsch« heißt, ist ein »Wörterbuch der sprachlichen Zweifelsfälle«. Er klärt sehr viele Sprachzweifel schnell und zuverlässig – vorausgesetzt, man kennt sich in der Grammatik so gut aus, daß man an der richtigen Stelle sucht.

Auf die Frage des Ulrich F. findet sich die Antwort unter *deren*. Da *deren* ein attributiver Genitiv sei, übe es keinerlei Einfluß auf die Deklination der nachfolgenden Wortgruppe aus, heißt es da. Wir brauchen *deren* also nur wegzulassen, und schon wissen wir, wie die fragliche Stelle lauten muß: *um individuelle Bedürfnisse genau einschätzen zu können*.

Richtig ist also a:

. . . um deren individuelle Bedürfnisse . . .

134 Nein, denn dann wäre nicht mehr klar, um wessen Bedürfnisse es geht, um die der Partner oder die der Firma X. Die Demonstrativpronomen *deren* und *dessen* sorgen für Eindeutigkeit; sie beziehen sich immer auf das letzte der vorangehenden Substantive.

Geht aber nur ein Substantiv voran, dann braucht man *deren* nicht; dann setzt man besser das Possessivpronomen *ihre*. Also: *Die Agentur und ihre Kunden* (und nicht: »Die Agentur und deren Kunden«).

Zur Verdeutlichung ein Parallelbeispiel:

- Ich habe gerade mit Frau Schmidt, ihrer Schwester und *ihrem* Mann gesprochen (= sehr wahrscheinlich mit Herrn Schmidt).
- Ich habe gerade mit Frau Schmidt, ihrer Schwester und *deren* Mann gesprochen (= eindeutig mit Frau Schmidts Schwager).

135 Aus dem Prospekt einer Leicht- und Schwermetallgießerei:

»Zur konstruktiven Gestaltung und Auswahl der für Sie bestgeeignetsten Legierungen stehen wir Ihnen selbstverständlich gern beratend zur Verfügung.«

Das ist zuviel des Guten. Wieso?

136 Aus »mein eigenheim«:

»Die Ausstattung der Wohnung entspricht weitgehendst den Käuferwünschen.«

Hätte sie statt dessen nicht *weitestgehend* den Wünschen entsprechen müssen?

137 Anruf einer Stuttgarter Werbeagentur: Heißt es *ist* oder *sind*?

»Im Lauf der Zeit ist/sind unsere Mannschaft, unsere Kompetenz und auch unsere Erfahrung gewachsen.«

Knifflige Frage, was?

138 Eine Firma, die Stellwände anbietet, behauptet:

»Traditionelles Einzel- oder Großraumbüro erfüllen nur einen Teil der Forderungen.«

Das kann nicht sein. Wieso nicht?

139 Manche alten Formeln sind nicht totzukriegen, auch nicht die vom *Erfüllungsort und Gerichtsstand.* Daß *Erfüllungsort* den Ort meint, an dem eine Leistung zu erbringen ist, und *Gerichtsstand* den Gerichtsort, wissen die wenigsten. Und den allerwenigsten ist bekannt, daß eine einseitige Festsetzung von Erfüllungsort und Gerichtsstand keinerlei Bedeutung hat. Wenn manche Firmen trotzdem selbst unter Angeboten die alte Formel verwenden, hat das zwei Folgen: Es macht den Kunden skeptisch (»Aha, die rechnen mit Schadenersatzforderungen!«) und dem Texter Kopfzerbrechen. Oder wissen Sie, was richtig ist?

a) *Erfüllungsort und Gerichtsstand sind* Laufenburg.
b) . . . *ist* Laufenburg.

135 Unter verschiedenen gut geeigneten Legierungen läßt sich gewiß die bestgeeignete finden, aber damit hat sich's dann. Den Superlativ *bestgeeignete* kann man nicht mehr steigern, jedenfalls nicht in Übereinstimmung mit den Regeln der deutschen Sprache. Doppelt Gesteigertes wie »bestgeeignetste«, »bestmöglichste«, »bestgehaßteste« ist ebenso falsch wie überflüssig.

136 Nein, *weitgehendst* ist so richtig wie *weitestgehend;* falsch wäre nur die doppelte Steigerung »weitestgehendst«. Doch wozu überhaupt ein Superlativ? *weitgehend* geht weit genug.

137 Richtig ist beides. Der Plural *sind* ist auf jeden Fall korrekt, der Singular *ist* aber nicht falsch, weil die aufgezählten Subjektteile *(Mannschaft, Kompetenz, Erfahrung)* im Singular stehen. Anders wäre es, wenn eines der Aufzählungsglieder im Plural stünde; dann müßte auch das finite Verb Plural sein:

> Im Lauf der Zeit *sind* unsere Mannschaft, *unsere Betriebsräume,* unsere Kompetenz und auch unsere Erfahrung gewachsen.

138 Wenn *oder* zwei Subjektteile verbindet, die beide im Singular stehen, muß auch das Prädikat Singular sein *(erfüllt).* Außerdem ist der Satz sehr ungelenk. Besser liest er sich so:

> *Ob* traditionelles Einzelbüro oder *ob* Großraumbüro – *jedes erfüllt* nur einen Teil der Forderungen.

139 Von der Logik her ist die Frage unbeantwortbar, denn das zweigliedrige Subjekt *Erfüllungsort und Gerichtsstand* erfordert an sich den Plural *(sind),* ein Ortsname wie *Laufenburg* aber den Singular *(ist).* Der einzige Ausweg: Richten wir uns nach dem, was üblich ist. Üblich ist es, nach einem formelhaften Subjekt aus zwei Gliedern das Verb in den Singular zu setzen:

> Erfüllungsort und Gerichtsstand *ist* Laufenburg.

140 *Hineinschlüpfen und wohlfühlen!* So wirbt ein Schuhgeschäft für warme Winterstiefel. Eigentlich hätte es ja heißen müssen: *sich wohl fühlen* (nach Duden drei Wörter!). Ist die Abweichung des Schuhgeschäfts von Rechtschreibung und Regelgrammatik

a) eine läßliche Sünde, die man der Leichtigkeit des Ausdrucks zuliebe durchgehen lassen sollte?
b) ein grober Schnitzer, den es zu vermeiden gilt?

141 Für eine Fachzeitschrift, die sich mit dem Geschäftsbrief befaßt, schrieb Joachim B. einen Aufsatz über die vielerlei Möglichkeiten, einen guten Briefschluß zu finden. Nennen wollte er seinen Artikel »Das Verabschieden im Brief«. »Können wir nicht machen«, erklärte ihm die Redakteurin, »denn im Brief verabschieden Sie ja nicht den Adressaten, sondern sich selbst von ihm. Korrekt müßte die Geschichte heißen: *Das Sichverabschieden im Brief.*«

Was meinen Sie, worauf die zwei sich geeinigt haben?

a) Das Verabschieden im Brief
b) Das Sichverabschieden im Brief

142 *Zukunft aus fremder Leute Köpfen* – so lautet eine Schlagzeile, über die Werbeberater Herbert W. aus Stuttgart gestolpert ist. Das müsse doch, meint er, *Zukunft aus fremder Leute Köpfe* heißen.

Hat er recht?

143 Darf man nach *entsprechend* auch den Genitiv gebrauchen? Es geht um einen Satz, der sich – aus dem Zusammenhang gerissen – etwas sonderbar anhört:

> »Gesetzt den Fall, diese Wirkung ist positiv, so wirbt sie entsprechend dem Produkt regional oder weltweit.«

Also, darf man auch *entsprechend des Produktes* sagen?

140 Ich wäre für a. Der Trend, bei reflexiven Verben das *sich* wegzulassen, macht sich immer stärker bemerkbar. Solange das nicht zu Mißverständnissen führt, läßt sich damit leben. Bei *wohlfühlen* statt korrekt *sich wohl fühlen* sind Mißverständnisse ausgeschlossen: *wohl fühlen* (mit betontem *wohl!*) kann der Mensch immer nur sich selbst. Aufpassen müssen wir aber, wenn wie im nächsten Beispiel Verdunkelungsgefahr besteht.

141 Auf keines von beiden, denn beides taugt nicht für eine Überschrift, b noch weniger als a. Gedruckt wurde:

Das Good bye im Brief

142 Jein. An sich ist die Form mit *-n* absolut korrekt. Sie merken es, wenn Sie das Genitivattribut *fremder Leute* weglassen. Dann hieße die Schlagzeile *Zukunft aus . . . Köpfen.* (Aus was für Köpfen? Aus *fremder Leute* Köpfen.) *fremder Leute* hat keinen Einfluß auf die Rektion, sie hängt von *aus* ab.

Nun neigt aber die Sprache in solchem Fall zur Unterlassung der Deklination. Doch wer einen Trend zu früh mitmacht, kriegt leicht eins auf den Deckel. Ein Parallelbeispiel:

Als ich Mitte der sechziger Jahre in einem Sprachbuch die Wendung *aus aller Herren Länder* gebrauchte, rümpfte der damalige Boß der Gesellschaft für deutsche Sprache in einer Rezension noch öffentlich die Nase: Natürlich müsse es *aus aller Herren Ländern* heißen. Inzwischen hat man auch bei der Gesellschaft für deutsche Sprache gemerkt, daß sich die ungebeugte Form durchgesetzt hat; *aus aller Herren Ländern* gilt laut Duden heute als veraltet.

Ergo: *Zukunft aus fremder Leute Köpfe* ist zwar (noch) nicht ganz korrekt, aber auch nicht (mehr) ganz falsch; es wirkt moderner.

143 Nein. Die Neigung, nach *entsprechend* den Genitiv zu setzen, ist zwar weit verbreitet, doch alle mir bekannten Grammatiken lassen nur den Dativ zu, und zwar bei Vor- und Nachstellung:

entsprechend *dem* Produkt / *dem* Produkt entsprechend

144 Welchen Fall verlangt *inklusive*? Wenn Sie unsicher sind, dürfen Sie raten:

a) den Genitiv: *inklusive praktischen Zubehörs*
b) den Dativ: *inklusive praktischem Zubehör*
c) den Akkusativ: *inklusive praktisches Zubehör*

145 Alte Streitfrage: Ist in *den* oder in *dem* Bagger ein Dieselmotor eingebaut?
Versuchen Sie bitte, darauf von zwei Standpunkten aus zu antworten, aus der Sicht eines technischen Laien und aus der Sicht eines Maschinenschlossers.

146 In einem Fülltext im Anzeigenteil der Kieler Nachrichten steht etwas, worüber die Journalistin Alice O. gestolpert ist:

> Was Hänschen nicht lernt, lernt Hans nimmermehr
> Wenn's bei Ihrem Sohnemann in Mathe nicht ganz reicht, ein Blick in den Kieler Nachrichten hilft, den richtigen Mathelehrer zu finden.

»Hier fehlt keine Nachhilfe in Mathe, sondern in deutscher Grammatik«, findet Alice O. Hat sie recht?

147 Würden Sie nein sagen, wenn Ihnen jemand eine Orange-Wein-Sahne-Torte ins Haus schicken ließe? Ich nicht. Der Brief allerdings, mit dem die Torte als Werbegeschenk empfohlen wird, ist nicht ganz mein Geschmack. Da heißt es zum Beispiel:

> Schon die ansprechende, hübsche Verpackung zeigt dem Beschenkten gleich auf dem »ersten Blick«, daß hier etwas ganz Besonderes ins Haus kommt.

Was daran auszusetzen ist, haben Sie bestimmt auf den ersten Blick erkannt – oder?

144 Ob Sie es glauben oder nicht – richtig ist a. Ohne Attribut bliebe das Substantiv ungebeugt: *inklusive Zubehör.*

Aber warum das gleiche nicht auf deutsch sagen? *einschließlich, inbegriffen, darin enthalten, zusammen mit,* das alles bietet sich für *inklusive* an, das außerhalb von Preisangaben kaum gebräuchlich ist.

145 Kurze Rekapitulation: Nach *in* kann Dativ oder Akkusativ stehen. Den Dativ setzt man, wenn man den Ort oder den Zustand meint, den Akkusativ, wenn man mehr die Richtung oder die Bewegung im Sinn hat. Ist der Bagger von der Fabrik aus mit einem Dieselmotor ausgerüstet, so sagt man als Nichttechniker gewöhnlich: *In diesem Bagger ist ein Dieselmotor eingebaut.* Wird dagegen auf dem Werkhof einer Firma ein Dieselmotor eingebaut, so wird der Maschinenschlosser nach getaner Arbeit sagen: *Ich habe den Motor* (oder: *Nun ist der Motor) in den Bagger eingebaut.* Er denkt als Techniker mehr an den Vorgang des Einbauens als an den Zustand des Eingebautseins.

Folgerung für Texter: *einbauen in* mit Akkusativ klingt fachsprachlicher und dadurch auch – honi soit qui mal y pense – fachkundiger.

146 Ja. Auf die Frage »Wohin?« steht der Akkusativ: Ein Blick *ins Grüne* tut den Augen gut.

Ein Blick *in die Kieler Nachrichten* hilft . . .

147 Nach *auf* steht bekanntlich der Dativ auf die Frage »Wo?«, der Akkusativ auf die Frage »Wohin?«. Im übertragenen Sinn, also da, wo die Raumvorstellung völlig geschwunden ist, verlangt *auf* in der Regel den Akkusativ: *auf Ihr Wohl!, auf meine Kosten, auf die billige Tour, auf jeden Fall, auf den ersten Blick* (und nicht »auf dem«).

Noch etwas: Eine gängige Redewendung wie *auf den ersten Blick* in Anführungszeichen zu setzen wirkt unbeholfen. Gerade für Werbetexte sind Anführungszeichen kein Dekor.

148 Über die Vorzüge einer Speicherschreibmaschine heißt es in einem Prospekt unter anderem:

> »Fehlerfreies Schreiben (radieren ist nicht mehr notwendig).«

Müßte *radieren* hier nicht mit großem *R* geschrieben werden?

149 Was Sie eben gelesen haben, wird Sie noch nicht befriedigen; Antwort 148 klärt allein die Rechtschreibfrage. Entscheidender ist der Stil. Wie ließe sich das umständliche *Radieren ist nicht mehr notwendig* prägnanter fassen?

150 Auf einer in Postämtern ausliegenden Vorschau auf die Sonderbriefmarken des kommenden Jahres fordert uns die Post auf: *Sammel doch auch.*

»Ganz abgesehen davon, daß ein Ausrufezeichen fehlt«, empört sich Deutschlehrerin Ellen B.: »Seit wann endet der Imperativ von Verben auf *-eln* denn mit *-el*? Da schüttel ich doch den Kopf!«

Hat sie recht, hätte die Deutsche Bundespost *Sammle doch auch!* drucken lassen müssen?

151 Wer in einem Brief einem Geschäftspartner etwas weniger Angenehmes mitteilen muß, tut gut daran, seine Ausführungen mit einem tröstlichen oder versöhnlichen Satz zu beschließen. So gesehen, ist der folgende Briefschluß nicht schlecht:

> ». . . Und sind Sie bitte meinen Mitarbeitern und mir wegen den Lieferschwierigkeiten nicht mehr böse. Wir tun alles, sie so schnell wie möglich aus der Welt zu schaffen.«

Trotzdem eine Frage: Welches Satzzeichen müßte hinter *böse* stehen?

152 In dem eben zitierten Briefschluß haben Sie es gerade gelesen: *wegen den Lieferschwierigkeiten.* Was wittert jetzt Ihre feine detektivische Spürnase?

148 Hieße der Satz: *Fehlerfrei schreiben – radieren ist nicht mehr notwendig,* dann könnte man *radieren* klein oder groß schreiben, je nachdem, wie man es auffaßt. Klein: *(zu) radieren ist nicht mehr notwendig.* Groß: *(das) Radieren ist nicht mehr notwendig.* Da aber ein substantivierter Infinitiv *(fehlerfreies Schreiben)* unmittelbar vorangeht, sollte man *radieren* dem anpassen und groß schreiben: *Radieren ist nicht mehr . . .*

149 Wir könnten das dreisilbige, schwer daherkommende *notwendig* ins etwas leichtfüßigere *nötig* ändern. Aber das bringt nicht viel. Ich wäre für:

Kein Radieren und auch kein Tipp-Ex mehr!

150 Nein, das eine ist so richtig wie das andere. Nur sind die leichter sprechbaren Formen auf *-el* mehr in der ungezwungenen Umgangssprache zu Hause *(Sammel doch auch!, Schüttel die Kissen auf!, Trödel nicht so!),* während die Formen auf *-le* Ausdruck konventioneller Schriftsprache sind *(Sammle . . .!, Schüttle . . .!, Trödle . . .!).* Da gute Werbung die Nähe zur gesprochenen Sprache sucht, liegt die Post mit ihrem *Sammel doch auch* (bis auf das fehlende Ausrufezeichen!) durchaus richtig.

151 Ein Fragezeichen, denn *Sind Sie bitte . . . nicht mehr böse?* ist eine Frage. Gemeint ist natürlich die Aufforderung: *Seien Sie bitte meinen Mitarbeitern und mir . . . nicht mehr böse.*

152 Daß der Schreiber entweder in der Schule geschlafen hat, als die Rektion der Präpositionen dran war, oder aber in Süddeutschland oder Österreich daheim ist. Denn standardsprachlich steht nach *wegen* noch immer der Genitiv: *wegen der Lieferschwierigkeiten, wegen des schlechten Wetters.* Der Dativ ist süddeutsch oder umgangssprachlich (»Wegen dem Scheißwetter!«) und jagt zarter besaiteten Nordlichtern nach wie vor eine Gänsehaut über den Rücken.

153 Besteht man eigentlich auf *die* oder auf *der Erfüllung des Vertrages*? Schwierige Frage, was? Aber ziehen Sie sich bitte nicht mit *Ich bestehe auf Erfüllung des Vertrages* aus der Affäre. Die artikellose Form ist zwar die stilistisch glattere Variante, aber sie ist keine Antwort auf die Frage.

154 Vor einiger Zeit suchte eine junge Münchnerin über ein Inserat in »werben & verkaufen« einen Ausbildungsplatz:

> Wer lernt mir die Werbung?
> Mein erster Schritt zum Erfolg im Beruf ist die 1,7 im Abitur (Leistungs- und Lieblingsfach: Deutsch). Wo kann ich mich vorstellen?

Die Anzeige erregte Aufsehen. Manche fanden sie herrlich unbekümmert oder auch raffiniert, andere unmöglich. Herbert W., Werbeberater in Stuttgart, kommentierte sie mit den Worten: »Hoffentlich hat das Münchner Kindl inzwischen einen Lehrherrn gefunden, der ihm auch Deutsch beibringt. Und wenn nicht? Dann gibt es eben einen Armleuchter mehr in unserem Beruf.«

Die Frage ist noch immer aktuell: Was hat die Gemüter erhitzt? Und wie hätte die fragliche Formulierung besser lauten sollen?

155 »Mehrere Kollegen habe ich schon befragt«, schreibt mir Melanie H. aus Bremen. »Der eine meint dies, der andere das.« Und was meinen Sie? Es geht darum, ob es *wie die* oder *wie der Auflösung des Arbeitsverhältnisses* heißen muß:

> »Wir glauben, die zwischen uns getroffene Vereinbarung belegt eindeutig, daß unser Unternehmen auch in einer so schwierigen Situation wie die/der Auflösung des Arbeitsverhältnisses in jeder Weise in der erforderlichen Form und mit dem selbstverständlichen Stil eines Großunternehmens gehandelt hat.«

153 Nach *bestehen auf* kann man mit dem Segen der Grammatik Dativ oder Akkusativ setzen, der Dativ *(Wir bestehen auf der Erfüllung)* ist gebräuchlicher. Statt *auf die Erfüllung eines Vertrages zu bestehen* (Akkusativ), ist es üblicher, sie *zu verlangen, zu fordern* oder *auf sie zu dringen.*

154 Ja, der Knackpunkt ist die Überschrift. Ein korrekter Mensch kann wohl selbst etwas lernen, er kann aber nicht einem anderen etwas lernen, sondern nur ihn etwas lehren. Doch mit dem regelbraven *Wer lehrt mich die Werbung?* hätte die junge Münchnerin keinen Blumentopf gewinnen können; so gespreizt darf keiner schreiben, der in die Werbung will. Dann schon besser: *Wer bringt mir die Werbung bei?*

Übrigens gehöre ich zu denen, die der jungen Dame zutrauen, daß sie den »Fehler« *Wer lernt mir . . .*, der im Grunde nur die frische Version des verstaubten *Wer lehrt mich* . . . ist, mit Absicht gemacht hat: Regelkonformes Verhalten hätte ihr nicht halb soviel Beachtung eingebracht.

155 Um es vorwegzunehmen: Beide Seiten haben recht. Doch der Reihe nach:

Appositionelle Glieder mit vergleichendem *wie* stehen in und nach der Regel im gleichen Fall wie ihr Bezugswort. *in einer so schwierigen Situation* ist Dativ, darum sollte auch das mit *wie* beginnende appositionelle Glied im Dativ stehen:

> *. . . in einer so schwierigen Situation wie der Auflösung des Arbeitsverhältnisses . . .*

So liest es sich glatt, so würde ich formulieren.

Es ist aber nicht falsch, statt des Dativs den Nominativ zu setzen. Denn man kann sich die Konstruktion auch als verkürzten Satz erklären, als Ellipse:

> *. . . in einer so schwierigen Situation wie die Auflösung des Arbeitsverhältnisses* (es ist) . . .

156 Wer sich irgendwann einmal beim Hamburger Fernlehrinstitut ifs gemeldet, dann aber nicht zur Teilnahme an einem Schreibkurs entschlossen hat, wird lange Zeit mit Computererinnerungen beglückt. Immer wieder wird ihm versichert, daß er das Zeug habe, eines Tages wie ein Profi zu schreiben:

> »... Vor allem, wenn Sie einen ifs-Lehrgang wie Belletristik belegen. Das haben wir Ihnen in den vergangenen Monaten mehrfach bewiesen. Mit Teilnehmer- und Absolventenberichten, die von Menschen wie Sie stammen . . .«

von Menschen wie Sie – was ist denn das? Dichterische Freiheit?

157 »Garantiert ohne Politik, Wirtschaft und Horoskop, aber prallvoll mit Kleinanzeigen« will ein Anzeigenblatt sein, das sich »SperrMüll« nennt. In seiner Einführungswerbung für Baden-Württemberg behauptete es:

> »SperrMüll gibt es seit Jahren und erscheint bisher in vier Regionalausgaben.«

Daß an dem Satz etwas nicht stimmt, werden Sie spüren. Aber erkennen Sie auch, was Sie stört?

158 »XY-Markisen sind dazu da, um Ihr Geschäft noch auffallender zu gestalten.«

An sich sind Markisen ja wohl in erster Linie ein Sonnenschutz. Aber auch grammatisch hat der Satz einen Knacks. Den kann man auf zweierlei Weise beseitigen: Entweder streicht man vor dem Komma vier Buchstaben oder hinter dem Komma zwei. Kommen Sie auf beide Möglichkeiten?

159 Ein Düsseldorfer Verlag verziert sinnigerweise Bestellkarten mit einem Ausspruch des englischen Kunstkritikers und Sozialreformers John Ruskin (1819–1900):

> »Es gibt auf der Welt fast nichts, das gewisse Menschen nicht ein wenig schlechter herstellen könnten . . .«

Offenbar gibt es auch nichts, was gewisse Menschen nicht ein wenig besser hinbekämen, wenn sie sich mehr Mühe gäben. Welche Kleinigkeit haben Übersetzer und Setzer des Zitats übersehen?

156 Nein, *von Menschen wie Sie* ist eine von den Grammatikern abgesegnete Ausnahme. Wenn Sie die vorhergehende Antwort nicht ausgelassen haben, dann haben Sie es gerade gelesen: Appositionelle Glieder mit vergleichendem *wie* dürfen im Nominativ stehen, weil man sie als verkürzten Vergleichssatz auffassen kann: *von Menschen wie Sie* (es sind). Ich würde hier allerdings nicht den Nominativ *(Sie)* setzen, sondern den Dativ, und schreiben: *von Menschen wie Ihnen,* das läuft glatter.

157 Der Name *SperrMüll* tut etwas, was er nicht darf: er vertritt gleichzeitig zwei Fälle.

Wen oder was gibt es seit Jahren?
SperrMüll (4. Fall, Akkusativ)
Wer oder was erscheint bisher in vier Regionalausgaben?
SperrMüll (1. Fall, Nominativ)

Korrigieren läßt sich der Satz auf verschiedene Weise. Wir können den Akkusativ durch einen Nominativ ersetzen:

SperrMüll ist seit Jahren *auf dem Markt und erscheint* bisher in vier Regionalausgaben.

Wir können zwei Sätze draus machen:

SperrMüll gibt es seit Jahren. *Das Blatt erscheint* bisher in vier Regionalausgaben.

Wir können aber auch kürzen:

SperrMüll gibt es seit Jahren, *bisher* in vier Regionalausgaben. Jetzt aber . . .

158 Sie haben die Wahl: *Markisen sind da, um Ihr Geschäft* . . . oder *Markisen sind dazu da, Ihr Geschäft* . . .

159 Das *d* im Relativpronomen hätte zum *w* werden müssen: *Es gibt auf der Welt fast nichts, was gewisse Menschen* . . . Die Regel: Nach Indefinitpronomen oder unbestimmten Für- und Zahlwörtern wie *nichts, weniges, vieles, etwas, manches* heißt es nicht *das,* sondern *was.*

160 Mit einer originellen Anzeige wenden sich die Sparkassen in einer Gemeinschaftswerbung an Kapitalanleger. Tenor des Textes: »Für Geldanlagen braucht man den richtigen Riecher. Ihr Geldberater hat ihn.« Das ist einfallsreich ins Bild gesetzt: Eine Silberschale mit Trüffeln und ein schnüffelndes Schwein. Die Schlagzeile:

Für Trüffel braucht man eine Nase

Was meinen Sie: Braucht man die Nase nicht für *Trüffeln*?

161 »Möbel-Franz, der kann's!« Kann er's? Gleich unter der gereimten Überschrift heißt es in seinem Prospekt:

»Jede gewünschte Zusammenstellung aus den Polstersystemen in diesem Prospekt sind noch vor Weihnachten lieferbar.«

162 Ein Versicherungsangestellter fragte mich vor kurzem, was richtig sei: *Anbei einen Nachtrag zum Versicherungsschein* oder *Anbei ein Nachtrag* . . . Was meinen Sie?

163 Weniger bürodeutsch wird's, wenn wir auf *anbei* verzichten. Wie ließe sich das bewerkstelligen?

164 Wüßten Firmenchefs, wieviel Geld ihre Angestellten vertelefonieren, um sich in Sprachfragen Rat zu holen, würden sie eher ein paar gute, mit ordentlichen Registern ausgestattete Deutschbücher anschaffen und ihre Mitarbeiter dazu anhalten, selbst nachzuschlagen, statt wegen leicht zu klärender Zweifelsfragen teure Ferngespräche zu führen. Aber die Chefs wissen es nicht.
Gerade ruft aus Kissing der WEKA-Verlag bei mir an: »Wir sind uns uneins, wie es heißen muß:

a) Am Montag, *dem* 3. April, geht das Manuskript in Satz.
b) Am Montag, *den* 3. April . . .«

Wissen Sie's?

160 Nur, wenn man *Trüffel* für weiblich hält: *die Trüffel.* Dann wird *Trüffel* wie *Fackel* und alle anderen Feminina auf *-el* schwach dekliniert: *für Fackeln/für Trüffeln.*
Nun gibt es aber, was viele erstaunen mag, *Trüffel* auch in männlicher Gestalt: *der Trüffel.* Der Duden gibt *den Trüffel* sogar als umgangssprachliche Variante aus. Ich habe da so meine Zweifel. Aber wie dem auch sei, *der Trüffel* wird stark dekliniert wie *der Dackel;* der Akkusativ Plural hat also kein *-n: für Dackel/für Trüffel.* Ohne *-n* ist die Schlagzeile demnach so richtig wie mit.

161 Vom Plural *Polstersysteme* darf man sich nicht verleiten lassen, das ist nur ein Attribut zum Subjekt *Zusammenstellung.* Also:

> *Jede* gewünschte Zusammenstellung ... *ist* noch vor Weihnachten lieferbar.

Oder aber:

> *Alle* gewünschten Zusammenstellungen ... *sind* noch ...

162 Der Nominativ *Anbei ein Nachtrag* ... ist vertretbar, weil man sich den verkürzten Satz so komplettieren könnte: *Anbei* (ist hier) *ein Nachtrag zum Versicherungsschein.* Üblicher aber ist der Akkusativ, erklärbar als Verkürzung aus *Anbei* (schicken wir Ihnen/finden Sie hier) *einen Nachtrag zum Versicherungsschein.*

163 Dadurch, daß wir gleich zu Anfang des Briefs auf das zu sprechen kommen, was wir mitschicken, etwa so: *Das ist jetzt ein Nachtrag zum Versicherungsschein.*

164 Richtig ist a. Das in Kommas eingeschlossene Kalenderdatum ist eine Apposition, und die steht nach der Regel im gleichen Fall wie ihr Bezugswort. *Am Montag* ist Dativ, deshalb geht's im Dativ weiter: *Am Montag, dem 3. April, geht ...*
Richtig ist aber auch b, sofern hinter dem Kalenderdatum kein Komma steht. In *Am Montag, den 3. April geht* ... gelten Wochentag und Kalenderdatum als Glieder einer Aufzählung.

165 Im Februar 1989 machte der Verlagsleiter des »Stern« seine Abonnenten mit einem Brief auf eine neue Publikation seines Hauses aufmerksam:

> »... Sie können die deutsche Ausgabe des ›Mayo Clinic Health Letter‹ ab sofort von Gruner + Jahr regelmäßig beziehen. Als ärztlichen Herausgeber und damit Berater bei der Auswahl und Übersetzung der amerikanischen Beiträge konnte Prof. Dr. Hans Pohle, Internist und Chefarzt der II. Medizinischen Klinik im Rudolf-Virchow-Krankenhaus in Berlin, gewonnen werden ...«

Wer als Nichtmediziner an verständlich aufbereiteten neuen medizinischen Erkenntnissen interessiert ist, wird sich kaum daran stören, daß der zweite der zitierten Sätze anders zu Ende geführt worden ist, als nach seinem Anfang zu erwarten war. Trotzdem: Was stimmt an diesem *Als*-Satz nicht?

166 Eine Preiserhöhung wird von einem Verlag so angekündigt:

> »Wie Sie aus der Tagespresse erfahren haben sind die Gebühren im Postzeitungsdienst für kleinere Zeitschriften mit Wirkung vom 1. Januar 1989 an drastisch erhöht worden.«

Was hat der Verlag übersehen?

167 Ein Lotterieeinnehmer kündigt in seiner Werbung farbenprächtig die neue Ziehung an:

> »Der Zug in eine schönere Welt fährt ab am 14. Mai. Bestellen Sie gleich Ihre Fahrkarte – Ihr ›Goldenes Los‹ – damit er nicht ohne Sie abfährt.«

Etwas fehlt hier, aber was?

168 Ein Unternehmen der Büromaschinenindustrie schreibt in einem Prospekt:

> »Ob Handel, Industrie, Behörden oder Geldinstitute, ob mechanische oder elektronische Arbeitsmittel – das XY-System in seiner umfassenden Geschlossenheit, hält für jede Aufgabe die optimale Lösung bereit.«

Lassen wir die »umfassende Geschlossenheit« auf sich beruhen. Was halten Sie von der Zeichensetzung?

165 Anfang und Ende passen nicht zusammen. *Als ärztlichen Herausgeber* ist Akkusativ, folglich müßte der Satz im Aktiv weitergehen:

Als ärztlichen Herausgeber . . . haben wir Prof. Dr. Hans Pohle gewinnen können. (Frage: Wen haben wir gewinnen können? Antwort: Prof. P. *als ärztlichen Herausgeber.)*

Wird der Satz aber wie im Brief an die Stern-Leser im Passiv zu Ende geführt, dann muß aus dem Akkusativ am Satzanfang ein Nominativ werden:

Als ärztlicher Herausgeber . . . konnte Prof. Dr. Hans Pohle . . . gewonnen werden. (Frage: Wer konnte gewonnen werden? Antwort: Prof. P. *als ärztlicher Herausgeber.)*

Wenn Sie ein Parallelbeispiel nachlesen möchten: 118.

166 Daß zwischen Haupt- und Nebensatz ein Komma stehen muß:

Wie Sie aus der Tagespresse erfahren haben, sind die . . .

167 Das Komma hinter dem zweiten Gedankenstrich.
Zwischen Hauptsatz *(Bestellen Sie gleich Ihre Fahrkarte)* und Nebensatz *(damit er nicht ohne Sie abfährt)* steht auch dann ein Komma, wenn eine in Gedankenstriche eingeschlossene Parenthese, ein zwischengeschobener Teil eines Satzes, eingefügt ist:

Bestellen Sie gleich Ihre Fahrkarte – Ihr »Goldenes Los« –, damit er nicht ohne Sie abfährt.

168 Sie werden mir zustimmen: Eine durch einen Reim markierte Zäsur *(Geschlossenheit . . . bereit)* ist nicht zwangsläufig der geeignete Platz für ein Komma; die deutsche Zeichensetzung richtet sich nun mal nicht nach Sprechpausen, sondern nach der Grammatik. Hinter dem Gedankenstrich beginnt ein Hauptsatz, der aus ganz normalen Satzgliedern besteht und nicht durch ein Komma gestückelt werden darf. Das Komma hinter *Geschlossenheit* ist falsch.

169 In einem Werbebrief, mit dem der Empfänger zur Teilnahme an einem betriebswirtschaftlichen Informationskurs aufgefordert wird, heißt es, Management sei bisher kein Lehrfach, auch an den Hochschulen nicht, *anders als in USA.*

Und wie hätte es heißen müssen?

170 Im Oktober 1988, zwei Wochen vor der Präsidentschaftswahl in den USA, legte das amerikanische Finanzministerium einen rosaroten Bericht über die internationale Wirtschafts- und Wechselkurspolitik vor. Im Artikel des Washingtoner Korrespondenten einer großen Tageszeitung hieß es dazu:

> »Ohne jegliche Besorgnis betrachtet der Bericht auch die Schuldnerposition der Vereinigten Staaten gegenüber dem Ausland . . . Desgleichen räumt er jegliche Bedenken hinsichtlich der ausländischen Bereitschaft, das amerikanische Defizit weiter zu finanzieren, zur Seite.«

Und nun kommt's:

> »Die USA sei ein attraktives Anlageland, leide nicht unter unerträglicher Schuldenlast und verfüge über eine starke Wirtschaft.«

Wie müßte der referierend im Konjunktiv stehende Satz korrekt lauten?

171 Werfen Sie bitte einen Blick zurück auf Frage 170, und vergleichen Sie den fehlerhaften Konjunktivsatz *(Die USA sei . . .)* mit der korrigierten Fassung. Daß die Verben *sei, leide* und *verfüge* in den Plural gesetzt werden müssen, weil sie sich auf den Plural *USA* beziehen, ist Ihnen klar. Aber warum ist wohl in der korrigierten Fassung aus *sei, leide* und *verfüge* nicht *seien, leiden* und *verfügen,* sondern *seien, litten* und *verfügten* geworden?

169 *... anders als in den USA.* Der pluralische Ländername USA wird immer mit dem bestimmten Artikel gebraucht.

170 Da *USA* Plural ist, müssen auch die davon abhängigen Verben im Plural stehen:

Die USA *seien* ein attraktives Anlageland, *litten* nicht unter unerträglicher Schuldenlast und *verfügten* über eine starke Wirtschaft.

171 Zur konjunktivischen Formulierung im Singular *Amerika sei ein attraktives Anlageland* heißt die pluralische Entsprechung: *Die USA seien ...* – bis dahin ist alles klar. Zu *Amerika leide ...* und *Amerika verfüge ...* lauten die entsprechenden Pluralformen im Konjunktiv I aber: *die USA leiden ...* und *die USA verfügen ...*, sie unterscheiden sich also nicht von den Formen des Indikativs. Hätte der Satz in der Zeitung durchgehend im Konjunktiv I gestanden: *Die USA seien ..., leiden nicht unter ... und verfügen über ...*, dann hätte der Leser annehmen können: »Erstaunlich! Unser Mann in Washington ist überzeugt, daß die Amerikaner tatsächlich ihr Haushaltsdefizit in den Griff bekommen!« Doch unser Mann in Washington wird sich hüten. Schließlich weiß er, daß die amerikanische Wirtschaftspolitik von Europa aus skeptischer beurteilt wird. Eben deshalb hält er sich bedeckt und faßt den Inhalt des Berichts im Konjunktiv zusammen. Und weil die Formen des Konjunktivs I vom Leser für die Wirklichkeit(sformen) gehalten werden könnten, muß er auf den Konjunktiv II ausweichen. Deshalb also *litten* und *verfügten,* aber *seien,* denn der Konjunktiv I *seien* unterscheidet sich ja vom Indikativ *sind.*

Aber auch das ist noch nicht der Weisheit letzter Schluß, denn die Konjunktive II *litten* und *verfügten* lauten wiederum mit den Indikativformen der Vergangenheit gleich. Deshalb wäre am deutlichsten die Umschreibung mit *würde:*

Die USA *seien* ein attraktives Anlageland, *würden* über eine starke Wirtschaft *verfügen* und nicht unter unerträglicher Schuldenlast *leiden.*

172 Vorsicht, Glatteis!

»Ein Buchhändler wollte in seiner Werbung ausdrücken, der Schriftsteller Patrick Süskind sei so gut, daß er es verdiene, gelesen zu werden.«

Müßte es nicht heißen: . . . *wäre so gut, daß er es verdiente* . . .? Schließlich steht der Hauptsatz auch in der Vergangenheit *(wollte . . . ausdrücken).*

173 Und noch eine knifflige Frage zum Thema Konjunktiv. Wie sollte es heißen?

a) Herr Müller meint, das läßt sich machen.
b) . . . das lasse sich machen.
c) . . . das ließe sich machen.

174 Nehmen wir an, zwei Kollegen von Ihnen unterhalten sich über Ihre Texte. A ist voller Anerkennung. B berichtet Ihnen später davon. Wie müßte B das dicke Lob regelgerecht wiedergeben?

a) A fand, Sie schreiben hervorragend.
b) . . . Sie schrieben hervorragend.
c) . . . Sie würden hervorragend schreiben.

175 Noch wichtiger als für Texter ist der Konjunktiv für Journalisten, läßt sich doch durch ihn die indirekte Rede kennzeichnen, die ungeprüft wiedergegebene Äußerung anderer. Stellen Sie sich vor, ein Zeitungsjournalist verfaßt nach einem PR-Artikel im »Pressedienst Raumklima«, den er nicht recherchiert hat, einen Beitrag für seine Zeitung. Er schreibt:

> »Der Klimatechnik wird sehr häufig der Vorwurf gemacht, ein Energiefresser zu sein, schreibt der ›Pressedienst Raumklima‹. Daß dem nicht so sei, davon könne man sich im Stuttgarter Marienhospital auf eindrucksvolle Weise überzeugen. In der Fachwelt stoße die dort installierte RLT-Anlage auf ungeheure Resonanz . . .«

Was wäre, wenn der Journalist im letzten Satz nicht *stoße,* sondern *stößt* geschrieben hätte?

172 Nein. Auch wenn der Hauptsatz in der Vergangenheit steht, wird im abhängigen Satz die Möglichkeitsform der Gegenwart, der Konjunktiv I, gesetzt: *sei, verdiene* – es sei denn, sie ist nicht als Konjunktiv erkennbar (dazu mehr unter 171).

173 b ist absolut korrekt: Nach Verben des Sagens, Denkens, Meinens steht der Konjunktiv I.

a ist Umgangssprache. In ungezwungener Rede setzt man nach *meinen* schon mal den Indikativ; als falsch kann das nicht gelten.

c verlangt eine Fortsetzung:

> Herr Müller meint, das *ließe* sich machen, *wenn das Material rechtzeitig käme.*

Doch genau das ist höchst ungewiß, deshalb der Konjunktiv II *(ließe).* Ohne *wenn*-Fortsatz entspräche c nicht der Regelgrammatik.

174 b ist mißverständlich. Der Konjunktiv *Sie schrieben hervorragend* könnte als Indikativ des Präteritums aufgefaßt werden, in der Bedeutung »Früher waren Sie mal gut . . .«

c verlangt eine Fortsetzung mit *wenn:* ». . . wenn Sie sich mehr Mühe gäben« – auch das ist nicht gemeint.

a ist natürliche Sprache. Ob *Sie schreiben hervorragend* hier Indikativ oder Konjunktiv ist, spielt keine Rolle. Der Hauptsatz *A fand* macht klar, daß es um A's Meinung geht. Ich bin für a.

175 Dann müßte man ihm nahelegen, sich so viel Blauäugigkeit schleunigst abzugewöhnen. Der Indikativ . . . *stößt auf ungeheure Resonanz* besagt immerhin: »Jawohl, dafür lege ich meine Hand ins Feuer: So ist es.« Reichlich kühn für einen, der nicht recherchiert hat.

Der Konjunktiv *(stoße)* hingegen distanziert; er besagt quasi: »Leute, ich gebe nur wieder, was mir auf den Schreibtisch gekommen ist, mit Quellenangabe.«

Durchaus denkbar, daß auch ein PR-Artikel ungeschönt die Wahrheit sagt. Aber weiß man's? Eben deshalb spielt sich kritischer Journalismus oft im Konjunktiv, Werbung aber fast nur im Indikativ ab.

176 »Noch lohnender wäre es für Sie, wenn Sie sich zu einem Abonnement entschließen würden«, heißt es in einem Brief, mit dem eine Zeitschrift für Zukunftsforschung angeboten wurde. Müßte es statt *entschließen würden* nicht *entschlössen* heißen?

177 Geschickte Fragesteller fragen so, daß genau die Antwort kommt, die sie hören wollen. Auf die Frage

»Geht es Ihnen nicht auch so, daß Sie ständig darüber nachdenken, wie Sie die Leistungen Ihrer Mitarbeiter verbessern können?«

kann ein Unternehmer eigentlich nur innerlich zustimmend mit Ja antworten. Denken sich die Fragesteller unter den Werbebriefschreibern.

Nun sind Firmenbosse aber keine Trottel. Erstens durchschauen sie den Trick, und zweitens kann ihnen, wenn sie in Werbebriefen zu oft auf verneinte Suggestivfragen stoßen, die obendrein maßlos übertreiben *(ständig darüber nachdenken)*, leicht der Kragen platzen. Wie platzt der jetzt grammatisch korrekt?

a) Zum Donnerwetter: *Ja*, es geht mir nicht so, daß ich ständig darüber nachdenke.

b) Zum Donnerwetter: *Nein*, es geht mir nicht so, daß ich ständig darüber nachdenke.

178 »Das Postskriptum eines Briefs«, schreibt mir ein Werbeleiter aus Westfalen, »war Anlaß eines kleinen Streits:

›Gleichzeitig erhalten Sie noch ein paar neutrale Exemplare des neuen Hartzinkgreifer-Prospekts. Für Ihre Unterlagen.‹

Es geht um die letzten Worte *(Für Ihre Unterlagen)*. Sind solche halben Sätze falsches Deutsch? Oder halten Sie sie – wie ich – für durchaus vertretbar?«

Als Texter haben Sie in dieser Frage sicher seit langem eine klare Meinung, nicht wahr?

176 Nicht unbedingt. *würde* im *wenn*-Satz gilt heute nicht mehr als falsch, vor allem da nicht, wo der Stammvokal der Formen des Konjunktivs II *ö (entschlösse), ä (schwämme)* oder *ü (stünde)* lauten würde. *... wenn Sie sich entschließen würden* hat heute die gleiche sprachliche Berechtigung wie die ältere, inzwischen von manchen als gespreizt empfundene Form *... wenn Sie sich entschlössen.*

177 b ist richtig. Auf verneinte Fragen lautet die ablehnende Antwort *nein,* die zustimmende *doch* oder *ja.*

Wer auf verneinte Fragen ablehnend mit Ja antwortet, weil eine doppelte Verneinung einer Bejahung gleichkäme, denkt logisch, begibt sich aber aus der sprachüblichen Gebrauchsweise.

Das logisch korrekte, aber standardsprachlich unübliche Ja kann Folgen haben. Dazu eine kleine Begebenheit, die mir ein Leser aus Müllheim schilderte:

Jemand fragt einen Freund: »Kannst du mich nicht morgen früh mit deinem Pkw zum Bahnhof bringen?« Der Freund antwortet auf die verneinte Frage mit Ja. Da er am nächsten Morgen nicht kommt, was er ja betont hat, verpaßt sein Kumpel den Zug. Seitdem gehen sich die beiden aus dem Weg.

178 Meine Meinung: Der unvollständige Satz im Postskriptum ist nicht nur vertretbar, sondern frisch und zupackend. Lassen wir auch im Geschäftsbrief ruhig hin und wieder einen bruchstückhaften Satz einfließen; das ist ein Schuß Unbekümmertheit in einer sonst recht konventionellen Diktion. Aufpassen müssen wir nur, daß unvollständige Sätze Ausnahme bleiben; denn durch übertriebenen Gebrauch wird jedes Stilmittel rasch verschlissen.

Außerdem gehen Übertreibungen dem Leser auf die Nerven. Erinnern Sie sich noch an den unseligen Hackstil in den Werbetexten der 60er Jahre? Sollte damals Eindruck machen *Punkt* War aber bloß verdammt asthmatisch *Punkt* Und mühsam zu lesen *Punkt* Außerordentlich mühsam *Punkt* Und deshalb ärgerlich *Punkt* Bis kaum einer mehr hingeguckt hat *Punktum!*

Zweifelhaftes aus der Beziehungskiste

und andere Doppeldeutigkeiten

»Ich hätte gern Unterhosen aus Ihrem Sonderangebot.«
»Lange?«
»Ich möchte sie kaufen und nicht leihen.«

Ein Verlag, der technische Fachzeitschriften herausgibt, wirbt in einer Eigenanzeige mit einem spritzigen Wortspiel:

> Weil wir meinen, daß Fachzeitschriften attraktiv aufgemacht sein sollen, bringen wir als nächstes Covergirl anstelle einer Schraube 'ne besonders dufte Mutter.

Um über den kessen Einfall schmunzeln zu können, muß der Techniker, den die Anzeige ansprechen soll, außer an seine Schrauben und Muttern an *alte Schrauben* denken. Und natürlich muß er wissen, was *'ne dufte Mutter* ist: das, was anno dunnemals *ein süßer Fratz* war, vor Jahren *tolle Biene, Wuchtbrumme* oder *steiler Zahn* hieß und heute als *Sahneschnitte* Jungens den Kopf verdreht.

Wer in einem lebendig geschriebenen Text nicht gleich merkt, was ein Wort bedeuten soll, merkt es zwei Zeilen später; fast immer macht der Textzusammenhang den Sinn des Wortes klar. Soll heißen: Nicht die Bedeutungsvielfalt eines Wortes gibt uns Rätsel auf – die wahren Verständlichkeitsstörer hocken woanders. Es ist der Satzbau, der Aussagen mehrdeutig macht.

Da weist ein großes Versandhaus in Frankfurt seine Kunden darauf hin, daß Rundfunk- und Fernsehgeräte nicht mit Post und Bahn versandt, sondern über Filialen ausgeliefert werden. Der Brief schließt mit der Zusicherung:

> Unser Verkaufspersonal berät Sie gern und beantwortet Ihnen eventuell noch offene Fragen.

»Wie gnädig!« empört sich Frau Müller. »Unsere Fragen wollen uns die Herrschaften eventuell beantworten.« – »Zeig mal her«, sagt ihr 15jähriger Thomas, greift sich den Brief, liest und triumphiert: »Mutter blickt das nicht. Der Brief ist okay.«

Recht haben beide. Es kommt auf die Blickrichtung an. Von rechts betrachtet ist der Satz höflich und korrekt *(eventuell noch offene Fragen),* von links ist er eine glatte Beleidigung *(beantwortet Ihnen eventuell).* Der ungewollte Nebensinn hätte sich unterdrücken lassen, hätte der Texter ein einziges kleines Wort zwischengeschoben:

> . . . beantwortet Ihnen *alle* eventuell noch offenen Fragen.

Mehr über die Tücken des Satzbaus gefällig? Bitte umblättern.

179 Eine Reisegesellschaft, die sich stolz »die kleine« nennt, bietet erstmals Städtereisen in Europa an. Die ganzseitige Anzeige ist so überschrieben:

Sommerurlaub für Anspruchsvolle und Individualisten

Was heißt das?

180 Eine große Versicherungsgesellschaft wirbt in einer ganzseitigen Anzeige für eine Krankenhaus-Zusatzversicherung.
Im angeschnittenen Bild zwischen zwei Krankenhausbetten ein Tisch mit Spielzeug, auf dem Tisch zwei Patschhändchen und zwei Männerhände, die Holzbaukastenteile zusammenstecken. Ein erwachsenes weibliches Wesen ist nicht in Sicht. Der Anzeigentext beginnt so:

> »Liebe ist die beste Medizin. Als Mutter weiß sie das nur zu gut. Unsere Krankenhaus-Zusatzversicherung ist gerade deshalb auch für sie eine beruhigende Sache . . .«

»Das läßt nur zwei Deutungen zu«, schrieb mir Hans F., Chef eines Elektronik-Unternehmens in Nürnberg, als er mich auf die eigenartige Anzeige aufmerksam machte. Welche zwei?

181 Ein Geschenkartikel-Versand bietet Rumtöpfe an, leere. Im Katalog steht:

> »Mit handwerklicher Phantasie und Beschwingtheit sind ein Früchte-Dekor und ein ausgefallenes Rezept eingearbeitet und eingebrannt.«

Sie hätten das sicher anders ausgedrückt. Warum – und wie?

182 Ein Losbestellschein, den der Adressat dem Lotterieeinnehmer zurückschicken soll, enthält diesen Aufdruck:

> »Senden Sie mir rechtzeitig vor der Ziehung unter kostenloser Beifügung der amtlichen Spielbestimmungen ein . . . Los.«

Ist damit klar, daß der Losbesteller für die amtlichen Spielbestimmungen nichts zu berappen braucht?

179 Daß Anspruchsvolle Herdenmenschen sind und Individualisten keine Ansprüche stellen. Und das war wohl kaum gemeint. Natürlich müssen anspruchsvolle Menschen nicht in jedem Fall Individualisten sein. Umgekehrt sind Individualisten immer anspruchsvoll, schon aus dem Anspruch heraus, sich den gesellschaftlichen Normen und Zwängen nicht zu unterwerfen.
Wer als Texter zwei sich in ihrer Bedeutung überlappende Begriffe aneinanderreiht, muß aufpassen. Denkbar wäre:

Urlaub für *anspruchsvolle Individualisten*

Oder aber man zieht sich mit dem Wort aus der Affäre, das die zuvor Genannten miterfaßt:

Urlaub für Individualisten und jeden *anderen,* der Ansprüche stellt.

Das unscheinbare *andere* hat eine wichtige Funktion. Stellen Sie sich vor, es fehlte im Titel dieses Buchs!

180 O-Ton Hans F.:
»Entweder ist die Liebe oder die Medizin Mutter geworden, und deshalb ist die Liebe oder die Medizin für die Krankenhaus-Zusatzversicherung eine beruhigende Sache.«
Und da sage noch einer, Anzeigentexte würden nicht gelesen!

181 *handwerklich* weckt die Vorstellung: ›solide‹, ›sorgfältig‹, ›rustikal‹. *Phantasie* und noch mehr *Beschwingtheit* lassen eher an *künstlerisch* denken. Ich hätte geändert in:

Mit *handwerklichem Können,* mit Beschwingtheit und Phantasie ...

Und wenn der für den Katalogtext haargenau vorgegebene Platz nicht gereicht hätte? Dann hätte ich gekürzt:

Mit Phantasie und handwerklichem Können ...

182 Nein. Dem Wortlaut nach ist allein deren Beifügung kostenlos. Gemeint ist:

... und schicken Sie mir bitte, ohne daß ich etwas dafür zu zahlen brauche, die amtlichen Spielbestimmungen mit.

183 Ein Verlag in Rastatt verwendet ein Formblatt »Kurzmitteilungen«, auf dem der in der rechten Hälfte aufgedruckte Text so beginnt:

Beiliegendes Schriftstück übersenden wir Ihnen
- gemäß Telefonat/Absprache
- in Erledigung Ihres Schreibens
- mit Dank zurück
- als Irrläufer

Was will da nicht ins Schema passen? Und wie sollte man es ändern?

184 Im Juli 1988 brachte P.M., Peter Moosleitners interessantes Magazin, einen großen Artikel über Blitz und Donner. Abgebildet war darin auch ein Kirchturm, in den der Blitz eingeschlagen hatte. Die Bildunterschrift lautete:

> »Ein Druck von 50 Atmosphären riß ein meterdickes Loch in diesen Kirchturm.«

Woraufhin sich P.M.-Redakteur Wolfgang G., der Autor des Artikels, von einem Leser den Einwand gefallen lassen mußte: »Nach meiner Meinung kann ein Loch groß, auch rund sein, aber meterdick? Die Dicke kann sich doch nur auf das durchschlagene Material, in diesem Fall also auf das Mauerwerk, beziehen. Ich jedenfalls kann mir ein Loch nur zweidimensional vorstellen.«

a) Was hat der Leser übersehen?
b) Worin ist ihm zuzustimmen?
c) Wie könnte man die Bildunterschrift reparieren?

185 Nach einem Besuch von Prinz Charles und Prinzessin Diana in der Bundesrepublik meldete dpa:

> »Von Hannover kommend, landete die königliche Maschine am Nachmittag auf dem Militärflughafen Northolt bei London.«

»Seit wann sind Flugzeuge königlich?« fragte mich ein Kollege. Nach seiner Meinung hätte dpa von der *Maschine des Prinzenpaares* oder *des Königshauses* berichten müssen. Hat er recht?

183 Sagen Sie nicht: Auf ankreuzbare Positionen verzichten, nur *Mit freundlichen Grüßen* aufdrucken und Platz lassen für ein paar handschriftliche Worte. Das wäre zwar klug und vernünftig, aber keine Antwort auf die Frage.
Nein, es geht um die unterste Position. *Beiliegendes Schriftstück übersenden wir Ihnen als Irrläufer* ist ein Witz, und zwar einer, dem man nicht ansieht, ob nun das zu übersendende Schriftstück oder der Absender den Irrläufer spielen soll. Auf jeden Fall hat das Schriftstück in dem Moment, wo es an den Richtigen gelangt, aufgehört, ein Irrläufer zu sein.

Austauschen könnte man »als Irrläufer« zum Beispiel gegen:

– weil es vermutlich Sie betrifft

oder: – als dem wohl richtigen Adressaten

184 a Übersehen hat der Leser, daß es auch tiefe Löcher gibt, ein Loch also dreidimensional sein kann.

b Recht hat er darin, daß die Dicke zum Mauerwerk gehört und nicht zum Loch.

c Vielleicht so: ... *riß ein metertiefes Loch* ... Oder so: *Ein Druck von 50 Atmosphären riß ins meterdicke Mauerwerk des Kirchturms ein Riesenloch.*

185 Nein. Es ist zwar unüblich, von der *königlichen Maschine* zu sprechen, aber es ist nicht falsch. Und eben weil es unüblich ist, empfindet man leicht den Doppelsinn des Attributs als Widersinn. Wenn wir aber daran denken, daß es neben *königlichem Gang, königlicher Gebärde, königlicher Haltung* auch *königliche Beamte, königliche Truppen* und *königliche Erlasse* gibt, kommen wir darauf, daß *königlich* außer ›vornehm‹, ›herrschaftlich‹ auch ›dem König gehörend‹ oder ›ihm zustehend‹ bedeuten kann.

Ein Parallelbeispiel: Ein *väterlicher Freund* ist jemand, der sich väterlich verhält. Der *väterliche Betrieb* aber verhält sich nicht wie ein Vater, er gehört ihm. Das *väterliche Donnerwetter* schließlich hat überhaupt nichts Väterliches. Es gehört Vatern auch nicht. Aber es steht ihm zu.

186 Gerade klingelt bei mir das Telefon. Eine Münchner Werbeagentur will wissen, wie es richtig heißen muß, *sind* oder *ist*:

> »Eine der schönsten Sonderausgaben, die je geschaffen worden sind . . . / . . . geschaffen worden ist . . .«

»Wir meinen, es müsse *ist* heißen, denn *eine* ist doch Singular«, sagt der Anrufer. Hat er recht?

187 Mit der Eishockey-Weltmeisterschaft im Frühjahr 1989 wurde die Prins-Bertils-Arena in Stockholm eingeweiht, der größte Kugelbau der Welt. Das Skelett der Kugelschale besteht aus 12 858 Rohrstäben von Mannesmann. Entworfen . . . Nun, hören wir uns das im Wortlaut eines PR-Artikels an:

> »Entworfen, gegen Konkurrenten aus Schweden und Japan durchgesetzt, hergestellt, transportiert und montiert wurde die 110-m-Durchmesser-Riesenkuppel für 17 000 Zuschauer von der Mannesmann-Beteiligungsgesellschaft Mero-Raumstruktur Würzburg.«

Als ich das gelesen hatte, habe ich dem Autor eine boshafte Frage gestellt. Können Sie sich denken, welche und warum?

188 Wer es gut mit seinen Lesern meint, darf sich einen Rechts-links-Bezug wie in der eben zitierten Stelle aus dem Mannesmann-PR-Artikel nicht leisten. Wie ließe sich der mißverständliche Satz reparieren?

189 Wußten Sie, daß es »der Anatomie des Menschen entsprechend geformte Mitarbeiter« gibt? Ich weiß es, seit mir ein Brief untergekommen ist, in dem es um die Anschaffung von Bürostühlen geht. Darin heißt es:

> »Ich bitte Sie, dafür Sorge zu tragen, daß bei der Anschaffung von Bürositzmöbeln für die festangestellten Mitarbeiter bedacht wird, daß diese der Anatomie des Menschen entsprechend geformt sind und ein problemloses und nicht gesundheitsschädigendes Sitzen ermöglichen.«

Wodurch ist dieser Satz falsch interpretierbar? Und wie würde ein geschickterer Schreiber ihn fassen?

186 Sicher, *eine* ist Singular – trotzdem muß es *sind* heißen. Das *sind* hat nämlich nichts mit *eine* zu tun; es hängt vielmehr vom pluralischen Relativpronomen *die* ab, das sich auf *Sonderausgaben* bezieht. Der zu *eine* gehörende Singular *ist* folgt erst im weitergeführten Hauptsatz:

> *Eine* der schönsten Sonderausgaben, die je geschaffen worden sind, *ist* dieser Bildband über Archäologie.

187 Meine Frage lautete: »Warum dürfen nur die 17 000 Zuschauer von der Mannesmann-Beteiligungsgesellschaft in die Kugel hinein und andere Leute nicht?« Sehen Sie sich den PR-Satz noch einmal genau an. Um ihn falsch zu verstehen, muß man gar nicht so boshaft sein wie ich. Der Grund für die Doppeldeutigkeit: die *17 000 Zuschauer* stehen in der Mitte zwischen *Riesenkuppel* und *Mannesmann-Beteiligungsgesellschaft*; sie lassen sich sinngemäß dem linken Nachbarn (*Riesenkuppel für 17 000 Zuschauer*) wie dem rechten zuordnen (*17 000 Zuschauer von der Mannesmann-Beteiligungsgesellschaft*).

188 Abhilfe schafft in solchem Fall immer der Relativsatz. Und da der Bindestrichbandwurm *110-m-Durchmesser-Riesenkuppel* normalsprachlich eine *Riesenkuppel von 110 Meter Durchmesser* ist, hätte der Autor besser, wenn auch etwas länger, so formuliert:

> Entworfen . . . wurde die Riesenkuppel, *die einen Durchmesser von 110 Metern hat und 17 000 Zuschauer faßt*, von der . . .

189 Das steife, substantivisch gebrauchte *diese* bezieht der Schreiber zwar auf die anzuschaffenden Stühle, der Leser aber auf das letzte vorangehende Substantiv, und das heißt eben nicht *Bürositzmöbel*, sondern *Mitarbeiter*.
Ich hätte es so gesagt:

> Würden Sie wohl darauf achten, daß für die festangestellten Mitarbeiter nur Bürostühle angeschafft werden, auf denen es sich auch nach längerer Zeit noch angenehm und in richtiger Haltung sitzen läßt?

190 Aus einer Anzeige eines Immobilienhändlers:

»In bevorzugter ruhiger Höhenlage wurde ich mit dem Verkauf des Bauplatzes in Leinfelden-Oberaichen, Erlenweg 6 beauftragt.«

Der Satz enthält eine nebensächliche Information, während eine wichtige Angabe fehlt. Wieso – und wie müßte er richtig heißen?

191 »Beim Studium eines Informationsheftes der Gemeinde Worpswede habe ich lange überlegt, wie es möglich sein kann, daß einer nach seinem Tod noch einen Spendenaufruf erläßt«, schreibt mir Heinz-Adolf B. aus Oerlinghausen und schickt mir diese Textstelle:

»In einem Spendenaufruf bald nach seinem Tode würdigte der Amtmann Fischer das Werk Findorffs und forderte mit öffentlichen Mitteln ›dem Verdienstvollen, dessen Talente die umliegenden Moorcolonien . . . viel verdanken‹, ein Denkmal zu errichten.«

Wäre noch die Überlegung anzustellen, wie man etwas mit öffentlichen Mitteln fordern kann. Rücken Sie bitte den verrückten Satz so zurecht, daß man ihn gleich versteht.

192 »Was ist die tekom?« fragt ein von ihr herausgegebener Prospekt. Die Antwort:
»Die tekom ist ein Fachverband für Verfasser und Hersteller technischer Literatur (Handbücher, Bedienungsanleitungen, Wartungsunterlagen usw.) Sie sind in den unterschiedlichsten Industriebereichen oder als selbständige Technische Autoren tätig.«

a) Was fehlt?

b) Wer ist denn da in den unterschiedlichsten Industriebereichen tätig, die Handbücher oder die Wartungsunterlagen?

190 Daß der Immobilienhändler in bevorzugter Höhenlage mit dem Verkauf beauftragt wurde, ist herzlich unwichtig. Wichtig wäre die Lagebezeichnung des Bauplatzes.

Gemeint ist natürlich:

> *Bauplatz in Leinfelden-Oberaichen*, Erlenweg 6. Bevorzugte, ruhige Höhenlage. *Mit dem Verkauf wurde ich beauftragt.*

191 Gefordert hat der Amtmann wahrscheinlich mit Nachdruck, aber gewiß nicht mit öffentlichen Mitteln: Hinter *forderte* fehlt ein Komma.

Gemeint ist:

> In einem Spendenaufruf bald nach *Findorffs* Tod würdigte der Amtmann Fischer das Werk Findorffs und forderte, *mit öffentlichen Mitteln . . . ein Denkmal zu errichten.*

192 a Es fehlt der Punkt zwischen den beiden Sätzen. Schließt Eingeklammertes mit einem Abkürzungspunkt *(. . . usw.)*, dann erspart das nicht das Satzzeichen hinter der Klammer.

b Das *Sie* im zweiten Satz bezieht man beim Lesen zunächst entweder auf sich selbst oder aber auf die zuletzt genannten, formal passenden Substantive, also auf *Handbücher, Bedienungsanleitungen, Wartungsunterlagen.* Erst beim zweiten Draufschauen kapiert man, daß die *Verfasser und Hersteller von technischer Literatur* gemeint sind.

Folgerung: Muß die Beziehung zwischen einem Personalpronomen *(sie)* und seinen Bezugswörtern *(Verfasser und Hersteller)* erst um ein paar Ecken herum ausgekundschaftet werden, so ist das Pronomen fehl am Platz. Will man einen Begriff wie *Verfasser und Hersteller von technischer Literatur*, weil er zu sperrig ist, nicht wiederholen, dann sollte man sich ein Austauschwort einfallen lassen:

> Die tekom ist ein Fachverband für . . . *Seine Mitglieder* sind in den verschiedensten Industriebereichen . . . tätig.

193 Beim Besuch des deutschen Bundeskanzlers in Moskau im Oktober 1988 wurde ein Wirtschaftsabkommen über den Bau eines Hochtemperaturreaktors unterzeichnet. Die Frankfurter Allgemeine schrieb dazu:

> »Bis das Musterstück auf sowjetischem Boden fertig ist, dürfte es jedoch noch viele Schwierigkeiten geben. Das gilt auch für die Modernisierung der Konsumgüterindustrie, solange die sowjetische Bürokratie Herr der Planung bleiben will. Sie wird dadurch erheblich behindert.«

Worauf bezieht sich das *Sie* im letzten Satz? Auf

a) die Planung
b) die sowjetische Bürokratie
c) die Konsumgüterindustrie
d) die Modernisierung

194 Die eben zitierte Stelle aus der FAZ ist keine journalistische Glanzleistung. Für Journalisten ist Klarheit oberstes Gebot. Und Texter dürfen sich komplizierte Bezüge erst recht nicht erlauben. Wie würden Sie verdeutlichen, daß sich der letzte Satz des Textbeispiels 193 auf *Modernisierung der Konsumgüterindustrie* bezieht?

195 Im Sommer 1988 wertete der Deutsche Sekretärinnen-Verband den Stellenmarkt regionaler und überregionaler Tageszeitungen aus. Unter die Lupe genommen wurden Stellenangebote für Sekretärinnen und Chefsekretärinnen. Das Ergebnis gab der Verband in einer Presseinformation bekannt. Ein Absatz daraus:

> »60 Prozent der Unternehmen suchen Mitarbeiterinnen mit guten bis perfekten Kenntnissen in mindestens einer (in der Regel Englisch), sehr häufig in zwei (in der Regel Englisch und Französisch) und zunehmend in drei (in der Regel zusätzlich Spanisch oder Italienisch) . . .«

Ahnen Sie, wie's weitergeht? Richtig:

> . . . Fremdsprache(n).

Ein guter Journalist würde das nicht unredigiert übernehmen. Weshalb nicht? Und wie müßte die Druckfassung lauten?

193 Formal wäre der Bezug auf b, c und d möglich, nicht aber auf a. Denn wäre die *Planung* gemeint, dann müßte der letzte Satz mit dem Demonstrativpronomen *die* und nicht mit dem Personalpronomen *sie* beginnen (. . . *Herr der Planung bleiben will. Und die wird dadurch erheblich behindert*).

b scheidet dem Sinn nach aus.

c, die *Konsumgüterindustrie*, wird zwar durch die Planungsbürokratie behindert, aber das Wort hat als Genitivattribut nicht das Gewicht im Satz wie sein Bezugswort *Modernisierung*. Ergo:

d ist richtig: Das *Sie* kann sich nur auf das am weitesten entfernte Femininum *Modernisierung* beziehen.

194 Sie könnten den ganzen Ausdruck wiederholen, aber das wäre schwerfällig. Schon besser, Sie lassen sich etwas Neues, sinngemäß Passendes einfallen. Da sich aber für *Modernisierung der Konsumgüterindustrie* so leicht kein gleichbedeutender Ausdruck finden läßt, müßte man auf die Folgen anspielen:

> *Eine Entwicklung, die zu volleren Ladenregalen führen könnte*, wird dadurch erheblich behindert.

195 Wer schnell verstanden werden will, läßt seine Leser nicht zappeln. In einer längeren Aufzählung bringt er das sinnentscheidende Wort schon am Ende des ersten Aufzählungsglieds und nicht erst am Ende des letzten. Außerdem ist *Fremdsprache(n)* kein Deutsch, denn es läßt sich wohl lesen, aber nicht sprechen. Ich habe vor Abdruck der Meldung den Satz so geändert:

> 60 Prozent der Unternehmen suchen Mitarbeiterinnen mit guten bis perfekten Kenntnissen in mindestens einer *Fremdsprache* (in der Regel Englisch), sehr häufig in zwei *Fremdsprachen* (gewöhnlich Englisch und Französisch) und immer öfter in drei (zusätzlich Spanisch oder Italienisch).

196 Ein Versandhaus in Bayreuth bietet einen mit Saphiren besetzten Goldring zu einem günstigen Preis an und schreibt dazu:

> »Lassen Sie sich diese Gelegenheit nicht entgehen. Überlegen Sie einmal, wie viele Geschenkwünsche das Jahr über auf Sie zukommen, wie oft Sie schon den Wunsch hatten, einen so schönen Ring zu besitzen. Ob für sich selbst, oder einen lieben Menschen als Geschenk, dieser dekorative Damenring wird lange Freude bringen!«

Das ist hübsch gesagt – nur: Verstehen Sie, weshalb der Ring für sich selbst – also in der Schmuckschatulle schmorend? – lange Freude bringen soll?

197 »Frau Zoller ist überglücklich«, heißt es in einer Vorher-nachher-Wunderwerbung: »36 Pfund schlanker!« Und dann weiter in direkter Rede:

> »Nach der Geburt meines zweiten Kindes wog ich plötzlich 74 Kilo und konnte mich selbst nicht mehr leiden. Die Mayo Schlank-Tablette hat aus mir wieder einen neuen Menschen gemacht – 34 Pfund schlanker und mit sich und der Welt zufrieden!«

Mal abgesehen davon, daß Werbung nicht an Glaubwürdigkeit gewinnt, wenn der Texter sich zwischen Headline *(36 Pfund)* und Copy *(34 Pfund)* um ein Kilo verrechnet – müßte es am Schluß nicht heißen: ». . . mit *mir* und der Welt zufrieden«?

198 Ein Veranstalter von Kaffeefahrten lädt zu einer »Omnibus-Romantikfahrt« ein, bei der eine Strickwarenfabrik auf der Schwäbischen Alb besucht werden soll. Und nun wörtlich:

> »Anschließend haben Sie sehr gute Einkaufsmöglichkeiten von Strickwaren zu äußerst günstigen Preisen.«

Was sind *Einkaufsmöglichkeiten von Strickwaren* auf deutsch?

196 Dem Wortlaut nach bezieht sich das Satzstück *Ob für sich selbst* auf den Ring, nicht auf die umworbene Leserin. Wer eindeutig schreiben will, braucht ein paar Wörter mehr:

> *Ob Sie ihn für sich wollen* oder für einen lieben Menschen als Geschenk – dieser dekorative Damenring wird . . .

Sie sehen: Kein Komma vor *oder.*

Ein zuviel gesetztes Komma ist oft ein Indiz dafür, daß an dem Satz etwas nicht stimmt.

197 Nein, *mit sich* ist richtig. Das *sich* bezieht sich ja nicht unmittelbar auf die Ich-Erzählerin (nicht: *ich bin mit mir zufrieden*), sondern auf den neuen *Menschen, der mit sich und der Welt zufrieden ist.*

Falls Sie sich übrigens über die neue Mode, in Produktbezeichnungen wie *Mayo Schlank-Tablette* oder in Firmennamen wie *Econ Taschenbuch Verlag* auf den Durchkopplungsbindestrich zu verzichten, freuen oder schwarz ärgern – unter 79 und 235 finden Sie darüber mehr.

198 *Die Möglichkeit, Strickwaren einzukaufen* oder *Möglichkeiten zum Einkauf von Strickwaren.*

Kleiner Tip: Zerlegen Sie längere Wörter lieber in ihre Bestandteile, und setzen Sie Präpositionen als Scharniere ein. Das ist allemal deutlicher.

Es hätte sich übrigens auch für die Sonderfahrt angeboten, zu der der Luftkurort Bruchhausen-Vilsen einlud:

> *Kohl- und Pinkelausflug mit der Museumseisenbahn!*

Damit die Leute nicht auf die gleichen schlimmen Gedanken kommen wie momentan Sie, hätte die Kurverwaltung den *Pinkelausflug* auseinandernehmen oder mindestens per Bindestrich an den *Kohl* ankoppeln müssen:

> *Ausflug mit der Museumseisenbahn zum Kohl-und-Pinkel-Schmaus!*

Für Leser südlich des Weißwurstäquators, wie man den Main manchmal nennt: *Pinkel* ist eine fette, kräftig gewürzte, geräucherte Grützwurst, die in Norddeutschland zu Grünkohl gegessen wird.

199 So steht es im Prospekt eines Reutlinger Wohnbauunternehmens:

> »Das Erholungszentrum Daisendorf ist 1,5 km von Meersburg entfernt, dieser südländisch wirkenden Stadt mit seinen malerischen Türmen und Winkeln am Nordufer des Bodensees.«

Und warum sollte es so nicht darin stehen?

200 In einer Presseinformation stellt eine Tübinger Apparatebaufirma eine Kabelrolle vor, die gleichzeitig als Vierfachsteckdose zu verwenden ist. Wörtlich:

> »Mit der Kabelrolle ist jetzt ein preisgünstiges Mehrzweckgerät auf dem Markt, das endgültig aufräumt mit gefährlichen profisorischen Lösungen.«

Woran merkt man, daß außer der Kabelrolle auch der Text im Schwabenland gefertigt worden ist?

201 Der Kabelrollenhersteller bietet der Presse ein Foto an, dessen Rückseite so beschriftet ist:

> »Die Kabelrolle ist das preisgünstige Gerät, um überall mit Strom zu arbeiten.«

Nun ist die Kabelrolle in der Tat eine saubere Sache, doch der Satzanschluß mit *um zu* ist es nicht. Im Grunde ist hier ein Zwischengedanke ausgelassen. Wie könnte der hinter dem Komma einzuschiebende Zwischensatz lauten?

202 Mit der Begründung, er wolle die Katze nicht im Sack kaufen, hat sich ein Stuttgarter Werbefachmann ein teures Loseblattwerk zur Ansicht bestellt. Und was schreibt ihm der Verlag?

> »Um keine Katze im Sack zu kaufen, übersenden wir Ihnen mit getrennter Post unser aktuelles Nachschlagewerk für 10 Tage zur Ansicht.«

Dafür hätte ein Sextaner einst einen Katzenkopf bekommen. Überlegen Sie mal, weshalb der Satz nicht stimmt, und nennen Sie drei richtige Varianten.

199 Es heißt wohl *Meersburg mit seinen Türmen*, aber hier ist ja von der Stadt die Rede, und die ist nun mal Femininum:

. . . dieser südländisch wirkenden Stadt mit *ihren* Türmen und Winkeln.

200 Im Schwäbischen wird *v* generell wie *f* gesprochen; wahrscheinlich ist das die Erklärung für den Rechtschreibfehler »profisorisch«.

201 . . . *das jedermann besitzen sollte*

oder besser mit direkter Anrede:

. . . *das Sie sich anschaffen sollten*, um überall mit Strom arbeiten zu können.

202 Dem Wortlaut nach tut der Verlag so, als wollte er sein eigenes Nachschlagewerk kaufen; denn Haupt- und *um zu*-Satz beziehen sich auf verschiedene Personen oder – grammatisch ausgedrückt – auf verschiedene Subjekte. Subjekt im *um zu*-Satz ist, ohne direkt genannt zu sein, der Käufer; Subjekt im Hauptsatz ist der Verkäufer: *wir*.

Reparieren lassen sich solche danebengeratenen *um zu*-Sätze, indem man dafür sorgt, daß sich Haupt- und *um zu*-Satz auf das gleiche Subjekt beziehen:

a Um Ihnen die Katze nicht im Sack zu *verkaufen*, schicken *wir* Ihnen . . .

b Um die Katze nicht im Sack *kaufen* zu müssen, können *Sie* 10 Tage lang . . .

Oder man macht aus dem *um zu*-Satz einen *damit-Satz*, dann dürfen Haupt- und Nebensatz verschiedene Subjekte haben:

c Damit *Sie* die Katze nicht im Sack *kaufen* müssen, *schicken wir* Ihnen . . .

203 Ein Pforzheimer Versandhaus hat in seiner Bausteinkorrespondenz auch diesen Briefabsatz gespeichert:

»Einen der beiden Artikel müßten Sie uns zurückschicken, um ihn Ihrem Konto gutschreiben zu können. Dann bräuchten Sie auf unsere Rechnung Nr. . . . . . nur noch . . . . . DM zu überweisen.«

»Ich weiß, *bräuchten* ist süddeutsch. Aber ist es deswegen falsch?« wollte der Leiter der Textverarbeitung wissen. Was meinen Sie?

204 Sehen Sie sich bitte noch einmal den Briefbaustein an, den Sie eben gelesen haben. Im ersten Satz steckt ein Beziehungsfehler, wie er oft vorkommt. Erkennen Sie, was da nicht stimmt?

205 PR-Berater Hans L. hat mit einem liebenswürdigen Brief rund um den Tee einen Bremer Tee-Importeur auf sich aufmerksam gemacht. Mir gefällt L.'s Werbung in eigener Sache so gut, daß ich bei ihm angefragt habe, ob ich daraus in einem Buch, das ich schreiben möchte, zwei Stellen als besonders gelungene Beispiele guter Werbung zitieren dürfe. Er antwortete mir:

»Selbstverständlich bin ich damit einverstanden, die Tee-Geschichte in Ihrem Buch zu zitieren.«

Jetzt frage ich mich: Wie denkt er sich das nur?

206 Aus einem Schlankheitsinserat in der Neuen Post:
»Nur bei Verzicht von übermäßigem und unnötigem Zucker- und Fettgehalt auf dem Speisezettel, verhelfen zusätzliche Anazym-Drops in erstaunlich kurzer Zeit – ohne Hungern zu müssen – zu einer spür- und sichtbaren Gewichtsabnahme.«
Von kleineren Mängeln abgesehen, enthält diese fragwürdige Behauptung:

a) eine falsche Präposition
b) ein falsches Satzzeichen
c) einen falschen Großbuchstaben
d) eine völlig unsinnige Angabe

Wo und wieso?

203 Nein, falsch ist *bräuchten* nicht. Dennoch ziehe ich auch in Süddeutschland die nicht umgelautete hochdeutsche Konjunktivform *brauchten* vor, wo nicht der Indikativ *brauchen* das gleiche sagt.

204 Dem Sinn nach bezieht sich der *um zu*-Satz auf die Versandhausbuchhaltung, dem Satzbau nach aber auf das Subjekt des Satzes, und das heißt nicht *wir*, sondern *Sie*. Textvorschlag:

> Einen der beiden Artikel müßten Sie uns zurückschicken, *damit er Ihrem Konto gutgeschrieben werden kann*. Dann *brauchen* Sie auf unsere Rechnung . . .

205 Um seine Teegeschichte in meinem Buch zitieren zu können, müßte Hans L. mein Co-Autor sein. Das ist er aber nicht. Mein Rat an Hans L. und alle Kollegen: Nicht vergessen, daß es *daß-Sätze* gibt; sie schaffen immer da Klarheit, wo Infinitivsätze die Beziehungen vernebeln. So wird das Einverständnis eindeutig:

> Selbstverständlich bin ich damit einverstanden, *daß Sie die Teegeschichte zitieren*.

206 a Man verzichtet nicht »von«, sondern *auf* etwas; deshalb: *bei Verzicht auf*.

b Das Komma darf nicht stehen. *Nur bei Verzicht auf übermäßigen und unnötigen Zucker- und Fettgehalt auf dem Speisezettel* ist eine Temporalbestimmung, eine Umstandsbestimmung der Zeit. Und die wird nicht durch Komma abgetrennt.

c In dem Einschub *ohne hungern zu müssen* ist *hungern* ein Verb. Verben werden klein geschrieben.

d Dem Wortlaut nach müssen die Drops hungern. Gemeint ist natürlich der Leser: *ohne daß Sie hungern müssen*.

Schlankheitsinserate stoßen ohnehin auf Skepsis. Kaum anzunehmen, daß ein derart fehlerhafter Text die Werbeaussage glaubwürdiger macht.

207 Eine Titelzeile aus einer Schweizer Wochenzeitung:

Deutliche Zunahme der kranken Bäume

Unter dem Titel ein Bild mit zwei Zweigen: der eine dicht mit Nadeln besetzt, der andere mit schütterem Nadelkleid – fast die Bildersprache mit dem Vorher-nachher-Effekt eines Schlankheitsinserats.

Natürlich weiß man, was gemeint ist: Nicht die kranken Bäume nehmen zu, sondern ihre Zahl. Wie hätten Sie die Titelzeile formuliert?

208 Ein Restaurant ist auf den bemerkenswerten Einfall gekommen, seinen Gästen Geschenkgutscheine anzubieten; sie gelten laut Aufdruck:

»für Ihre Freunde, Bekannte, Verwandte oder Kollegen«

Wenn ein Gast das jetzt wörtlich auslegt, darf er mit dem Gutschein wohl einem halben Dutzend Freunden oder Kollegen einen angenehmen Abend im Restaurant bereiten, nicht aber zwei Cousinen. Wieso nicht?

209 Früher teilte mir mein Finanzamt bei der Rücksendung der Belege, die ich meiner Steuererklärung beigefügt hatte, auf einem gedruckten A5-Blatt regelmäßig mit:

»Der Einkommensteuerbescheid und ein etwaiger Erstattungsbetrag werden Ihnen in nächster Zeit zugehen.«

Heute heißt es in der gleichen Mitteilung ausführlicher, eine Spur freundlicher und genauso anfechtbar:

»Sobald Ihre Veranlagung durchgeführt worden ist, wird Ihnen der Steuerbescheid zugestellt und anschließend ein etwaiger Erstattungsbetrag überwiesen.«

Besagt das nicht klipp und klar: »Der Erstattungsbetrag ist zwar etwaig, aber kriegen tun Sie ihn?«

207 Nicht *Deutliche Zunahme der Zahl der kranken Bäume* – das wäre für die Überschrift eines Zeitungsartikels zu lang; außerdem wirken zwei aufeinanderfolgende gleichlautende Genitive (*der Zahl der ...*) unbeholfen. Kürzer und griffiger: *Die Zahl der kranken Bäume wächst.* Noch kürzer: *Immer mehr Bäume krank.*

208 Bezieht man das am Anfang stehende *Ihre* auf die ganze Aufzählung, dann heißt das unter anderem: *für Ihre Bekannte*, *für Ihre Verwandte* – das sind nach Duden und Adam Riese zwei Weibspersonen, eine Bekannte und eine Verwandte. Meint man aber Bekannte und Verwandte beiderlei Geschlechts, dann muß man nach *für Ihre* im Akkusativ Plural ein *-n* anhängen:

> für Ihre Freunde, *Bekannten*, *Verwandten* oder Kollegen.

Oder – und das halte ich für die stilistisch bessere Lösung – man wiederholt das *für* und verzichtet auf *Ihre*:

> für Ihre Freunde, *für Bekannte*, *Verwandte* oder Kollegen.

209 Ja. Wahrscheinlich sind andere Steuerzahler schlauer als ich, aber ich bin beim erstenmal prompt drauf reingefallen. Da habe ich mich auf den zwar etwaigen, aber doch fest angekündigten Erstattungsbetrag gefreut und am Ende Steuern nachzahlen müssen.

Sprachlich gesehen ist das ein etwas komplizierter Fall aus der Beziehungskiste, sachlich gesehen eine Unmöglichkeit: Solange nicht feststeht, ob der Steuerzahler Anspruch auf eine Rückzahlung hat, sollte man ihm die Überweisung nicht als sicher in Aussicht stellen. Das heißt: *etwaig* darf sich nicht nur auf *Erstattungsbetrag*, es müßte sich auch auf die Überweisung beziehen. Das aber kann *etwaig* nicht leisten. Deshalb sollte ein einschränkender Nebensatz für Eindeutigkeit sorgen:

> Sobald Ihre Veranlagung durchgeführt worden ist, wird Ihnen der Steuerbescheid zugestellt und – *falls Ihnen eine Rückzahlung zusteht* – kurz darauf der Erstattungsbetrag überwiesen.

210 Auch den wortgewandtesten Schriftstellern passiert hin und wieder ein kleines Malheur. So erzählt mir gerade ein DDR-Autor in einem Brief, er werde jetzt auf Lesereise gehen und aus seinem in Kürze herauskommenden Buch verschiedenes vorlesen. Wörtlich:

> »Durch die Vorankündigungen hier bei uns (das Buch soll im Dezember erscheinen) aufmerksam geworden, bin ich von einigen Bibliotheken im Raum Dresden eingeladen worden.«

a) Wer ist da aufmerksam geworden?

b) Wieso ist der Satz grammatisch falsch?

c) Wie könnte man ihn korrigieren?

d) Wie sollte man es als Texter mit Partizipialkonstruktionen halten?

211 Der Otto-Versand gemahnt im November seine Kunden an die unaufhaltsam näher rückende Weihnachtszeit und daran, daß sie den besinnlichen Advent um so besser genießen können, je früher sie die Weihnachtseinkäufe hinter sich bringen. Als Anreiz zu schneller Reaktion stellt Otto eine Preisfrage. Die ersten 222 Einsender des richtig ausgefüllten »Glücks-Coupons« – sie müssen durch Los ermittelt werden – gewinnen eine Weihnachtspyramide. Das liest sich so:

> »Seit vielen Jahrhunderten schon gibt es den beliebten Brauch, in der Vorweihnachtszeit eine aus Holz geschnitzte Pyramide aufzustellen. Deshalb verlost Otto 222 Pyramiden aus dem Erzgebirge.«

Daß da etwas nicht stimmt, haben Sie sicher gemerkt. Aber was es ist, ist schwer zu sagen – oder?

212 »Viel zu lang!« könnten Sie einwenden, wenn Sie mit der Antwort 211 nicht einverstanden sind. Zugegeben, oft fehlt es dem Texter an Platz, er darf eine vorgegebene Zeilenzahl nicht überschreiten. Angenommen, es wäre so, dann ließen sich die beiden Otto-Sätze auch reparieren, ohne daß sie länger würden. Wie?

210 a Aufmerksam geworden sind dem Sinn nach die Bibliotheken, dem Wortlaut nach ist es der Autor.

b Falsch ist der Satz, weil das satzwertige Partizip (hier das Satzstück vor dem Komma) und das zugehörige Satzstück (hinter dem Komma) verschiedene Bezugspunkte haben: das erste bezieht sich auf die Bibliotheken *(aufmerksam geworden)*, das zweite auf den Autor *(eingeladen worden)*.

c *Durch die Vorankündigungen hier bei uns . . . aufmerksam geworden, haben mich einige Bibliotheken eingeladen.*

d Kurze Partizipialsätze sind für einen Texter nicht tabu. Sparsam verwendet, wirken sie belebend. Oft aber haftet ihnen etwas Künstlich-Konstruiertes an, und immer sind sie schwerer verständlich als sachliche Aneinanderreihungen mit *und*:

> Einige Bibliotheken im Raum Dresden sind durch die Vorankündigungen hier bei uns auf das Buch aufmerksam geworden und haben mich eingeladen.

211 Es ist die Verknüpfung. Die Konjunktion *deshalb* begründet. Der vorangehende Satz müßte also die Ursache nennen, doch das tut er nicht. Damit es deutlicher wird, ein Parallelbeispiel:

> Seit vielen Jahrhunderten schon gibt es den beliebten Brauch, zu Pfingsten das mit Grün bekränzte und mit Bändern geschmückte Vieh auf die Weide zu treiben. Deshalb verlost Otto zu Pfingsten . . .

. . . noch lange keine 222 Rindviecher.
Man könnte es auch so sagen: Zwischen den beiden Otto-Sätzen fehlt die Ursache der Verlosung. So könnte sie heißen:

> . . . aufzustellen. *Mit einer solchen Weihnachtspyramide möchte Otto 222 flinken Richtigratern eine Freude machen.* Deshalb verlost . . .

212 Beispielsweise dadurch, daß man das begründende *Deshalb* hinauswirft und dafür ein anreihendes *Und jetzt* einfügt:

Seit vielen Jahrhunderten schon gibt es . . . *Und jetzt* verlost Otto . . .

213 In einem Zeitschriftenartikel sagt der Autor über die Zigarettenwerbung, ihr bleibe nur der Versuch, Nichtraucher zu Rauchern zu machen und sie an eine bestimmte Marke zu binden oder Raucher von ihrer bisherigen Stammarke weg zu einer anderen Zigarette zu locken. Daraus folgert er:

> »Deshalb sieht man den Anzeigen deutlicher als in anderen Marktsegmenten an, welche potentiellen Käufer angesprochen werden sollen.«

Was stimmt daran nicht?

214 Jemand, der seinen Namen mit dem Kürzel BDW verziert, das einst den Bund Deutscher Werbeberater und Werbeleiter meinte, schickt mir aus Leinfelden-Echterdingen eine Zeitschrift für Informationstechnik und dazu einen Brief, geschrieben unter dem *Datum des Poststempels* und gerichtet an *Ihre Geschäftsleitung*. Eine Geschäftsleitung habe ich nicht. Also lese ich selbst. Bei der Schlagzeile *Eine für Sie wichtige Ausgabe von . . .* staune ich. Woher will ein Fremder wissen, was für mich wichtig ist? Doch dann geht's erst richtig los:

> Sehr geehrter Leser,
> dieses Heft erhalten Sie im Rahmen des Zielgruppenversandes von . . . als kostenloses, unverbindliches Leseexemplar überreicht . . .

Irrtum! Kein Mensch hat mir das Heft *überreicht;* ich habe es mir aus meinem Briefkasten holen müssen. Und *im Rahmen* des Zielgruppenversandes ist es auch nicht gekommen; es kam ungerahmt, in Klarsichtfolie eingeschweißt. Noch sonderbarer an dem Briefanfang ist etwas anderes. Was wohl?

215 Ein Brief, mit dem der Hans Holzmann Verlag in Bad Wörishofen für seine Zeitschrift »texten + schreiben« warb, schloß mit den Worten:

> »›texten + schreiben‹ ist eben eine Zeitschrift, mit der das Schreiben Spaß macht.«

Werbeberater Siegfried B. aus Köln schrieb zurück: »Ich hab's probiert. Es geht überhaupt nicht.« Was hätten Sie ihm an meiner Stelle – ich war bis Ende 1988 Redakteurin dieser Zeitschrift – geantwortet?

213 Die logische Verknüpfung. Anzeigen lassen sich nicht mit dem Innenleben von Marktsegmenten vergleichen. Der Redakteur hat die verkorkste Stelle, über die er im Manuskript hinweggelesen hatte, gerade noch auf dem letzten Korrekturabzug entdeckt und so geändert:

> Deshalb sieht man diesen Anzeigen deutlicher als *denen* in anderen Marktsegmenten an, welche . . .

214 Das »kostenlose und unverbindliche Leseexemplar«. Nimmt man's genau, so heißt das: Die Herstellung der aufwendigen, 116 Seiten starken Zeitschrift hat nichts gekostet. Dafür ist auf ihren Inhalt auch kein Verlaß; er ist nämlich unverbindlich.

Spott beiseite! *kostenlos und unverbindlich* darf nie auf das Produkt bezogen werden. Ein kostenloses Leseexemplar kann es gar nicht geben, höchstens eines, das *für Sie kostenlos* ist. Und ein »unverbindliches Leseexemplar« ist ein Ding der Unmöglichkeit. Kostenlos und unverbindlich kann allein das Kennenlernen sein für den, der dazu aufgefordert wird.

Ob man dem Leser nun jedesmal zusichern soll, daß ihm aus der Lektüre eines Ansichtsexemplars keinerlei Verpflichtungen erwachsen, darüber gehen die Ansichten auseinander. Ich hätte einfach so eingesetzt:

> Hier ist ein Exemplar von . . . Schauen Sie es sich einmal an? Sie werden staunen, wie schnell Sie sich festgelesen haben . . .

215 Aus meiner Antwort an Siegfried B.:

»Was das *mit* betrifft, das auch einen lockeren Bezug im Satz herstellen kann: Ich höre mir jede Kritik *mit Fassung* an und schreibe die Replik *mit Vergnügen*. Wer wollte da sagen: ›Stimmt nicht! Sie hören sich die Kritik *mit den Ohren an* und schreiben die Replik *mit der Maschine!*‹?«

Damit's der Leser leichter hat:

Dudenbrave Rechtschreibung

Drei, die sich über den Unterschied zwischen Schreibweise und Aussprache unterhalten.

Der Engländer: »Sehr schwierig bei uns. Wir schreiben zum Beispiel *Birming-ham*, sprechen aber *Bör-ming-häm*.«

Der Franzose: »Kein Vergleich mit uns. Wir schreiben *Bor-de-aux* und sagen *Bor-do*.«

Der Bayer: »Ois nix! Mir schreim *Wie meinen Sie bitte?* und sprechen *Ha?*«

»Können Sie mir sagen, wie man *Yuppie* schreibt?« fragt mich am Telefon eine der Stimme nach noch sehr junge Verlagssekretärin aus einer gut 300 Kilometer entfernten Stadt. Ich buchstabiere »Ypsilon – Ulrich – Paula – Paula – Ida – Emil« und erkundige mich boshaft, ob es nicht billiger gewesen wäre, in den Duden zu gucken. »Das habe ich getan«, kommt es gekränkt zurück, »es steht aber nicht drin.« Stimmt. Schlägt man statt in der neuesten Dudenausgabe von 1986 in einer älteren nach, dann sucht man den *Yuppie* vergebens. Wir haben das Wort, dessen erste Silbe aus *Young Urbane Professional* gekürzt ist und den jungen ehrgeizigen, gut gekleideten Aufsteiger meint, erst Mitte der achtziger Jahre aus dem Amerikanischen übernommen.

»Aber es gibt auch ältere Wörter, die nicht im Duden stehen«, verteidigt sich die junge Dame am anderen Ende der Leitung. »Welche zum Beispiel?« frage ich. – »Zum Beispiel *Rhythmus*.« – »Wo haben Sie denn *Rhythmus* gesucht, unter *R-y* oder unter *R-i*?« Die Antwort hat einen empörten Unterton: »Natürlich unter *R-y*!«

Es läßt sich nicht leugnen: Der Duden ist ein Rechtschreibwörterbuch, in dem jedermann die Schreibweise der deutschen Wörter und der Fremdwörter nachschlagen kann, vorausgesetzt, er weiß, wie die Wörter, die er sucht, geschrieben werden.

Und weil das kein Zustand ist, versucht man von Zeit zu Zeit so vehement wie vergeblich, die Rechtschreibung zu reformieren. Vor 15 Jahren standen die Großbuchstaben auf der Abschußliste. Inzwischen hat man eingesehen, daß sie beim Lesen eine Orientierungshilfe sind. Dafür soll es jetzt unter anderem der Unterscheidungsschreibung von *das/daß* oder *das/dass* an den Kragen gehen – auch kein Gewinn für den Leser.

Im Grunde stehen sich zwei Fronten gegenüber: Die Wenigschreiber und ihre Vertreter (Grundschullehrer und Berufsprogressive) sind für die Reform, weil sie sich eine Schreib-Erleichterung versprechen. Die Vielleser sind gegen die Reform, weil sie eine Lese-Erschwernis befürchten; denn jede Abweichung vom vertrauten Schriftbild ist eine Irritation, die vom Inhalt ablenkt.

Als Texter wollen Sie Ihre Botschaft ungeschmälert rüberbringen. Wäre nicht allein das Grund genug, in der Rechtschreibung auf störende Extravaganzen zu verzichten?

216 Ein Hersteller von Lernsystemen in Pinneberg hat einen Werbetext entwerfen lassen, der so beginnt:

»Vom ›Nürnberger Trichter‹ hat jeder schon geträumt: Eine Stunde losgelöst auf dem Sofa entspannen und dabei Sprachen lernen. Ohne (p)auken und (b)üffeln . . .«

Jetzt rätselt man in Pinneberg, wie man *(p)auken* und *(b)üffeln* schreibt, groß oder klein? Was meinen Sie?

217 *Unsere Firma war schon immer ihrer Zeit voraus und Zukunfts-orientiert.*

Das kann ein Blick auf die Schreibweise nur bestätigen. Wieso?

218 Ein Textil-Supermarkt informiert über Sonderangebote und schließt sein Werbeblatt mit dem Hinweis:

»Wir halten es für eine gute Sache, wenn wir für unsere Kunden immer etwas besonderes tun können.«

Das liest man gern. Noch lieber hätte man's gelesen, hätte der Supermarkt seine Sonderangebote nicht auf die Orthographie ausgedehnt, nicht wahr?

219 Der Kundendienst einer Fordwerkstatt versucht, mit ehemaligen Kunden dadurch wieder in Kontakt zu kommen, daß er ihnen die Überprüfung ihres Wagens zum halben Preis anbietet:

»Unser nach modernsten Gesichtspunkten ausgerüstetes Diagnostic-Center bietet allen Kunden die Möglichkeit, die Sicherheit Ihres Autos zu überprüfen.«

Daß sich alle Kunden um Ihr Auto bemühen sollen, ist sicher nicht gemeint. Sondern?

220 Eine Agentur, die »Wohn-Ideen« betreut, hat vor kurzem von mir wissen wollen: »Wie schreibt man *gesund leben* in der Überschrift *Zum Wohlfühlen und gesund . . .*?«

a) Gesundleben
b) Gesund-leben
c) Gesund-Leben
d) gesund Leben

Wissen Sie's?

216 Das kann man halten wie ein Dachdecker, beides ist richtig. Sie können die Infinitive als substantiviert auffassen und groß schreiben:

ohne (das) *Pauken und* (das) *Büffeln*

Sie können die Infinitive aber auch als Verben auffassen und klein schreiben:

ohne (zu) *pauken und* (zu) *büffeln*

217 Weil *zukunftsorientiert* nach den heute geltenden Rechtschreibregeln nicht oder noch nicht groß geschrieben werden darf; es ist schließlich nichts anderes als ein zusammengesetztes Adjektiv.

218 Ja, *etwas Besonderes* bekommt ein großes *B*. Nach Indefinitpronomen wie *etwas, alles, allerlei, viel, wenig, nichts* schreiben alle, die sich in der Rechtschreibung keine Besonderheiten leisten, das folgende Adjektiv groß, weil es substantiviert ist: *etwas Schönes, alles Gute, allerlei Nettes, viel Vernünftiges, wenig Brauchbares, nichts Neues.*

219 Um ihr eigenes Auto, mit kleinem *i*.

220 a haben wir gemeinsam verworfen. Das zusammengeschriebene *Gesundleben* weckt falsche Vorstellungen; es liegt zu nahe bei *Gesundbeten* und *Gesundschrumpfen* (Betonung auf dem ersten Glied).

b entspricht nicht den Rechtschreibregeln. Das letzte Glied eines mehrgliedrigen substantivierten Infinitivs (hier: *leben*) ist immer groß zu schreiben.

c und d sind beide vertretbar. Geeinigt haben wir uns auf:

Zum Wohlfühlen und Gesund-Leben

Doch auch das ist noch nicht einwandfrei, denn eigentlich müßte es *Zum Sichwohlfühlen . . .* heißen. Mehr darüber finden Sie unter 140.

221 »Schönheit auf der ganzen Linie« ist die Seite in einem Triumph-Prospekt überschrieben, die für etwas wirbt, was früher profan »Miederwaren für Mollige« hieß und was heute als »Figurpflege in ihrer schönsten Form« gepriesen wird.
Unten auf der Seite findet sich der Hinweis:

»Alle Modelle in weiß, schwarz und haut.«

Wissen Sie noch, wie das mit der Groß- und Kleinschreibung von Farbbezeichnungen ist?

222 Die korrekt groß geschriebene Farbbezeichnung *in Haut* (221) macht sich nicht gut. Womöglich hält sie mancher sogar für einen Druckfehler, weil er meint, es müsse *aus* (Lycra-)*Haut* heißen.

Wie würden Sie sich bei den Farbbezeichnungen *Alle Modelle in* ... aus der Affäre ziehen?

223 Aus einem Möbelkatalog:

»Sie können jetzt wählen unter drei Holztönen sowie lichtgrau mit roten und blauen Frontpartien oder lichtgrau mit grünen Frontpartien.«

Was wäre an dem Satz zu ändern, wollte man ihn den Regeln der Rechtschreibung anpassen?

224 Die Continentale Versicherungsgruppe in Dortmund wollte Ende 1988 ihr Firmenlogo ändern. Jetzt soll als neuer Name *Die Continentale* im Briefkopf stehen. »Und was schreiben wir drunter?« fragten sich die Dortmunder Versicherer. Ursprünglich lautete die Unterzeile *Lebens-, Kranken-, Sachversicherungen.* Inzwischen bietet man auch Finanzierungen an, das soll miterwähnt werden. Man einigte sich schließlich auf

Die Continentale
(m)ehr als eine Versicherung

und fragte mich, wie das erste Wort der Unterzeile zu schreiben sei, groß oder klein. Was hätten Sie empfohlen?

221 Farbadjektive schreibt man klein, sogar dann, wenn sie von Haus aus Substantive sind:

Farben: weiß, schwarz, haut, sand, creme, sekt, champagner

Werden Farbadjektive aber substantiviert – und eine vorangehende Präposition wie *in* oder *mit* ist immer ein Indiz für Substantivierung –, wird groß geschrieben:

Alle Modelle in Weiß, Schwarz und Haut.

222 Ich wäre für:

Alle Modelle *in Weiß*, *in Schwarz* und *hautfarben. in* bezieht sich nur auf *Weiß* und auf *Schwarz. hautfarben* ist Adjektiv, deshalb die Kleinschreibung.

223 Das Farbadjektiv *lichtgrau* wäre hier groß zu schreiben, weil es substantivisch gebraucht ist. Sie erkennen das daran, daß Sie den unbestimmten Artikel davorsetzen können:

... sowie (einem) *Lichtgrau mit roten und blauen Frontpartien oder* (einem) *Lichtgrau mit grünen Frontpartien.*

224 Vom großen *M* habe ich abgeraten, es gibt der Unterzeile zuviel Eigenständigkeit.
Vom kleinen *m* habe ich ebenfalls abgeraten; der Leser könnte die beiden Zeilen als einen Satz ansehen und sich daran stören, daß ein *ist* fehlt. Also warum nicht Ausgelassenes durch Auslassungspünktchen kennzeichnen und so die Unterzeile mit dem Firmennamen verketten?

Mein Vorschlag:

Die Continentale
... mehr als eine Versicherung

225 Bei schönstem Sommerwetter im Frühherbst 1988 überraschte mich eine Hotelkette mit dem Glückwunsch

Fröhliche Weihnachten …

Ich drehte die mit Weihnachtssternen geschmückte Karte um und las:

> »… wünsche ich Ihnen schon heute. Bis Weihnachten ist zwar noch etwas Zeit. Aber wundern Sie sich nicht auch jedes Jahr auf's Neue, wie schnell die schönsten Tage des Jahres erreicht sind?«

Ich wundere mich sogar noch über was anderes. Erraten Sie, worüber?

226 Unter der ansprechenden Schlagzeile *Leben, wo Leben ist* bietet eine Stuttgarter Baugesellschaft Stadtwohnungen an. Beratung in der Musterwohnung und so weiter. Die Einladung zur Ortsbesichtigung ist überschrieben mit *Sie 'mal an!*
Was sagen Sie jetzt?

227 »Am Bodensee beginnt der Süden«, überschreibt ein Konstanzer Immobilienbüro einen Prospekt, mit dem es schlüsselfertige Komfort-Bungalows anbietet. Im Text heißt es:

> »Konstanz (70 000 Einwohner) ist die kulturelle und wirtschaftliche Metropole des Bodensee's und hat durch die unmittelbare Grenzlage sehr gute Verbindungen zur Schweiz und zu den anderen Nachbarländern. Bitte fordern Sie ein ausführliches Exposee an.«

Zweierlei stimmt darin nicht. Ist es Ihnen aufgefallen?

228 Zeitungen sind zwar nicht dazu da, daß man aus ihnen richtiges Deutsch lernt. Aber in nur zwei Sätzen drei – nennen wir es milde – Druckfehler, das ist doch ein bißchen happig. Die Rede ist von einem Politiker:

> »Er beherrscht die Kunst, seine Geschäfte tragikkomisch darzustellen. In vertrauenerweckendem rheinischen Idiom zieht er sich vor der Presse in Bonn bieder der Gutmütigkeit.«

Wo stecken die drei Schnitzer?

225 Darüber, daß Leute eine pfiffige Werbe-Idee – die Karte mit den Weihnachtssternen sollte auf den Festprospekt »Weihnachten und Silvester« aufmerksam machen – in die Tat umsetzen, ohne in den Duden zu gucken. Und auch darüber, daß Druckereien drucken, was jedem Grundschüler als dicke Fehler angestrichen würde: In *aufs neue* bekommt *neue* ein kleines *n* und *aufs* keinen Apostroph.

226 Vielleicht auch: »Sieh mal guck!« Die Schlagzeile der Stuttgarter Baugesellschaft enthält in drei Wörtern zwei Fehler: *Sieh* ohne *h* und dafür *mal* mit Apostroph!

Sie meinen, hinter den Fehlern stecke Absicht? Das nehme ich nicht an. Denn das Werben mit absichtlich falsch geschriebenen Wörtern ist eine zweischneidige Sache. So etwas zieht zwar die Blicke an, doch Sympathie gewinnt man damit nicht.

227 Der Genitiv von *See* heißt *des Sees*. Der Apostroph (des Bodensee's) kann hier nicht für ein ausgefallenes *e* stehen, weil gar kein *e* ausgefallen ist. Maskulina und Neutra auf *-e* bilden ihren Genitiv nur auf *-s*, nicht auf *-es*: *des Knies, des Schnees, des Bodensees*.

Außerdem ist ein Entwurf, eine Übersicht oder eine Auflistung in Stichworten kein (Expo-)See, sondern ein *Exposé*.

228 a Nicht »tragikkomisch«, sondern – das eine *k* ist ausgefallen – *tragikomisch*.

b »in vertrauenerweckendem rheinischen Idiom«, das war bis in die sechziger Jahre hinein üblich und richtig. Seitdem aber werden zwei attributiv vor einem Substantiv stehende Adjektive parallel gebeugt; sie bekommen die gleiche Beugungsendung: *in vertrauenerweckendem rheinischem* (zweimal -m!) *Idiom*.

c Er zieht sich nicht, er *zeiht* sich, wobei er sich allerdings an der eigenen Nase ziehen kann.

229 Im Angebot der Immobilienvermittlung eines Bankhauses steht:

»Die Verkäufer wünschen, daß nach Möglichkeit das gesamte Mobilar übernommen wird, da sie auswandern.«

Fehlt da nicht eine Kleinigkeit?

230 Aus einem Prospekt, mit dem Literatur über Direktmarketing angeboten wird:

»Es kommt gar nicht darauf an, ob es sich um einen Werbebrief an tausende Ihrer Kunden oder um ein Rundschreiben an Ihre Außendienstmitarbeiter handelt ...«

Aber worauf kommt es an?

231 Aus demselben Prospekt an anderer Stelle:

»Sie lesen im Detail alle wichtigen Einzelheiten, erfahren das Ziel und die während der Planung angestellten Überlegungen. Damit können Sie Ihr eigenes Risiko verringern, jene Fehler vermeiden, für die andere bereits teures Lehrgeld bezahlt haben und sich auf erfolgbewährte Rezepte stützen.«

Wer kann sich hier auf erfolgbewährte Rezepte stützen?

232 Ein Komma würde den in Frage 231 zitierten zweiten Satz ins Lot bringen. Wo müßte es stehen?

233 Aus einem Prospekt zum Thema »Moderne Küche«:

Sie bereiten ein vollwertiges Frühstück bestehend aus 4 Tassen Bohnenkaffee mit Milch und Zucker, 2 Tassen Kinderkaffee mit Milch und Zucker, 4 Eiern, 2 Grapefruits, Vollkornbrot, Butter, Marmelade, Honig.«

Was fehlt noch?

234 Jemand, der sich als mein Partner für Verkauf und Werbung ausgibt, lädt mich zum Besuch seines Messestandes auf der Ausstellung »Esslingen – Treffpunkt der Zukunft« ein und teilt mir in Fettdruck mit:

»Direktwerbung ist einfach, wenn man weiß wie's geht.
Wir wissen's.«

Ich habe da so meine Zweifel. Sie auch?

229 Ja, es fehlt ein *i*: *Mobiliar*, von lat. *mobilis* = »beweglich«, wird mit zwei *i* geschrieben.

230 Darauf, daß man einen Werbetext nicht durch Primitivfehler entstellt:

... ob es sich um einen Werbebrief an *Tausende* Ihrer Kunden ... handelt ...

Hier ist *Tausende* substantivisch gebraucht, deshalb muß es groß geschrieben werden.

231 Dem Sinn nach natürlich der Leser der angebotenen Bücher. Dem Wortlaut nach aber die anderen, die Fehler gemacht und dafür teures Lehrgeld bezahlt haben.

232 Vor *und*. Erst durch dieses Komma würde deutlich, daß das Satzstück *für die andere bereits teures Lehrgeld bezahlt haben* ein zwischengeschobener Relativsatz ist, der sich auf *jene Fehler* bezieht, und daß der Schluß *und sich auf erfolgbewährte Rezepte stützen* die Fortsetzung des Hauptsatzes ist.

233 Das Komma hinter *Frühstück*.
Partizipialsätze – und der mit dem Partizip *bestehend* beginnende ist einer – werden vom Hauptsatz (hier: *Sie bereiten ein vollwertiges Frühstück)* durch ein Komma getrennt. Streichen wir aber das ebenso überflüssige wie papierdeutsche *bestehend*, dann steht kein Komma hinter *Frühstück*, denn was danach kommt, ist nur ein Präpositionalobjekt (»Woraus bereiten Sie ein Frühstück?«), und das wird ohne Komma angeschlossen: *Sie bereiten ein vollwertiges Frühstück aus 4 Tassen Bohnenkaffee ...*

234 Ja, was? Zum Wissen, wie's mit der Direktwerbung geht, gehört wenigstens eine grobe Kenntnis der Kommaregeln – oder das Honorar für einen Korrektor.
Also: Nebensätze verschiedenen Grades – das sind Sätze mit verschiedenen Subjekten (hier: *man* und *'s*) – werden durch ein Komma getrennt:

Direktwerbung ist einfach, *wenn man weiß, wie's geht.*

235 *Faxen* und *Bumsen* haben eines gemeinsam: beide Wörter bedeuteten früher was ganz anderes. Ich kenne eine grauhaarige Großmama, die heute noch von ihren alten Schulfreundinnen *Bumskalle* genannt wird, weil sie vor einem halben Jahrhundert in der Kinderlandverschickung in Thüringen die Türen nicht gerade leise schloß.

Faxen hatte man früher wie Flausen im Kopf; heute hat man sie vor sich auf dem Schreibtisch, als *Werbefaxen* beispielsweise, die in der Tat oft mehr *Faxen* als Werbung sind.

Unter der Headline *Total faxibel. In 15 Sekunden* wirbt ein Hersteller von Fernkopierern mit der Behauptung:

> »Es gibt keine vielseitigere Art zu Faxen, als mit Tenofax Fernkopierern von ...«

Einspruch! Es gibt noch viel vielseitigere Arten. Allein der eine Satz enthält drei Rechtschreibfaxen. Welche?

236 Aus einem Prospekt, der eine Loseblattsammlung »Steuer- und Wirtschaftsrecht« empfiehlt:

> »Sich diese wichtige Entscheidung zunutze zu machen, kann nur von Vorteil sein.«

Sicher wissen Sie es: Nach der dümmsten aller Dudenregeln darf das Komma in dem zitierten Satz nicht stehen. Aber wissen Sie auch, warum das Komma nach *zu machen* falsch sein soll?

237 Eine Schriftgießerei bietet eine neue Schrift an und schreibt dazu:

> »Die erste Voraussetzung für das gedruckte Wort besteht in der Verwendung einer gut lesbaren nicht zu leichten Schrift.«

Eine weitere, sehr entscheidende Voraussetzung für das schnelle Erfassen eines gedruckten Textes hat die Schriftgießerei übersehen. Welche?

235 a *keine vielseitigere Art zu faxen.* Das neue Wort *faxen* ist hier Verb, deshalb muß es klein geschrieben werden. Machen Sie die Analogieprobe: In *Es gibt keine andere Art zu telefonieren* würden Sie *telefonieren* auch klein schreiben.

b ... *zu faxen als mit Tenofax.* Hier ist *als* nur vergleichende Konjunktion, deshalb kein Komma. Anders wäre es, wenn *als* einen erweiterten Infinitiv mit *zu* einleitete: ... *keine vielseitigere Art zu faxen, als mit Tenofax zu faxen.*

c Die Faxe, die einzelnen Glieder zusammengehöriger Produkt- und Firmennamen unverbunden nebeneinanderzustellen, reißt immer mehr ein. Dabei ließe sich's mit Bindestrich besser lesen und leichter verstehen: *mit Tenofax-Fernkopierern.* Aber nein, Industrie und Verlage *(Kodak 9 V Ultralife Lithum Batterie, Wilhelm Heyne Verlag)* meiden den Bindestrich wie die Pest, und die Fachpresse macht die Marotte mit.

236 Vor dem erweiterten Infinitiv mit *zu* steht ein Komma:

»Es kann nur von Vorteil sein, *sich diese wichtige Entscheidung zunutze zu machen.*«

Geht aber der erweiterte Infinitiv mit *zu* als Subjekt voran, kann man also »Wer oder was?« fragen, dann fällt das Komma weg.

*Sich diese ... Entscheidung zunutze zu machen*_ kann nur ...

Abgetrennt wird der vorangehende Subjektsatz nur dann durch ein Komma, wenn durch *das* auf ihn zurückverwiesen wird:

Sich diese ... Entscheidung zunutze zu machen, *das* kann ...

So wenigstens verlangen es die geltenden Zeichensetzungsregeln. Und wer nicht anecken will, wird sich noch eine Zeitlang nach ihnen richten müssen.

237 Die Interpunktion. Die Glieder einer Aufzählung werden durch ein Komma getrennt:

»Die erste Voraussetzung für das gedruckte Wort besteht in der Verwendung einer *gut lesbaren, nicht zu leichten* Schrift.«

238 Aus einer Presseinformation:

»Erste praktische Auswirkungen zeigt die voriges Jahr durch die EG-Kommission initierte Zusammenarbeit ... «

Was hat die »initierte Zusammenarbeit« mit Tieren zu tun?

239 Eine Münchner Reisegesellschaft bietet Studienreisen in ferne Länder an und überschreibt ihre Anzeige mit der in Anführungszeichen eingeschlossenen Behauptung:

»Die Gewißheit Anderen Urlaub zu erleben.«

In nicht weniger als vier Punkten weicht die Schlagzeile von der Rechtschreibnorm ab. Bekommen Sie die vier zusammen?

240 Das Coop-Center Bremgarten (Schweiz) bot Anfang Februar 1989 auf einem Werbeblatt *Fasnachtsartikel für grosse und kleine Narren* an und ein Stückchen tiefer:

Scherzartikel für gross und klein

Über das *ss* in *gross* müssen Sie sich nicht wundern, die Schweiz hat das altmodische deutsche *ß* schon vor Jahrzehnten abgeschafft. Aber müßte *groß/gross und klein* nicht groß geschrieben werden?

241 Ein verlockend duftendes Tütchen mit Gewürzen für eine Sauerbratenmarinade liegt dem Brief bei, mit dem mir ein Rezeptversand aus München ein Rezeptkartenabonnement anbietet. Der Brief beginnt mit einer Frage:

»Was soll ich bloß kochen?«, haben Sie sich und Ihre Familie bestimmt schon oft gefragt ...

Eine Frage ist fast immer ein guter Briefanfang. Hier hat sie allerdings einen Haken – genauer: ein Häkchen, das sie nicht haben sollte. Wieso?

242 Ein Bildungshaus im Schweizer Kanton Zug lädt ein zu einem Führungsseminar mit dem Titel:

Kann man Chef-sein lernen?

Aber gewiß kann man das! Es gibt so gut wie nichts im Leben, was sich nicht lernen ließe. Sogar die deutsche Orthographie ist lernbar – trotz ihrer Tücken. Schon mit ein paar Grundregeln kommt man weit. Wenn man die intus hat, weiß man bereits, wie das Bildungshaus den Seminartitel hätte schreiben müssen. Wie?

238 Nichts. Eben deshalb wird *initiieren* (von lat. *initiare* = den Anfang machen, *Initial* = großer Anfangsbuchstabe) mit *ii* geschrieben.

239 Punkt 1: Ganz normale Überschriften oder Schlagzeilen, die weder Zitat noch wörtliche Rede sind, bekommen keine Gänsefüßchen.

Punkt 2: Überschriften oder Schlagzeilen enden ohne Punkt.

Punkt 3: Die Andersartigkeit eines Urlaubs läßt sich nicht dadurch hervorheben, daß man das Adjektiv *anderen* groß schreibt. Was groß zu schreiben ist, richtet sich seit ein paar Jahrhunderten nicht mehr nach dem Hervorhebungswert eines Ausdrucks, sondern nach der Wortart.

Punkt 4: Der erweiterte Infinitiv mit *zu* wird – mehr darüber unter 236 – durch ein Komma abgetrennt:

*_Die Gewißheit, anderen Urlaub zu erleben_*

240 Nein. Nach Dudens unerforschlichem Willen wird *groß und klein* wie *alt und jung* (= jedermann) klein geschrieben.

241 Das Komma darf nicht stehen. Eine der sonderbarsten Zeichensetzungsregeln lautet nämlich:

Schließt die wörtliche Rede mit einem Fragezeichen *(»Was soll ich bloß kochen?«)*, dann wird der Nachsatz *(haben Sie sich ... bestimmt schon oft gefragt)* nicht durch Komma abgetrennt.

Gleiches gilt, wenn die wörtliche Rede mit einem Ausrufezeichen endet: *»Wenn ich nur wüßte, was ich heute kochen soll!« haben Sie bestimmt schon oft gedacht.*

242 Drei Möglichkeiten:

- *Kann man Chef sein lernen?* (= Chef zu sein)
- *Kann man Chefsein lernen?* (= das Chefsein)
- *Kann man Chef-Sein lernen?* (= das Chef-Sein; das letzte Glied eines per Bindestrich zusammengeklitterten Substantivs wird immer groß geschrieben. Ein Parallelbeispiel finden Sie unter 220.)

243 Aus dem Prospekt eines Weinguts:

»Auf der DLG Weinprämiierung wurde uns für den Wein der Nummer 163 der ›Große Preis‹ verliehen.«

Steht hier nicht ein *i* zuviel?

244 Die *schutzgemeinschaft der kraftfahrer* stellt sich vor *als erste selbstschutzorganisation der autofahrer gegen schlechte und zu teuere reparaturen.*

Kleinschreibung ist eine zweischneidige Sache. Einerseits hat sie einen gewissen Werbewert, weil sie ungewohnt ist und zu langsamerem Lesen zwingt und weil, was langsam gelesen wird, besser haftenbleibt. Anderseits ist langsam lesen müssen verdrießlich, und Verdruß bekommt einer Werbebotschaft nicht. Davon abgesehen: Was ist richtig?

a) schlechte und *zu teuere* Reparaturen
b) schlechte und *zu teure* Reparaturen

245 Geld vermehren ist keine Glückssache! So steht es groß auf dem Titelblatt der Kundenzeitschrift einer Girokasse. Wer vor lauter Arbeit keine Zeit zum Geldverdienen hat, könnte gegen die Behauptung gewisse Zweifel hegen – und wer den Duden kennt, auch. Anders ausgedrückt: Ist das Fugen-*s* in *Glückssache* nun *Geschmackssache* oder *Geschmacksache*?

246 Aus einem Adreßkartenangebot:

»Von einer XY-Adreßkarte können Sie unbegrenzt oft drucken. Jahrelang, sogar jahrzehntelang. Immer gestochen scharf, piksauber und schreibmaschinengleich.«

Was fehlt?

247 Große Fernseher-Inzahlungnahme-Aktion!

So ist in der Norderstedter Zeitung die Anzeige eines TV-Video-HiFi-Hauses überschrieben. Darunter unübersehbar in großer Schrift:

Wir nehmen Ihren Alten!

An wen richtet sich das Angebot?

243 Nein, *prämiieren* und *Prämiierung* mit zwei *i* ist genauso richtig wie und sogar üblicher als *prämieren* und *Prämierung.*

244 Als sprachüblich und richtig gilt heute nur noch b. Bei *teuer* fällt, wenn es dekliniert oder gesteigert wird, das *-e-* der Endsilbe aus: *zu teure Reparaturen, die Reparaturen sind teurer geworden.*

245 Für das Fugen-*s* gibt es keine festen Regeln. Manchmal steht es *(Glücksfall, geschmacksneutral),* manchmal nicht *(Glückwunsch, geschmacklos),* und kein Mensch weiß, warum. Auch unsere großen Wörterbücher geben keine klare Auskunft. Das sechsbändige Deutsche Wörterbuch von Brockhaus/Wahrig verzeichnet *Glücksache* neben *Glückssache* und *Geschmacksache* neben *Geschmackssache.* Der Duden ließ bis 1986 auch *Geschmackssache* gelten; seitdem hat er sich in beiden Fällen für die Formen ohne Fugen-*s* entschieden: *Glücksache, Geschmacksache.*

Wie ich dazu stehe? Meine Meinung: Verfahre jeder, wie er mag. Ich halte das Hickhack ums Fugen-*s* weitgehend für *Ansichtssache* (übrigens immer mit Fugen-*s* wie *Ansichtskarte* – im Gegensatz zu den Zusammensetzungen mit *Sicht-* wie *Sichtschutz, Sichtweite, Sichtwerbung*).

246 Ein *e*: *pieksauber* wird mit *ie* geschrieben, im Gegensatz zum *Pik-As* und zum *Pik*, den man auf unsere so herrlich komplizierte Rechtschreibung haben kann.

Doch vieles scheinbar Absonderliche ist historisch gewachsen. So erklären sich unterschiedliche Schreibweisen bei gleicher Aussprache oft durch die Herkunft der Wörter. In *pieksauber* und *piekfein* steckt das niederdeutsche *pük* (= erlesen, ausgesucht), eine alte Gütebezeichnung aus dem Hansehandel. *Pik-As* und *Pik* aber gehen auf französisch *pique* zurück (= Spieß, Lanze, *Pike*).

247 An alle Ehefrauen, die endlich ihren Alten loswerden wollen. Denn wäre der alte Fernsehapparat gemeint, hätte es ja heißen müssen:

Wir nehmen Ihren alten!

Auf der Suche nach dem treffenden Wort?

Stöbern Sie in Wörterbüchern

»Mutti, versteck bitte meine Puppe, damit Onkel Klaus sie nicht findet.«
»Aber warum denn, Melanie?«
»Er hat gerade zu Vati gesagt, er hat wieder ein paar tolle Puppen aufgerissen.«

Wörter gibt's, die machen es den Menschen nach: sie halten einfach nicht, was sie versprechen. Im *Schokoladenkuchen* ist Schokolade, im *Apfelkuchen* sind Äpfel – aber haben Sie im *Marmorkuchen* schon mal auf Marmor gebissen oder im *Hundekuchen* Hunde entdeckt? Die *Familienpackung* ist für Familien, die *Riesenpackung* aber nicht für Riesen gedacht. Beim Fleischer gibt's *Kalbs-* und *Schweineschnitzel*, im Restaurant – unglaublich, aber wahr! – *Teller-* und *Jägerschnitzel* und in Baden-Württemberg sogar eine *Schwabenfleisch GmbH.* Ein *Zeitungsverkäufer* verkauft Zeitungen, ein *Eisverkäufer* Eis, aber ein *Spitzenverkäufer* keine Spitzen und ein *Topverkäufer* keine Pötte.

Der *Reifeprozeß* wird nicht vor Gericht entschieden, das *Kammergericht* nicht als Mittagessen serviert. In mancher *Kammer* befinden sich statt der Anwälte nur Besen. Der *Linienrichter* trägt keine Robe, der *Außenverteidiger* hält weder auf dem Gerichtsbalkon noch überhaupt ein Plädoyer – und doch macht uns die Mehrdeutigkeit der Wörter statt Kopfzerbrechen Spaß.

Weniger amüsant und ein bißchen schwieriger ist der umgekehrte Vorgang, die Suche nach dem einzig richtigen, dem treffenden Wort. Aber dabei kann man sich helfen lassen. Profis wissen das und benutzen Synonymwörterbücher. Ich selbst greife gern und oft zum Duden 8, einem Wortwahlwörterbuch, in dem sinn- oder sachverwandte Wörter in Gruppen zusammengestellt sind.

Neulich habe ich eine kleine Sache aus dem Amerikanischen übersetzt. Es ging um einen Blauhäher, von dem es hieß, er sei ein *loudmouth.* Ein *loudmouth* ist ein *Großmaul.* Kann ein Vogel ein *Großmaul* sein? *Großschnauze* geht auch nicht, *Lautsprecher* schon gar nicht. *Großschnabel* würde trotz seines Doppelsinns eher passen, doch so ein Schnabelwesen gibt es nicht. Wir kennen wohl den *Grün-* und den *Süß-*, nicht aber den *Großschnabel.* Also her mit Duden 8! Ich schlage unter *Großmaul* nach, finde dort einen Verweis auf *Angeber* und unter *Angeber* 26 verwandte Wörter, von *Gernegroß* bis *Leichtfuß.* Erfreut entscheide ich mich für *Prahlhans.*

Einige empfehlenswerte Synonymwörterbücher nennt Ihnen das Literaturverzeichnis (Seite 328). Jetzt aber haben Sie erst einmal Gelegenheit zu testen, wie gut Sie ohne sie auskommen.

248 »Der Unterschied zwischen dem treffenden Wort und dem beinahe treffenden«, sagte Mark Twain, »ist so groß wie der zwischen einem Blitz und einem Glühwürmchen.« Wie wahr! Ergo: Wer Sprache blitzen lassen will, braucht einen großen Wortschatz, mindestens ein gutes Synonymwörterbuch. Am besten beides.

Hier haben Sie Gelegenheit zu einer Stichprobe. Wie viele Wörter für die Tätigkeit *schreiben* fallen Ihnen in den nächsten zwei Minuten ein, ohne daß Sie ein Wörterbuch befragen? Schauen Sie auf die Uhr. Bringen Sie es auf mehr als 20, dürfen Sie sicher sein, daß Sie einen weit größeren Wortschatz haben als andere Zeitgenossen.

249 Auf Fremdwörter schimpft so mancher. Doch statt sich über sie zu ärgern, kann man sie sich auch zu eigen machen. Die zwölf Fremdwörter, nach denen hier gefragt wird, haben Sie bestimmt schon oft gelesen und gehört; alle Lösungswörter beginnen mit *prä-* (lat. *prae* = vor) oder *pro-* (lat./griech. *pro* = vor, für, voran). Damit es leichter wird, sind Buchstabenzahl und letzter Buchstabe vorgegeben.

a) Doktorexamen	P.......n
b) fortschrittlich	p........v
c) Fürsorge/Bevorzugung	P........n
d) Fürwort	P......n
e) Voraussage	P......e
	P..........g
f) Voraussetzung	P......e
g) vorherbestimmt	p...........t
h) vorbeugend	p............h
i) vorgeburtlich	p......l
j) vorgeschichtlich	p...........h
k) Vorsilbe	P....x
l) Vorsitzender	P.......t

248 Was jetzt kommt, ist bei weitem nicht vollständig. Es soll nur andeuten, wie viele verschiedene Gesichter ein einziges Wort haben kann.

- stenographieren, tippen, maschineschreiben, daktylographieren, eingeben, einspeisen
- schönschreiben, malen, pinseln, schreiben wie gestochen/wie gedruckt
- kritzeln, krakeln, schmieren, klieren, sudeln, klauen, hinhauen, herunterhauen, ins unreine schreiben
- abschreiben, abmalen, ins reine schreiben
- entwerfen, konzipieren, aufsetzen, abfassen, ausarbeiten, verfassen, niederschreiben, texten, dichten
- beschreiben, darstellen, schildern, erzählen, berichten, mitteilen, einen Stiefel zusammenschreiben
- benachrichtigen, übermitteln, verständigen, informieren, telegraphieren, fernschreiben, faxen
- kopieren, plagiieren, nachahmen, übernehmen
- aufschreiben, notieren, festhalten, schriftlich fixieren, protokollieren, registrieren, aufnehmen, aufzeichnen
- unterschreiben, unterzeichnen, gegenzeichnen, sich verewigen, seinen Friedrich Wilhelm druntersetzen
- in den Rauch schreiben, sich hinter die Ohren schreiben, eine kräftige Handschrift schreiben

249

a Promotion
b progressiv
c Protektion
d Pronomen
e Prognose, Prophezeiung
f Prämisse
g prädestiniert
h prophylaktisch
i pränatal
j prähistorisch
k Präfix
l Präsident

Auch wenn Sie nur auf die Hälfte der Lösungswörter gekommen sind, ist das ein gutes Zeichen: Der aktive Wortschatz ist immer geringer als der passive. Und bei Fremdwörtern kommt es allein auf den passiven Wortschatz an, nur darauf, daß man sie versteht. Ausdrücken kann man das meiste genausogut auf deutsch.

250 Der deutschen Verneinungsvorsilbe *un-* entspricht in Fremdwörtern aus dem Lateinischen das Negationspräfix *in-*: Wer *un*duldsam ist, ist *in*tolerant. Doch manchmal heißt das verneinende Präfix auch *im-*, *il-* oder *ir-*. Kennen Sie sich aus? Dann bilden Sie schnell die Gegenwörter von:

a) legitim
b) reparabel
c) stabil
d) permeabel
e) mobil
f) akzeptabel
g) deklinabel
h) diskret
i) flexibel
j) rational
k) reversibel
l) liberal

251 Nach der leichten Frage nun die vertrackte nach dem Warum: Wovon hängt es ab, ob Fremdwörter lateinischer Herkunft mit *il-*, *im-*, *in-* oder *ir-* verneint werden?

252 ›Streckformen‹ oder ›Funktionsverbgefüge‹ nennt der Grammatiker Wendungen wie *in Erwägung ziehen*, denen wie einem ausgeleierten Gummiband die Spannkraft fehlt. Das sinnentleerte Funktionsverb (hier: *ziehen*) hat nur noch eine grammatische Funktion, nämlich etwas über die Person zu sagen *(ziehe, ziehst)*, über ihre Zahl *(zieht, ziehen)* und über die Zeit *(ziehen, zog, gezogen)*. Frischer und natürlicher als solche Streckformen wirken Verben und Wendungen, die man sich noch ins Bild umsetzen kann: *überlegen, daran denken, ins Auge fassen, sich durch den Kopf gehen lassen.*
Wie könnte man sagen für:

a) 2 Prozent Skonto *in Abzug bringen*
b) Fahrtkosten *in Anrechnung bringen*
c) einen Kollegen als Nachfolger *in Vorschlag bringen*
d) Erinnerungen *zu Papier bringen*
e) ein Gerücht *in Umlauf bringen*
f) ein Gedicht einem Auditorium *zu Gehör bringen*
g) seinen Unmut *zum Ausdruck bringen*
h) ihren Aufenthaltsort *in Erfahrung bringen*

250 Das war nicht weiter schwer; die Gegenwörter sind mindestens so gebräuchlich wie die Basiswörter:

a *il*legitim
b *ir*reparabel
c *in*stabil
d *im*permeabel
e *im*mobil
f *in*akzeptabel
g *in*deklinabel
h *in*diskret
i *in*flexibel
j *ir*rational
k *ir*reversibel
l *il*liberal

251 Vom ersten Buchstaben des Basisworts. *in-* wird vor *m* und *p* zu *im-*, vor *l* zu *il-* und vor *r* zu *ir-*. Das war schon bei den alten Römern so, sie haben sich auf diese Weise die Wörter besser sprechbar gemacht. *Assimilation* nennt man die Lautangleichung, ein Wort, das selbst durch *Assimilation* entstanden ist. Es steckt darin die lateinische Vorsilbe *ad-* und das lateinische Adjektiv *similis* (= ähnlich), das uns auch im *Simulanten* und im *Faksimile* begegnet. Aus *ad* + *simulatio* wurde durch Lautangleichung *assimilatio* und daraus die *Assimilation* (eigentlich: »Ähnlichmachung«).

252 Wenn Sie genau hinhören, merken Sie, daß sich eine Streckform nicht jedesmal durch das entsprechende Verb ersetzen läßt. Wer etwas in Erwägung zieht, braucht dazu oft länger und zerbricht sich gründlicher den Kopf, als wenn er es nur erwägt: *in Erwägung ziehen* kann auch heißen ›sorgfältig prüfen‹.

Was jetzt kommt, soll nur Anhaltspunkt sein. Vielleicht sind Ihnen noch besser passende Austauschverben eingefallen?

a 2 Prozent Skonto *abziehen*
b Fahrtkosten *anrechnen*
c einen Kollegen als Nachfolger *vorschlagen*
d Erinnerungen *aufschreiben, niederschreiben*
e ein Gerücht *verbreiten*
f ein Gedicht *rezitieren, vortragen*
g seinen Unmut *äußern, erkennen lassen*
h *herausfinden, wo sie wohnt*

253 Angenommen, Sie haben einen Wiener Kollegen, der immer wieder *das Prospekt* statt *der Prospekt* sagt. Dann haben Sie drei Möglichkeiten: Sie können darüber hinweghören, das wäre taktvoll; Sie können ihn *auf den Austriazismus aufmerksam machen*, das wäre korrekt, steif und sehr schriftsprachlich; Sie können ihm aber auch das, was in deutschem Deutsch als *Patzer* gilt, *unter die Nase reiben* – das wäre unverblümt und umgangssprachlich, aber dafür anschaulich. Umgangssprache ist immer anschaulicher als das sogenannte gute Deutsch. Redensartliches ist Teil der Umgangssprache und sorgt im Text für frischen Wind.

Auffallend viele Redensarten kreisen um die Nase. Überlegen Sie mal, was ein *Mensch, der die Nase mitten im Gesicht hat*, also ein ganz normaler Mensch, mit der Nase alles anfangen kann. Fallen Ihnen in zwei Minuten zehn Redensarten ein?

254 Eine kleine Wortschatzübung: Suchen Sie für die zehn Wörter, die alle auf *-geben* enden und mit *geben* so gut wie nichts mehr zu tun haben, je drei Austauschwörter; das jeweils letzte sollte einen umgangssprachlichen Touch haben. Als Beispiel:

abgeben: *abtreten*, *überlassen*, *rausrücken*

Sehen Sie auf die Uhr. Sie haben zehn Minuten Zeit. Auf »Los!« geht' s los. Papier und Kugelschreiber liegen bereit? Also dann: Los!

a) achtgeben
b) angeben
c) aufgeben
d) ausgeben
e) (sich) ergeben
f) nachgeben
g) (sich) übergeben
h) vergeben
i) vorgeben
j) zugeben

253 Sind es mehr, so sind Sie anderen um die berühmte Nasenlänge voraus:

Der Mensch kann beispielsweise

- naseweis sein und die Nase vorn haben
- sie in alles stecken, sogar in dieses Buch
- sie hochtragen, rümpfen oder hängenlassen
- auf die Nase fallen oder auf der Nase liegen
- sich die Nase begießen oder an die eigene fassen
- jemanden etwas an der Nase ansehen oder auf die Nase binden
- ihm die Würmer aus der Nase ziehen oder eins auf die Nase geben
- ihm das letzte Brot vor der Nase wegschnappen oder die Tür vor der Nase zuschlagen
- ihn an der Nase herumführen oder ihm auf derselben herumtanzen
- die Nase in alle Töpfe stecken oder sich eine goldene Nase verdienen
- und schließlich von all dem die Nase gestrichen voll haben

254 Nun, die zehn Minuten sind sicher noch nicht um – oder? Und gewiß sieht Ihre Liste anders aus als meine. Das läßt sich nicht vermeiden. Es gibt viel mehr Austauschwörter, als Sie und ich zusammengestellt haben, doch jedes deckt nur einen Teil vom Bedeutungsspektrum des Basiswortes ab:

a scharf beobachten, aufpassen, ganz Auge und Ohr sein
b erwähnen, prahlen, sich dicke tun
c kapitulieren, resignieren, abblasen
d zahlen, investieren, die Mäuse verjubeln
e resultieren, den Widerstand aufgeben, sich nicht mehr mucksen
f einlenken, Zugeständnisse machen, sich rumkriegen lassen
g aushändigen, erbrechen, die Fische füttern
h übertragen, verzeihen, Gnade vor Recht ergehen lassen
i Anhaltspunkte nennen, vorschützen, türken
j beimischen, eingestehen, mit der Sprache herausrücken

255 Gefragt wird hier nach zehn Austauschwörtern, die alle etwas Gemeinsames haben – was, wird nicht verraten. Spätestens bei d) kommen Sie von selbst drauf, von da an geht's wie am Schnürchen:

a) Distanz
b) Takt, Höflichkeit
c) Rebellion
d) Vorrat
e) Umtrunk zum Dienstantritt
f) Faktor, Tatsache
g) Schutzhütte
h) Intellekt
i) Führungsgremium
j) Beschaffenheit, Befinden

256 Eine niederländische Firma lädt deutsche Journalisten zu einer Messe-Pressekonferenz mit anschließendem Imbiß ein. Die Einladung schließt mit den Worten:

> »Beim Drink und Canapé können Sie mit unserer Geschäftsleitung und den Produktmanagern Ihre speziellen Fragen diskutieren. Sagen Sie JA auf der beigefügten Antwortkarte!«

Die Aufforderung am Schluß ist bester Werbebriefstil. Aber *beim Drink und Canapé*? Hätte es nicht heißen müssen: *beim Drink und auf dem Canapé*?

257 Aus einem Mitarbeiterbrief über einen Verlagsneubau:

> »Das vierte Obergeschoß ist wieder für Redaktionen und Anzeigenabteilungen vorgesehen. Großer und kleiner Konferenzraum, Verlagsleitung und Sekretariate finden hier Unterschlupf.«

Bildhafte Ausdrucksweise ist sehr empfehlenswert – aber?

258 Aus einem Prospekt eines süddeutschen Küchenherstellers:

> »Sauerkraut, Entenbraten, Pommes frites und Kabeljau sollen nicht im ganzen Haus, sondern auf der Zunge schmecken.«

Das stimmt nur halb. Wieso?

255 Sie werden es schnell gemerkt haben: Alle zehn gesuchten Wörter sind aus Präfixen (wie *be-*, *ent-*, *ver-*) oder Halbpräfixen (wie *ab-*, *auf-*, *unter-*) und *-stand* zusammengesetzt:

a	Abstand	f	Umstand
b	Anstand	g	Unterstand
c	Aufstand	h	Verstand
d	Bestand	i	Vorstand
e	Einstand	j	Zustand

256 Nein, auf den Scherz werden Sie nicht hereingefallen sein. Sie wissen natürlich, daß mit *Canapé* außer Uromas rotem Plüschsofa auch ein pikant belegtes Weißbrotscheibchen gemeint sein kann.

Trotzdem: Vermeiden Sie, wo es nicht um gewollte Wortspiele geht, Wörter mit sehr verschiedenen Bedeutungen. Wer eindeutig formuliert, wird schneller verstanden:

Bei Drinks und einem kleinen Imbiß ...

257 ... aber das Bild sollte stimmen. *Unterschlupf* meint eine Zuflucht, einen Ort, an dem man sich vorübergehend verbirgt. Ein Küken findet Unterschlupf unter den Flügeln einer Henne, ein Flüchtling vielleicht Unterschlupf auf einem Bauernhof für eine Nacht. Redaktionen, Anzeigenabteilungen, Verlagsleitung und Sekretariate suchen keinen Unterschlupf; sie *finden* im vierten Obergeschoß *ihre Räume* oder *werden* dort *untergebracht*.

258 Weil *schmecken* und *riechen* heute für die meisten von uns zweierlei ist.

Früher war das anders. Das mittelhochdeutsche *smecken* bedeutete »kosten«, »riechen«, »duften«. Das Süddeutsche hat die alte, umfassende Bedeutung bewahrt. Schwaben schmecken heute noch mit der Nase; sie schmecken auch den berühmten Braten, den man weiter nördlich riecht. Leberwurst, die in Stuttgart ein *Gschmäckle* hat, duftet genauso lieblich, als hätte sie in Berlin einen Stich.

259 Dank der Städtepartnerschaft zwischen Nürnberg und Krakau durfte sich im Sommer 1988 eine polnische Jugendgruppe an einem Rockkonzert in Nürnberg beteiligen. Über die letzte Viertelstunde vor der Heimreise der jungen Polen heißt es in einem Bericht:

> »Die letzten Geschenke wurden ausgetauscht, die letzten Gruppenfotos geschossen, viele herzliche Umarmungen gab's und hier und dort auch ein paar Tränen.
> Die unermüdlichen Musikanten packten noch einmal ihre Instrumente aus, um vor dem Bus ein letztes Mal Gäste und Gastgeber mit ihrer Musik zu erfreuen und den Abschied noch schwerer zu machen.«

Das ist hübsch gesagt. Nur logisch ist es nicht. Wieso nicht?

260 Der Bericht über den Besuch aus Polen schließt so:

> »Am erfolgreichen Verlauf dieser Begegnungsmaßnahme waren ...«

Und dann wird aufgezählt, wer alles beteiligt war und wem wofür zu danken ist. *Begegnungsmaßnahme* – aus welcher Sprache stammt das Wort?

261 Der Notmütterdienst hat es sich zur Aufgabe gemacht, in Familien einzuspringen, wo die Mutter vorübergehend fehlt. *Notmutter* – kürzer und treffender kann man die Familienpflegerin nicht nennen. Nun heißt es aber in einem Aufruf des Notmütterdienstes:

> »Wer – wo auch immer – eine Notmutter benötigt, wende sich an ...«

... eine Notmutter benötigt – daß da nicht der Drucker gestreikt hat! Für *benötigen* gibt es ein schlichteres Wort – welches?

262 Ein Hamburger Verlag bietet seine Publikumszeitschriften Mitarbeitern anderer Verlage zu ermäßigtem Preis an, mit sogenanntem Kollegenrabatt. Er verschickt Bestellisten, in die man sich aber nur bei Erstbestellung eintragen soll:

> »Bestehende Abonnements werden weitergeliefert«,

heißt es in dem Werbeangebot. – Geht das überhaupt?

259 Weil die jungen Polen gewiß nicht ein letztes Mal aufgespielt haben, *um den Abschied noch schwerer zu machen*. Gemeint ist: *was den Abschied noch schwerer machte*.

Dennoch sind solche unlogischen *um zu*-Konstruktionen vertretbar; sie sind eine Stilfigur des Fatalismus, drücken Resignation, zumindest Wehmut aus. Wir benutzen sie, um eine ungewollte Folge anzudeuten, oft eine Ironie des Schicksals.

260 Aus der Sprache der verwalteten Welt, es duftet unverkennbar nach behördlicher Lenkung. Ohne *-maßnahme* wird das Wort menschlicher: *Begegnung*. Doch *Begegnungen* haben schon die Sportler für sich gepachtet. Ich würde hier schlicht von einem *Treffen* sprechen.

261 *brauchen*. »Ein Texter, in dessen Wortschatz das Wort *benötigen* existiert, hat die Sprache noch nicht im Griff.« Die kühne Behauptung stammt – zu meiner Schande sei's gestanden – von mir. Ich habe diese Jugendsünde gerade in einem uralten Aufsatz entdeckt. Damals, als ich ihn verbrach, wußte ich noch nicht, daß einer, der etwas benötigt, statt es zu brauchen, sich sogar auf Bert Brecht berufen kann:

> Ich *benötige* keinen Grabstein, aber
> Wenn ihr einen für mich *benötigt*
> Wünschte ich, es stünde drauf:
> Er hat Vorschläge gemacht. Wir
> Haben sie angenommen.
> Durch eine solche Inschrift wären
> Wir alle geehrt.

Jetzt frage ich mich: War Brecht von allen guten Geistern verlassen? Oder hat *benötigen* gar nicht den amtlich-gespreizten Unterton, der mir das Wort verleidet? Wie dem auch sei: *brauchen* ist kürzer und schon deshalb für Werbetexte besser geeignet.

262 Nein. Zeitschriftenabonnements kann man *aufgeben, bezahlen, erneuern, verlängern, kündigen, widerrufen* – liefern kann man sie nicht. Liefern kann man die Zeitschriften.

263 Ein Anlagenvermittler aus Essen beginnt seinen Werbebrief so:

> »Die Möglichkeit, durch Eingehen einer Kommanditbeteiligung Steuern zu sparen, ist Ihnen sicher nicht unbekannt. Aber vielleicht fehlte Ihnen bisher die Zeit ...«

Und dann heißt es:

> »Mit diesem Schreiben gebe ich Ihnen Gelegenheit, sich über die ungeahnten Vorteile zu informieren, die Ihnen eine Kommanditgesellschaft bieten kann.«

Es folgt ein Zahlenbeispiel, das auf einem zu versteuernden Jahreseinkommen von 150 000 Mark beruht. Würden Sie Leuten, denen Sie ein solches Einkommen als Beispiel präsentieren, auch mitteilen, daß sie von einer Kommanditbeteiligung keine Ahnung haben? Wodurch könnte man das marktschreierische und hier sehr unpassende Attribut *ungeahnt* (ungeahnte Vorteile) ersetzen?

264 Ein Catering-Service, der Betriebe, Verwaltungen, Krankenhäuser, Kinderheime und andere Institutionen mit Tiefkühlmenüs versorgt, wirbt mit appetitlich bebilderten Prospekten in jämmerlichem Deutsch:

> »Wir verbessern die Verpflegung in dem wir die Kantine und alles was dazugehört, transparent machen.«

Wie viele Fehler enthält dieser eine Satz?

265 Was könnte mit dem Fünf-Fehler-Satz gemeint gewesen sein?

266 Im Sortiment der Champignon-Käserei gibt es einen Käse mit dem sonderbaren Namen *leicht und schmeckt*. Das ist kein Deutsch, und darauf möchte Peter J., Verleger in Gauting, den Käsefabrikanten aufmerksam machen. »Oder gibt es eine Regel«, fragt mich Peter J., »die das Koppeln eines Adjektivs *(leicht)* mit einem flektierten Verb *(schmeckt)* durch *und* gestattet?« Gibt es sie?

263 Man könnte beispielsweise von *beachtlichen* Vorteilen sprechen. Auch in der Werbung sind Untertreibungen manchmal wirkungsvoller als Übertreibungen.

264 Nicht weniger als fünf.

a) *indem* wird als Konjunktion zusammengeschrieben.

b) *indem* leitet einen Nebensatz ein, deshalb muß davor ein Komma stehen.

c) *alles was* wird durch Komma getrennt: *alles, was.*

d) *etwas transparent machen* – das hört man oft. Was kann man transparent machen? Arbeitsabläufe beispielsweise, mit grafischen oder tabellarischen Darstellungen. Eine dunkle Kantine kann man höchstens dadurch transparent machen, daß man das elektrische Licht einschaltet.

e) Die Verpflegung kann man verbessern, indem man bessere Zutaten verwendet und abwechslungsreicher und gesünder kocht, nicht aber dadurch, daß man die Kantine transparent macht.

265 Vielleicht dies:

Wir helfen Ihnen schon bei der Planung der Kantinenbewirtschaftung, von der Ist- bis zur Ablaufanalyse.
Wir nehmen Ihnen auch die Planung der Mahlzeiten ab.
Geplant verpflegen heißt besser verpflegen. Und gut verpflegte Mitarbeiter sind zufriedene Mitarbeiter.

266 Nein, so durchgeregelt, wie viele meinen, ist unsere Sprache nicht; ihre oberste Richtschnur ist ein ungeschriebenes Gesetz, der Sprachgebrauch. Ihm widerspricht der Name *leicht und schmeckt.* Das würde er nicht bei Koppelung zweier Adjektive *(leicht und gut/zart/mild)* oder bei Umformung in einen kurzen Satz, der nicht vollständig sein muß: ... *ist leicht und schmeckt.*
Natürlich hat ein Hersteller das Recht, seine Ware nach eigenem Gusto ohne Rücksicht auf das Sprachübliche zu benennen – genauso wie der Verbraucher das Recht hat, nicht jeden Käse zu schlucken.

267 Mir fällt gerade ein alter Reiseprospekt von 1971 in die Hände, in dem Scharnow das Schiff »Regina Maris« als schwimmendes Hotel vorstellt: fünf Jahre jung, 117 Meter lang und 16 Meter breit. *fünf Jahre jung* – der Gag war, gelinde gesagt, schon vor zwanzig Jahren nicht mehr neu. Auf der anderen Seite sind fünf Jahre für ein Schiff wirklich kein Alter. Aber warum sagt man dann gemeinhin *fünf Jahre alt*?

268 »Wir sind die Bank in Ihrer Nachbarschaft – unsere Zweigstelle liegt am Charlottenplatz.«

So beginnt ein Werbebrief der Stuttgarter Bank, der in den Hausbriefkästen ihrer Umgebung steckte. Ist das ein guter Briefanfang?

269 Ein Schiebekalender – 14,5 x 5 Zentimeter groß, 6 Gramm schwer – wird von seinem Hersteller als *sympathisches Kontaktgeschenk* angepriesen. In einem Begleitbrief, der Fachzeitschriftenredakteuren den Kalender vorstellt, heißt es:

> »Seine Freifläche auf der Vorderseite ist für die Kommunikation bestimmt. Firmeneindruck erfolgt im Buchdruck. Dadurch wird der Schiebekalender zum beliebten Kontaktartikel.«

Also ein Werbepräsent, auf dem sich der holde Spender in Druckbuchstaben verewigen kann. Halten Sie die Verwendung des Wortes *Kommunikation* hier für vertretbar?

270 Aus einer Benachrichtigung, mit der die Stuttgarter Straßenbahnen AG ihre nächtlichen Ruhestörungen anzukündigen pflegen:

> »Wir bitten um Ihr Verständnis, wenn es in den nächsten Tagen während der Nachtstunden aufgrund dringend notwendiger Gleisunterhaltungsarbeiten etwas geräuschvoller als sonst zugehen sollte.«

Für die Anwohner, die sich nachts schlaflos in ihren Betten von einer Seite auf die andere wälzen, gibt es wahrscheinlich angenehmere Formen der Unterhaltung als die Gleisunterhaltung. Was könnte man für *Gleisunterhaltungsarbeiten* sagen?

267 Darauf wird wohl keiner eine zuverlässige Antwort wissen. Wir können uns nur klarmachen, welch große Rolle die Analogie in der Sprache spielt. Es gibt so etwas wie der Sprache inhärente Muster, von denen abzuweichen überlegt sein will: Schon Babys sind wenige Tage oder Wochen *alt* (nicht jung), etwa 60 Zentimeter *groß* (nicht klein), wenige Pfund *schwer* (nicht leicht). Eine Broschüre ist zehn oder zwanzig Seiten *stark* (nicht schwach), und selbst ein Haarriß ist Bruchteile von Millimetern *breit* (nicht schmal).

Mit anderen Worten: Bei Maßangaben orientieren wir uns immer an der höheren Dimension.

268 Nein, das ist sogar ein sehr guter! *Nachbarschaft* assoziiert leichte Erreichbarkeit, Bequemlichkeit, Vertrautsein, Hilfsbereitschaft. Auch wenn das Wort *Nachbarschaft* im Bankgewerbe heute keine Ausnahme mehr ist – es strahlt noch immer Positives aus.

269 Meine Meinung: *Kommunikation* ist weder gleichbedeutend mit *Firmensignet* noch mit *Reklame*. Das Wort *Kommunikation*, bloß weil es gängig ist, für jede Lappalie zu benutzen, dazu sollte es uns zu schade sein. Wir brauchen es für Wichtigeres. Wertbegriffe lassen sich schneller verwirtschaften als durch neue ersetzen.

270 *Gleisinstandhaltungsarbeiten*. Aber man muß nicht hyperkorrekt sein. *Gleisarbeiten* ist kürzer und deutlich genug.

Kleiner Tip: Bei drei- und mehrgliedrigen Komposita sollten Sie überlegen, ob das Mittelstück nicht entbehrlich ist. Im Lauf der Zeit machen wir uns viele längere Wörter dadurch mundgerecht, daß wir das Mittelstück auswerfen. So ist die *Kirschblüte* eigentlich eine *Kirschbaumblüte*, der *Personenwagen* ein *Personenkraftwagen*, der *Atomsperrvertrag* ein *Atomwaffensperrvertrag* und die *Gesundheitsreform* bestenfalls eine *Gesundheitskostenreform*.

271 Ein »Juristischer Pressedienst« aus München empfiehlt sich auf einer Produktkarte mit der Behauptung:

> »Stoff gibt es genug – aber richtig zugeschneidert muß er sein.«

Woraus man folgern kann, daß Maßschneiderei nicht das Metier von Juristen ist. Denn sonst hätten sie gewußt, daß Schneider ...?

272 Die Anzeigenabteilung eines großen Zeitungshauses rät der inserierenden Wirtschaft und ihren Agenturen:

> »Unter dem Titel ›Spezialitäten-Restaurants‹ werden die Stuttgarter Zeitung und die Stuttgarter Nachrichten am ... eine Sonderveröffentlichung publizieren, die Sie gleich heute noch für Ihre Werbung nutzen sollten.«

Darin ist etwas doppelt gemoppelt. Wieso?

273 Als es am 8. 8. 88 zwischen Iran und Irak endlich zu ersten Verhandlungen über die Beendigung des Golfkriegs kam, fragte der Moderator der »Tagesthemen« den Washingtoner ARD-Korrespondenten nach dem Stand der Dinge. Antwort: Zunächst gehe es um die schwer zu lösende Kriegsschuldfrage. Warum denn die so wichtig sei? Weil, so verlautete aus Washington, zahlen müsse, wer schuld hat. Und dann nach kurzer Pause: »Ich glaube, das nennt man Reputationen.«
Kleiner Irrtum. Wie nennt man das?

274 Sprachliche und rhetorische Ungeschicklichkeiten können zum Sturz aus höchsten Ämtern führen. Die Rede, die Philipp Jenninger 50 Jahre nach der Reichskristallnacht hielt, stieß auf so heftige Kritik, daß er als Bundestagspräsident zurücktreten mußte. AP meldete am 11. November 1988:

> »Die umstrittene Rede von Bundestagspräsident Jenninger auf der Bonner Gedenkfeier zu den Judenprogromen vor 50 Jahren hat auch unter Kulturschaffenden und Wissenschaftlern zu lebhaften Diskussionen geführt. Einig waren sich Schriftsteller, Historiker und Politologen ... «

Darin steckt ein Wort, das es überhaupt nicht gibt. Welches?

271 ... ihre Stoffe nicht zuschneidern, sondern zuschneiden. Also:

... *aber richtig zugeschnitten muß er sein.*

272 Nein, *gleich heute noch* ist nicht gemeint, denn das sagt ja drängend dreimal das gleiche: *gleich, gleich heute* und *heute noch.*

Die Tautologie steckt weiter oben: Eine Sonderveröffentlichung kann man nicht gut publizieren, denn das hieße eine Veröffentlichung veröffentlichen. Was schlagen Sie vor? *Supplement* oder *Special* für ›Sonderveröffentlichung‹? Damit wären Sie up to date, aber nicht unbedingt verständlich. Schon besser, Sie sagen es deutsch:

> Unter dem Titel »Spezialitäten-Restaurants« *bringen* die Stuttgarter Zeitung und die Stuttgarter Nachrichten einen *Sonderteil*, den Sie ...

273 Zahlungen zur Wiedergutmachung von Kriegsschäden heißen *Reparationen*. Verwandt damit sind *Reparatur, reparieren, reparabel.*

»Reputationen« gibt es nicht. Das gravitätische Wort für ›Ansehen‹, ›guter Ruf‹ existiert nur als Singular: *Reputation.*

274 »Judenprogrome«. Die grausamen Ausschreitungen, die zahllose unschuldige Menschen in den Tod trieben, waren *Judenpogrome*, ohne *r*. Mit *r* läßt sich das Wort besser sprechen, wahrscheinlich wird es deshalb so oft falsch gebraucht. Aber *der* oder *das Pogrom* hat nichts mit dem lateinischen Präfix *pro-* (= ›vor‹, ›voran‹, ›für‹ in Wörtern wie *Progreß, Prognose, pro forma*) zu tun. Das Wort kommt aus dem Russischen. *pogrom*, eigentlich ›Verwüstung‹, meinte im zaristischen Rußland eine meist von staatlichen Stellen initiierte Judenverfolgung; im 20. Jahrhundert erweiterte sich die Bedeutung. Heute werden allgemein Ausschreitungen gegen nationale, religiöse oder rassische Minderheiten als *Pogrome* bezeichnet.

275 Ein Verlag mit Druckerei bietet Agenturen Bücher aus eigener Produktion als Werbemittel an mit dem Anreiz, den Schutzumschlag durch besonderen Aufdruck zu »individualisieren«. Am Schluß seines Angebots faßt der Verlag das Wichtigste zusammen, und zwar unter der Überschrift:

Ihre wesentlichen Nutzen

Darf man von *Nutzen* einen Plural bilden?

276 Wenn Sie andere Leute darauf aufmerksam machen wollen, daß Sie vielerlei Nützliches zu bieten haben, dann würden Sie sicher nicht *Ihr wesentlicher Nutzen* darüberschreiben, sondern das vielerlei Nützliche quasi in den Plural setzen. Wie würde der lauten?

277 Gesetzt den Fall, Sie arbeiten an einem Prospekt über Hobby-Urlaub, der auch Kurse im Segelfliegen anbietet. Plötzlich zögern Sie. Ihnen ist völlig entfallen, wie man *segelfliegen* konjugiert. Oder wissen Sie es noch?

a) ich segelfliege, du segelfliegst ...
b) ich fliege segel, du fliegst segel ...
c) ich fliege Segel, du fliegst Segel ...
d) ich bin Segelflieger, sitze in meinem Vogel und ...

278 Zuerst sei es ihm in Sportberichten aufgefallen, erzählt mir Werbeberater Günter K. aus Flensburg. Da heiße es öfter von einem Spieler, *er habe das Spiel* (und nicht mehr: *im Spiel) dominiert*. Jetzt habe er, K., die gleiche Verwendungsweise auch in einem Fachzeitschriftenartikel entdeckt, in dem es unter anderem darum gehe, daß junge Menschen viel Geld in Erlebnisse investierten, die Ältere als flüchtig ansähen. Wörtlich:

»Der Erlebnis-Bezug *dominiert die* materiellen *Einsätze*, er übertrifft sie vor allem an Wert.«

etwas dominieren – ist das richtiges Deutsch?

275 In der Schule haben wir alle mal gelernt, daß Abstrakta wie *Friede, Geduld, Furcht, Gunst* keinen Plural bilden. Aber hier ist vieles in Bewegung geraten. Wir sprechen heute von *Bewußtseinsinhalten, Versicherungsdauern, verschiedenen Umwelten*, und seit 1973 bietet der Duden unserer pluralistischen Gesellschaft sogar die Zukunft im Plural an: *Zukünfte*. Doch den *Nutzen* gibt es nur im Singular.

276 *Die für Sie wichtigsten Vorteile:*

277 An einem zusammengesetzten Verb wie *segelfliegen* merkt man, daß unsere Sprache Löcher hat wie ein Emmentaler Käse. Von *segelfliegen* ist allein der Infinitiv gebräuchlich: *er will segelfliegen*. Von *drachenfliegen* verzeichnen unsere großen Wörterbücher den Infinitiv sogar nur als Substantiv: *das Drachenfliegen*.

Trotzdem sollten wir ruhig den Mut haben, das Konjugieren zu probieren, vielleicht zuerst im Nebensatz: *Wer selbst segelfliegt ...*; *Wenn Sie segelfliegend den ganzen Büroärger vergessen ...*; *Wer einmal im Leben segelgeflogen ist ...*

Das klingt ungewohnt, ist aber gerechtfertigt, denn wir brauchen solche Formen ja.

278 Ja. Früher gebrauchte man *dominieren* wie ›vorherrschen‹ nur intransitiv: *Rot dominiert.* Seit gut zehn Jahren wird *dominieren* wie ›beherrschen‹ auch transitiv verwendet: *Rot dominiert alle anderen Farben.*

Wörter bleiben nicht stehen, im Lauf der Zeit ändern sich ihre Bedeutung und ihre Gebrauchsweisen. Daß ein intransitives Verb plötzlich auch transitiv gebraucht wird, ist gar nicht so selten. Denken Sie an *starten*. Früher *startete eine Maschine*. Heute *startet* nicht nur *der Pilot die Maschine*, sondern auch – beispielsweise – *die Volkshochschule einen Kurs* in Emailmalerei.

279 Prokurist Sauerbier schüttelt verärgert den Kopf. Er liest gerade in einem Bericht:

> »Wir bewerben diesen Artikel auch in Fachzeitschriften und Magazinen ...«

»Nicht mal Deutsch können diese Werbefritzen!« empört sich Sauerbier. Ihm ist der Ausdruck *einen Artikel bewerben* fremd. Darf man so überhaupt sagen?

280 Im Carl Hanser Verlag ist 1989 der Roman »Die Besessenen« von Witold Gombrowicz erschienen, eine Übersetzung aus dem Polnischen. Darin kommt ein Gelddiebstahl vor. Wo das Geld versteckt war, hatte der Dieb aus einem heimlich während einer Bahnfahrt gelesenen Brief erfahren. Als er später von der Bestohlenen zur Rede gestellt wird, antwortet er:

> »Während Sie im Waggon schliefen, habe ich den Brief aus Ihrem Mantel gezogen und gelesen.«

Hier ist dem deutschen Übersetzer ein falsches Wort in die Quere gekommen. Welches?

281 Ein Fachverlag lädt ein zu einem Seminar »Die finanzielle Führung im Unternehmen«. Die Einladung schließt mit der drängenden Aufforderung:

> »Verschicken Sie Ihre Anmeldung noch heute, sichern Sie sich Ihren Platz.«

Verschicken kann man Kranke zur Kur und Kinder aufs Land. Und was noch?

282 »Die verkleinert abgedruckten Beurteilungsbögen des letzten Seminars geben Ihnen eine Vorstellung über dessen Qualität und Nutzen«,

steht in der soeben erwähnten Seminareinladung aus Zürich (wo Bogen *Bögen* heißen). Und ein Geschenkartikelversender aus Schwyz schließt sein Angebot mit dem Hinweis:

> »Lieferfrist: unter Umständen mehrere Wochen. Bitte erkundigen Sie sich über den Liefertermin.«

In beiden Textstellen steckt das gleiche falsche Wort – welches? Und wie wäre es richtig?

279 Ja. Bei vielen mit *be-* anfangenden Verben macht das Präfix kenntlich, daß irgend etwas mit etwas anderem versehen oder ausgestattet wird. Schuhe werden *besohlt* (= mit Sohlen versehen), Frühbeete *bepflanzt*, Fragen *beantwortet.* Nach diesem Muster haben sich die Fachsprachen viele neue Wörter geschaffen, die den Sachverhalt kurz und klar bezeichnen. Kreuzungen werden *beampelt*, Parkplätze *beuhrt*, Briefe maschinell *beanschriftet* und Konsumgüter von der Werbung *betextet* und *beworben.*

Doch in einem hat Prokurist Sauerbier recht: *einen Artikel bewerben* klingt für jeden, der kein Werbefachmann ist, befremdlich. Wer auch außerhalb seines Fachgebiets verstanden werden will, sollte sich allgemeinsprachlich ausdrücken:

> Wir *werben für den Artikel* auch in Fachzeitschriften ...

280 Auch wenn der Schlafwagen französisch benamst *Wagon Lit* heißt – *Waggons* sind im Deutschen Güterwagen. Die Bahnreise im Roman hatte aber unter normalen Umständen im Personenzug stattgefunden. Also:

> Während Sie *im Zug/im Abteil/auf der Bahnfahrt* schliefen, habe ich ...

281 Verschicken kann man außer Waren beispielsweise Presseinformationen und Prospekte – immer im Plural und oft als Massendrucksache. Eine einzelne Anmeldung verschickt man nicht, die *schickt* man *ab.* Vorausgesetzt, für die Beförderung sorgt die Deutsche Bundespost und nicht die schweizerische PTT. In der Schweiz wundert sich niemand über die Aufforderung, eine einzelne Anmeldung schnell zu verschicken, da sagt man so. Und die Einladung zum Führungsseminar kommt aus Zürich.

282 Ja, *über* heißt die Kanaille. »eine Vorstellung über Qualität und Nutzen« ist korrekt eine *Vorstellung von ...*, und statt sich »über den Liefertermin zu erkundigen«, *erkundigt man sich nach ihm.* Oder aber man *zieht über ihn Erkundigungen* ein – doch so geschwollen reden wir nicht daher.

283 Für Wein vom Rhein wird immer wieder zur Weinprobe eingeladen. Ein Weingutbesitzer schlägt zwei Möglichkeiten vor:

> »Einmal können Sie mich, sollte Ihr Weg Sie in die alte Weinstadt Bingen führen, hier besuchen und in meinem Weinkeller nach Ihrem persönlichen Geschmack unter vielen Jahrgängen köstlicher Weine wählen, oder Sie senden mir den beiliegenden Weinprobe-Gutschein zurück. Dann …«

Schon mal was von zweigliedriger Konjunktion gehört? Daran hapert es bei vielen. Wenn von einem Bindewortpaar das eine Glied *einmal* heißt – wie heißt denn das andere?

284 »Mein ›Konzeptionelles Kursbuch (Grundlagen der kreativen Werbung)‹ wird auf Mitte Dezember erscheinen«, schrieb mir im Herbst 1988 der bekannte Werbefachmann Milo Schraner.

»Es überrascht mich, daß Sie auf Jahresende ausscheiden wollen«, schrieb mir zur gleichen Zeit ein Verleger.

Woher stammen wohl die beiden Briefe?

285 *Wie bewerbe ich mich für eine Lehrstelle?* ist ein Zeitungsartikel überschrieben, der Schulabgängern unter anderem humorvoll rät, sie brauchten sich für das Vorstellungsgespräch nicht mit Anzug und Krawatte zu verkleiden, sollten aber die Turnschuhe lieber im Schuhschrank lassen. Der Artikel schließt mit den Worten:

> »Natürlich ist die Beachtung dieser Tips keine Garantie für eine erfolgreiche Lehrstellenbewerbung, aber sie geben einmal einen Einblick über das, was ein für Lehrlingseinstellung zuständiger Personalleiter von seinen Bewerbern erwartet.«

Was hätte dem Korrektor auffallen müssen?

283 Auf keinen Fall heißt es *oder*, denn *oder* gehört zu *entweder*. Es heißt auch nicht *ebenso*, das wäre ebenso falsch. *einmal* sollte, wollte man den Dudenmachern glauben, mit *ein andermal* gekoppelt werden. *Einmal können Sie mich besuchen, ein andermal den Gutschein schicken* wäre aber mißverständlich, denn daraus könnte man statt einer Alternative auch ein zeitliches Nacheinander herauslesen. Manche koppeln *einmal* mit *zum anderen*, aber auch das stimmt nicht, denn *zum anderen* gehört – für alle, die's gern steif mögen – zu *zum einen*.

Zweigliedrige Konjunktionen haben es in sich. Sagen Sie lieber *erstens* und *zweitens*, dann werden Sie schneller verstanden.

Bei einer einfachen Alternative genügt übrigens oft ein schlichtes *oder*, das sich durch *aber* verstärken läßt:

> *Sie können* mich, sollte Ihr Weg Sie in die alte Weinstadt Bingen führen, hier besuchen ... *Oder aber Sie senden* mir den Weinprobe-Gutschein zurück. Dann ...

284 Aus der Schweiz, beide trugen den Poststempel *Zürich*. An den Präpositionen zeigt es sich:

Schweizer Bücher erscheinen *auf Mitte Dezember*, deutsche präpositionslos *Mitte Dezember*. Schweizer scheiden, so sie scheiden, *auf Jahresende* aus, Deutsche *zum Jahresende*. Das sind regionale Unterschiede im Sprachgebrauch, jenseits von falsch und richtig.

285 Daß der Autor zweimal die falsche Präposition erwischt hat. Tabellen geben wohl einen *Überblick über ...*, Verhaltensregeln aber allenfalls einen *Einblick in* die Erwartungen des Personalleiters.

Der andere Mißgriff steckt in der Überschrift. Man bewirbt sich nicht »für«, sondern *um* eine Lehrstelle.

286 Siemens macht in einer Presseinformation auf maschinelle Übersetzungssysteme aufmerksam. Der Information wird – bei Siemens ein dankenswerter Brauch – eine Kurzfassung vorausgeschickt, und die heißt gekürzt so:

> »Am Institut für Angewandte Sprachwissenschaft der Universität Hildesheim werden seit 1979 in einem achtsemestrigen Studiengang Diplom-Fachübersetzer ausgebildet. Kern der Ausbildung ist die Verzahnung zwischen sprachlichem und technischem Wissen; die Studierenden belegen daher nicht nur zwei Fremdsprachen, sondern gleichzeitig die Sachfächer Elektrotechnik, Maschinenbau und EDV-Anwendungen.«

Haben Sie die Schwachstelle entdeckt? Noch nicht? Dann setzen Sie sich mal das Wort *Verzahnung* ins Bild um.

287 Im Siemens-Text ist von *Studierenden* die Rede. Können Sie sich erklären, wieso es an deutschen Hochschulen von *Studierenden* nur so wimmelt, aber kaum noch *Studenten* gibt?

288 Aus einer personalisierten Werbung für American-Express-Karten:

> »Da ich Sie, sehr geehrter Herr H., zu einem Personenkreis zähle, den ich für die American Express Karte prädestiniert halte, kann ich Ihnen – Bonität vorausgesetzt – ein großzügiges Angebot unterbreiten.« Ein Wort fehlt. Welches und wo?

289 Die Zentralverwaltung einer bekannten Frankfurter Firma verschickte vier Wochen vor Weihnachten plakatgroße Adventskalender mit der Begründung:

> »Damit unser Weihnachtsgruß nicht buchstäblich unter der Menge der üblichen Festtagsgrüße untergeht, ließen wir uns den beigefügten Adventskalender einfallen.«

Der Satz enthält eine Wortkreuzung, Sprachwissenschaftler nennen das eine *Kontamination*. Erkennen Sie sie?

286 *Verzahnung* meint das Ineinandergreifen; zwei Teile können *miteinander* verzahnt sein – *zwischen* aber betont die Lücke, den Zwischenraum. Eine *Verzahnung zwischen zwei Wissensbereichen* ist kein geglücktes Bild. Besser:

... die Verzahnung *von* technischem und sprachlichem Wissen.

287 Das ist klar ein Erfolg emanzipationsbewußter Frauen, die darauf pochen, bei jeder Gelegenheit mitgenannt zu werden. Ist von *Studenten* die Rede, dann wollen sie als *Studentinnen* dabeisein. Doch die Schrägstrichlinguistik vom Typ *Studenten/-innen* zerdehnt die Sprache ins Unerträgliche. Und so hat man sich an den Universitäten auf die geschlechtsneutrale Notlösung *Studierende* geeinigt.

288 Vor *prädestiniert halte* fehlt *für*.
Halten kann man bekanntlich allerlei: Schritt, Abstand, Haustiere, Hochzeit, Vorlesung, Diät, ein Taschentuch in und ein Kind an der Hand, sich jung oder aufrecht oder für den lieben Gott und den Nachbarn für einen Ekel und mit dem Wagen genau vor seiner Einfahrt. Man kann auch einen anderen auf-, fest-, durch- oder unterhalten, doch raffiniert, ungeniert oder prädestiniert halten kann man ihn nicht, jedenfalls nicht im Einklang mit der deutschen Syntax. Korrekt wäre:

... den ich für die American-Express-Karte *für* prädestiniert halte.

Wer sich am zweimaligen *für* stört, könnte schreiben:

... den ich *für prädestiniert halte, die American-Express-Karte zu besitzen.*

289 Der Verfasser hatte den einen Ausdruck auf der Zunge, den anderen im Sinn, und was er niederschrieb, ist eine Kreuzung aus beidem: Wäre der Weihnachtsgruß nicht plakatgroß gewesen, hätte er *in der Menge* der Festtagsgrüße *untergehen* oder *sich unter den Festtagsgrüßen verlieren* können.

290 Ein »Haus der vielen Dienste für Druck und Direktmarketing« schickte aus Österreich Werbebriefe in die Bundesrepublik, die so begannen:

»Durch die ständig steigenden Herstellungskosten in der Bundesrepublik Deutschland sind Sie uns sicher dankbar, wenn wir Ihnen einen Preisvorteil bieten können.«

Abgesehen davon, daß ein solcher Briefanfang keine Glanzleistung ist – welches Wort darin ist völlig falsch?

291 Die Eröffnung einer Volksbank-Zweigstelle wurde in der Umgebung durch einen Werbebrief bekanntgegeben. Darin heißt es:

»Die Zweigstelle ist mit einem Tag-und-Nacht-Tresor ausgerüstet, der Ihre Ein- und Auszahlungen auch außerhalb der Schalterstunden sicher und problemlos werden läßt. Außerdem sind Postabholfächer eingerichtet, die ebenfalls zu jeder Tages- und Nachtzeit bedient werden können.«

Was halten Sie von ... *bedient werden können*?

292 Noch ein Wort zu den *Postabholfächern* (291). Narrensicher ist der Ausdruck nicht. Wer die Einrichtung nicht kennt, sieht dem Wort nicht an, daß hier nur die Bankpost und nicht auch der Geburtstagsglückwunsch von Tante Tine abgeholt werden kann. Wie hätte die Volksbank den letzten Satz deutlicher formulieren können?

293 »Angenommen, ein Mitarbeiter weiht, obwohl es im Firmeninteresse läge, niemanden in sein Fachgebiet ein, weil er die Situation genießt, einer der wenigen Wissenden zu sein. Wie beurteilen Sie«, fragte mich ein Werbeleiter, »dazu die Aussage eines Mitglieds der Geschäftsleitung, die wieder einmal Anlaß zu einer kleinen Kontroverse war:

Herr X will sich abhängig machen.«

Der Werbeleiter hält die Äußerung für falsch und hat damit recht. Frage an Sie: Warum ist die Charakterisierung falsch, und wie heißt das treffende Wort?

290 Das erste. *durch* nennt Mittel und Ursache und verknüpft unmittelbar. Die *steigenden Herstellungskosten* sind aber nicht die Ursache der vermuteten Dankbarkeit, die liegt eher im angebotenen Preisvorteil. *durch* ist in der Regel nur richtig, wenn man »Wodurch?« fragen kann. Man kann in Übereinstimmung mit dem Sprachgebrauch *durch Abwesenheit glänzen, durch Zufall etwas Wichtiges erfahren, durch Druck auf einen Knopf ein Geheimfach öffnen* – wodurch? »Wodurch sind Sie uns sicher dankbar?« Nein, so kann man nicht fragen. Fragen könnte man: »Weswegen sind Sie uns sicher dankbar?« Darauf wäre eine Antwort mit einer begründenden Präposition wie *wegen* oder *infolge* denkbar. Ich würde hier das nur locker verknüpfende, leichtfüßige *bei (= angesichts)* vorziehen:

Bei den ständig steigenden Herstellungskosten sind Sie uns sicher dankbar ...

291 Recht wenig, was? Denn bei allem Stolz auf technische Neuerungen sollten wir nicht vergessen, daß sie nicht dazu da sind, bedient, sondern dazu, benutzt zu werden.

292 Vielleicht so:

Außerdem sind *Schließfächer* eingerichtet, *damit Sie jederzeit – wenn Sie wollen, auch nachts – Ihre Bankpost abholen können.*

293 *sich abhängig machen wollen* ist ein Widerspruch in sich; denn *abhängig* hat den Beigeschmack des Passiven, Unfreiwilligen. Abhängig kann man sein (als Kind, als Behinderter, als nichtberufstätige Ehefrau) oder werden (als Drogenkonsument). *sich ... machen wollen* setzt dagegen freiwillige Aktivität voraus: *sich breit/bemerkbar/aus dem Staub machen wollen.* Wer sich abhängig machen will, gedenkt, einem Laster zu verfallen. Und das hat Geheimniskrämer X nicht vor. Gemeint ist:

Herr X will sich *unentbehrlich* machen.

Was nicht im Lexikon steht:

Feine, kleine – keine Unterschiede

Aus einer Gebrauchsanleitung für »Haarcolor-Farbbrillanz«:
Seien Sie unbesorgt: Schon nach der ersten Tönung fällt Ihr Haar gleichmäßig aus.

»Sie kommen mir bekannt vor«, sagte eine Tschechin freundlich, als sie in der ČSSR die Berliner Lexikographin Ruth Klappenbach begrüßte. »Ich glaube, ich habe Ihre Visage schon gesehen.«

Sie lachen? So komisch ist die kleine Begebenheit nicht. Versetzen Sie sich nur einmal in die Lage eines Menschen, der Deutsch als Fremdsprache lernt. Vielleicht kann er Französisch. Dann weiß er, *le visage* ist – völlig wertfrei – das Gesicht. Wie soll er da wissen, daß *Visage* im Deutschen eine Beleidigung ist?

Wörterbücher verzeichnen Bedeutungsunterschiede nur ungenügend. Und doch gibt es in der Sprachgemeinschaft eine weitgehende Übereinstimmung über den nicht verzeichneten Gefühlswert der Wörter.

> »Wir Baden-Württemberger kennen schließlich den Unterschied zwischen selbstgestrickter und handgenähter Wirtschaftskommunikation«,

stand neulich im Werbebrief einer Regionalgruppe der Deutschen Public-Relations-Gesellschaft in Bonn. Der Brief war mit

> »Nicht selbstgestrickt, sondern handgenäht!«

überschrieben. Selbstgestrickte Werbung ist für Profis das Hinterletzte.

Ist das nicht sonderbar? Trotz der herrlichen Strickwolle, die zu verarbeiten eine Lust ist, trotz der bestrickend schönen Strickvorlagen in Handarbeitszeitschriften und trotz der vielen jungen Frauen, die strickend Hörsäle und Straßenbahnen bevölkern, ist *selbstgestrickt* durch die Vorstellung »Mangel an Schick« belastet; das altmodische *handgenäht* hingegen – wer näht schon heute noch mit der Hand, wo doch in fast jedem Haushalt eine elektrische Nähmaschine steht! – weckt positive Assoziationen, Qualitäten, auf die man sich vor allem in Baden-Württemberg etwas zugute hält: solide, haltbar, echt.

Fragen Sie mich aber nicht, warum das so ist. Ich weiß es nicht. Offenbar sind wir alle mehr oder minder mit Sensoren ausgerüstet, die den lexikalisch nicht erfaßten Gefühlswert der Wörter abtasten und dabei in den meisten Fällen zum gleichen Ergebnis kommen. In den meisten – manchmal auch nicht. Und um dieses »Manchmal auch nicht« geht es auf den nächsten Seiten.

294 Übersetzer Helmut H. ist empört. In einer Übersetzung aus dem Amerikanischen – ein Thema der Datentechnik – hat er häufig den Plural *Informationen* gebraucht. Jetzt verlangt sein Auftraggeber, daß er den Plural streicht, weil es den nämlich gar nicht gebe. *Information* existiere nur im Singular. So habe er, der Auftraggeber, es in der Schule gelernt. Und damit basta.

Wie könnte Helmut H. dem Herrn beibringen, daß Schulwissen nicht fürs ganze Leben gelten muß?

295 Nun steckt in dem, was ein Mensch im Deutschunterricht gelernt und ein halbes Leben lang als richtig angesehen hat, gewöhnlich auch dann noch ein Körnchen Wahrheit, wenn sich die Sprache inzwischen geändert hat. Auch die Behauptung, den Plural *Informationen* gebe es gar nicht (294), ist bedingt richtig; im Alltag ist er fast so selten wie die Fachplurale *Elektrizitäten, Bedarfe, Zwänge.*

Fachleuten auf die Finger zu klopfen, wenn sie unbedenklich Plurale von Wörtern erfinden, die es vordem nur im Singular gab, hat einiges für sich. Singular und Plural haben nämlich oft nicht den gleichen Stilwert, vor allem nicht bei Abstrakta. *Information* und *Informationen, Angst* und *Ängste* unterscheiden sich im Gewicht. Inwiefern?

296 In einer Einladung zu einem Seminar »Führung durch wirksames Sprechen« kann man lesen:

> »In einem Intensiv-Training wird hier einmal Damen und Herren der oberen Führungsebene Gelegenheit geboten, unter fachkundiger Anleitung und Kritik an sich zu arbeiten und im Kreise Gleichgestellter – ohne die Gefahr des Blamierens – Führungsverhalten zu üben.«

Blamieren kann man sich und andere. Hier hat der Texter sich blamiert, nicht schlimm, aber doch ein bißchen. Wieso?

294 Er könnte ihm den Duden unter die Nase halten, der den Plural *Informationen* seit 1980 verzeichnet. Nach meiner Erfahrung wirkt das Wunder: So gut wie alle Besserwisser machen, wenn man ihnen mit dem Duden winkt, ehrfürchtig den Mund zu.

Sodann könnte Helmut H. darauf aufmerksam machen, daß Fachleute sich in den letzten zwanzig, dreißig Jahren viele neue *Plurale* (früher kannte man nur *Pluralformen)* geschaffen haben, die auf die Vielgestaltigkeit von Arten und Sorten verweisen. Da spricht man in der Bauwirtschaft von *Betons* oder *Betonen,* in der Landwirtschaft von *Gersten* und *Hirsen,* in der Psychologie sogar von *Umwelten.* Und mit dem gleichen Recht übersetzt man in der Datentechnik *information retrieval* mit *Wiederauffinden von Informationen.*

295 Der Singular ist stärker, wiegt schwerer; der Plural ist oft nur sein blasser Abklatsch. *Ängste* sind halb so quälend wie *Angst, Zwänge* nur halb so belastend wie ein unausweichlicher *Zwang.* Wer *Dummheiten* macht, muß nicht durch *Dummheit* glänzen; wer *Weisheiten* von sich gibt, die *Weisheit* nicht gepachtet haben. Eine Tagung kann mit vielerlei *Ergebnissen* und doch ohne *Ergebnis* zu Ende gehen. Und was sich in der Datentechnik *Informationen* nennt, hat oft den Namen *Information* nicht verdient.

296 Wenn man schon *sich blamieren* substantiviert, muß man das *sich* mit substantivieren: *ohne die Gefahr des Sichblamierens* (nach Duden ein Wort, doch ist auch der Bindestrich vertretbar: *des Sich-Blamierens*). Läßt man das *sich* weg, dann sagt man etwas, was man nicht meint: *Ohne die Gefahr des Blamierens* bedeutet: ›ohne die Gefahr, andere zu blamieren‹.

Besser aber, man verzichtet auf die Substantivierung eines reflexiven Verbs und weicht auf den Infinitiv aus:

> ... und im Kreis Gleichgestellter – ohne die Gefahr, *sich zu blamieren* – Führungsverhalten zu üben.

297 Was erwarten Sie von einem Buch mit dem Titel »Erfolgreich bewerben«? Daß es zeigt,

a) wie man gute Produktwerbung macht (Produkte bewirbt)?
b) wie man aussichtsreiche Bewerbungen schreibt (sich bewirbt)?

298 Vor mir liegt der Korrekturabzug eines Zeitschriftenartikels, der so beginnt:

> »Sie schreiben einen Brief, und mitten im Satz streikt der Kugelschreiber. Suchen Sie jetzt das Haus nach einem Kugelschreiber ab, dessen Mine die gleiche Farbe hat, vergessen sich dabei, stöbern den ganzen Nachmittag in Schubladen herum und lassen den Brief halbfertig liegen?«

Sie hätten den Text sicher auch nicht passieren lassen. Was hätten Sie warum wie geändert?

299 Die Landesdirektion eines Krankenversicherungsvereins schreibt:

> »Auch wenn Sie freiwilliges Mitglied einer gesetzlichen Krankenkasse sind, lohnt es sich, diesen Tarif anzusehen«

– eine Empfehlung, an der für jeden, der Deutsch kann, berechtigte Zweifel bestehen. Wieso?

300 Eine internationale Baugesellschaft mit Sitz in Ponte Tresa (Schweiz) verschickte einen Faltprospekt, der auseinandergefaltet ein Panorama der Luganer Alpen zeigt. Darunter steht:

> »Dies ist das herrliche Panorama, welches Sie von allen Grundstükken unseres Baugebietes Lugano Carona haben.«

In der Schweiz wird das Relativpronomen *welches* häufig verwendet. Hätten Sie für einen deutschen Prospekttext auch *Dies ist das herrliche Panorama, welches* ... geschrieben?

301 Im Zusammenhang mit dem Satz aus dem Schweizer Prospekt (300) eine Frage: Verwenden Sie das Relativpronomen *welcher, welche, welches* überhaupt in Ihren Werbetexten?

297 Wenn Sie die Sprache beim Wort nehmen, wäre a richtig. Aber Sie werden es sich schon denken: *Erfolgreich bewerben* ist der Titel eines Ratgebers für Stellensuchende. Eigentlich müßte er *Sich erfolgreich bewerben* heißen. Doch das Reflexivpronomen *sich* wird als zu schwerfällig empfunden und heute gern weggelassen. Gutzuheißen ist das nicht, denn es verwischt Unterschiede: *etwas bewerben* und *sich bewerben* ist schließlich zweierlei.

298 *Sie ... vergessen sich dabei* heißt: ›Sie verlieren dabei die Beherrschung.‹ Gemeint ist aber: *Sie ... vergessen dabei alles um sich herum.*

299 Es lohnt sich kaum, einen Tarif anzusehen; aber womöglich lohnt es sich, sich einen Tarif anzusehen. *etwas ansehen* heißt etwas ansehen; aber *sich etwas ansehen* heißt sich gründlicher mit der Sache befassen, etwas prüfen.
Wer nicht stottern möchte (... lohnt es *sich, sich* ...), kann das erste *sich* weglassen; *es lohnt* wirkt eine Spur gehobener als *es lohnt sich.* Eindringlicher formuliert, wer den Adressaten direkt anspricht:

> ... sollten *Sie sich* diesen Tarif *ansehen.* Es könnte sich *für Sie* lohnen.

300 Wohl kaum. Wahrscheinlich hätten Sie auf den Relativsatz verzichtet und einfach geschrieben:

> *Dies herrliche Panorama haben Sie von allen Grundstücken unseres Baugebiets Lugano-Carona.*

301 Besser nicht, es klingt für bundesdeutsche Ohren zu bedächtig. Sagen Sie ruhig auch bei Aufeinandertreffen *der der* (beispielsweise *der der Meinung ist* statt *welcher der Meinung ist*), und berufen Sie sich auf Goethe. Goethe gebrauchte mit den Jahren das Relativpronomen *welcher* immer seltener. In »Wilhelm Meisters Lehrjahren« (1794) ist nur etwa ein Siebentel aller Relativsätze mit *der* eingeleitet, in »Dichtung und Wahrheit« (1831) sind es ungefähr drei Viertel.

302 »Seit Jahren bringt meine Süddeutsche«, schreibt mir der nicht nur dem Freundeskreis der Werbesenioren gut bekannte Rudolf Schiffmann aus München, »Inserate eines hiesigen Fahrradgeschäfts, in denen penetrant und unübersehbar (also werbewirksam!) im Preis reduzierte

Rennräder mit Lackkratzer

angeboten werden. Ironische Briefe an die Verantwortlichen in der Werbeabteilung haben nichts bewirkt.«

Nun, vielleicht gäbe es einen wirkungsvolleren Weg, das Fahrradgeschäft zu korrektem Deutsch zu bewegen. Welchen wohl? Sie kommen drauf, wenn Sie dran denken, daß der Kunde ein Recht darauf hat, genau das zu erhalten, was in der Anzeige angeboten wird.

303 Die Post preist in einer Anzeige den Telebrief:

»Er ist meist noch am gleichen Tag beim Empfänger.«

Und in einer Sabena-Anzeige heißt es:

»In welchem US-Staat Sie auch zu tun haben mögen, Sabena fliegt Sie am gleichen Tag komfortabel dorthin.«

Am *gleichen* Tag? Hätte es hier nicht am *selben* Tag heißen müssen? Anders gefragt: Steckt in den beiden Anzeigen *derselbe* oder der *gleiche* Fehler?

304 Günter K., Werbeberater in Flensburg, schickt mir eine ausgeschnittene Zeitungsüberschrift:

Supplements legen weiter zu
Anzeigenstatistik für August weist auch erneutes Plus für den »stern« aus

»Ich weiß nicht, wie es kommt«, schreibt Günter K., »aber ich zucke stets zusammen, wenn ich lese, daß eine Zeitschrift oder eine Firma zulegt.« Haben Sie für das Zusammenzucken eine Erklärung?

302 Es müßten sich nur genügend Kaufinteressenten finden, die darauf bestehen, daß das um 100 Mark herabgesetzte *Rennrad mit Lackkratzer* nur einen einzigen Lackkratzer haben darf, und für den zweiten Kratzer eine weitere Reduzierung verlangen. Das ist ihr gutes Recht. Denn sonst hätten in den Anzeigen ja *Rennräder mit Lackkratzern* angeboten werden müssen.

303 Gar nicht so leicht zu beantworten. Es sei denn, wir stellen uns auf den Standpunkt der Dudenredaktion. Dann ist der Umstand, daß Telebrief und Sabena-Passagier noch am gleichen Tag und nicht am selben ankommen, weder zweimal der gleiche noch zweimal derselbe Fehler. Es ist überhaupt kein Fehler, sondern zulässiger Sprachgebrauch. Die Dudenleute und auch andere Grammatiker sind heute der Meinung, man solle die Dinge nicht so eng sehen und nur da zwischen der Identität des einzelnen Wesens oder Dings *(derselbe)* und der Identität der Gattung *(der gleiche)* unterscheiden, wo Mißverständnisse auftreten können. Also:

> Unsere beiden Monteure fahren *denselben* Wagen (= den einen Firmenwagen).

Aber:

> Unsere beiden Monteure fahren den *gleichen Wagen* (= Wagen desselben Fabrikats).

304 Günter K. sagt es so: »Meine ich doch, daß, wer zulegt, Verluste erlitten hat. Aber das Gegenteil ist der Fall.«

Und wenn das hier erwähnt ist, dann um Sie auf ein Wort aufmerksam zu machen, das etwas so Gegensätzliches wie »dicker werden« und »draufzahlen« ausdrücken kann. Solche janusköpfigen Wörter kann man gebrauchen, wenn man Leser auf amüsante Weise in einen Text hineinziehen will:

> *Legen* Sie sich die Fenster-Fibel *zu* , damit Sie beim Fenstereinbau nicht *zulegen*.

Wo aber nicht mit dem Doppelsinn gespielt werden soll, ist Eindeutigkeit allemal besser:

> Supplements weiter im Aufwind

305 »Mein Chef und ich sind regelmäßig unterschiedlicher Meinung, wenn es darum geht, Briefe an wichtige Geschäftspartner zu adressieren«, schreibt mir die Sekretärin einer Agentur für Öffentlichkeitsarbeit in Gerlingen. »Mein Chef ist der Ansicht, daß man immer, wenn man mit dem Brief einen bestimmten Menschen anspricht, dessen Namen vor den Firmennamen setzt. Er sieht darin eine Vorstufe zu einem Brief mit dem Vermerk *persönlich*.«

Hat der Agenturboß recht?

306 Fachzeitschriftenredakteure staunten nicht schlecht, als ihnen ein bekannter Schreibmaschinen- und Computerhersteller ein dickes Fachwörterbuch verehrte. In einem Begleitbrief merkte seine Presseabteilung dazu an:

> »Vom Laien ganz abgesehen – auch als Fachmann könnte man manchmal die Wand hochgehen bei der Begegnung mit immer neuen Fachworten der Text- und Datenverarbeitung.
> Wir von IBM sind an diesem Zustand gewiß nicht unschuldig und glaubten daher, verpflichtet zu sein, ein wenig Ordnung zu schaffen.«

Die gute Absicht in Ehren, aber hinsichtlich der »Fachworte« hätten die IBM-Presseleute ein bißchen mehr Ordnung schaffen können, nicht wahr?

307 »Zahlreiche Anwendungsfotos können abgefordert werden«, bietet die Letraset Deutschland GmbH in einer Messe-Vorinformation der Fachpresse an. Geht das überhaupt, lassen sich bereitliegende Pressefotos *abfordern*?

305 Ja. Die Reihenfolge der Anschriftzeilen zeigt, an wen der Brief gerichtet ist.
Lauten die oberen Zeilen

Herrn Roland Böttcher
Siemens AG
– Zentralstelle Information –,

dann ist dies ein Brief an den im Hause Siemens beschäftigten Herrn Böttcher. Herr Böttcher hat Anspruch darauf, daß ihm der Brief ungeöffnet ausgehändigt wird.
Heißt es aber:

Siemens AG
– Zentralstelle Information –
Herrn Roland Böttcher,

dann ist der Brief an die Firma gerichtet. Er wird in der Poststelle geöffnet und offen an Herrn Böttcher oder bei dessen Abwesenheit an einen anderen Mitarbeiter, der sich in der Materie auskennt, weitergeleitet.
So ist es zumindest in der Theorie. In der Praxis gelten firmenintern zuweilen Sonderregelungen.

306 Ja, »Fachworte« gibt es gar nicht, der Plural heißt *Fachwörter.* Faustregel zur Unterscheidung:
Wörter sind Einzelwörter *(fünf Wörter, Hauptwörter, Fremdwörter).* Worte bezeichnen Zusammenhängendes: Aussprüche beispielsweise oder Beteuerungen, Erklärungen, Entgegnungen *(Dankesworte, Worte des Trostes, heftige Worte).* Sprichwörtliche Ausnahme: *Sprichwörter.*

307 Abfordern läßt sich dem Wortgebrauch nach nur, was nicht freiwillig herausgerückt wird: Ein Zollbeamter kann einem den Ausweis abfordern, die Vertrauensfrage dem Parlament ein Bekenntnis, die Mathearbeit dem Klassenbesten ein Mindestmaß an Aufmerksamkeit. Bereitliegende Pressefotos fordert eine Redaktion nicht *ab,* sondern *an.* Sie kann sie auch *abrufen.* Auf die Wortkreuzung »abfordern« (Kontamination aus *abrufen* + *anfordern*) können wir gut verzichten.

308 *Erster* hat zwei Bedeutungen: der Reihenfolge und der Rangfolge nach.

Nun wirbt ein Hotel, das sich nicht als »ältestes Haus am Platz« ausgeben möchte, aber doch durchblicken lassen will, daß vor ihm kein anderes da war, mit der Wendung:

Wir als das erste Hotel an diesem Ort ...

Könnte ihm das von einem moderneren, komfortableren, jüngeren Hotel am selben Ort als unlauterer Wettbewerb angekreidet werden?

309 Entdeckt von Manford B. auf der Speisekarte eines italienischen Restaurants in der Innenstadt von Erlangen:

Pharmaschinken mit Melone

Warum lachen Sie?

310 Eine Firma in Rosenheim macht im Oktober per Direktwerbung darauf aufmerksam, daß ihre Feinschmeckerpräsente zu Weihnachten Geschäftsfreunde erfreuen könnten. Die Präsente bestehen nicht nur aus Eßbarem; zu jedem gehört eine praktische kleine Sache wie Schneidbrett, Besteck, Maßkrug, Kartenspiel oder Weidenkorb. Und das erklärt der Werbebrief so:

»Was bietet sich zu Weihnachten besser an als ein ›geschmackvolles‹ Geschenk mit beliebten Accessoires von hohem Erinnerungswert?«

Accessoires paßt nicht, denn was sind *Accessoires*? Sollte man vielleicht lieber von *Zubehör* oder *Zutaten* sprechen?

311 Schildchen an der Einfriedung einer Schonung:

Bitte Zäune nicht betreten!

Wie müßten Zäune beschaffen sein, damit man sie betreten kann?

308 Nach Duden nicht. »Wir als *das erste ...*« mit kleinem *e* heißt eindeutig ›das zeitlich erste‹, der Reihenfolge nach. Der Rangfolge und der Leistung nach wird *erster* im allgemeinen groß geschrieben: *Erster Offizier, Erster Vorsitzender* und auch *Erster von hinten,* wie Scherzbolde das Schlußlicht zu nennen belieben.

Doch seien Sie mit solchen spitzfindigen Unterscheidungen lieber vorsichtig; es gibt zu viele Ausnahmen. *Der Erste* (Monatserste), *Heinrich der Erste, Erste Hilfe* werden groß geschrieben, obwohl die Reihenfolge gemeint ist; *erste Klasse* (bei der Bahn) und *erster Rang* (im Lotto und im Theater) werden klein geschrieben, obwohl sie die Rangfolge kennzeichnen.

309 Weil in einer Zeit, in der man kaum noch ein Nahrungsmittel bekommen kann, das nicht chemisch mißhandelt worden ist, ein so offenes Bekenntnis erfrischend wirkt.

Oder sollte der Groschen noch nicht unten angelangt sein? Dann also: Die für ihre luftgetrockneten Schinken berühmte italienische Stadt schreibt sich ohne *h*.

310 Nein. *Accessoires,* von Haus aus »Nebensachen« (lat. *accedere* = hinzukommen), sind auf die Damenmode begrenzt: Dinge wie Gürtel, Handtasche, Modeschmuck, die ein Kleid erst richtig zur Geltung bringen. Maßkrüge und Kartenspiele sind keine Accessoires. *Zubehör* paßt auch nicht, das hat die Autoindustrie gepachtet, und *Zutaten* stehen im Küchenschrank. Was aber dann? Vorschlag:

> Was bietet sich zu Weihnachten Besseres an als ein »geschmackvolles« Geschenk und dazu *eine stets gern gesehene praktische Kleinigkeit* von hohem Erinnerungswert?

311 Sie müßten umgestürzt, umgekippt oder niedergerissen flach auf der Erde liegen; denn betreten kann man nur Flächen (Rasen, Schonungen, Baustellen) oder Räume (Häuser, Säle, Büros). Über Zäune kann man steigen oder klettern.

312 Ein Akquisitionsbrief beginnt mit der Behauptung:

»Seit kurzer Zeit haben wir in Schramberg ein Schreibbüro eröffnet ...«

»Macht es schnell wieder zu«, kann man den Leuten nur raten. »Und zwar endgültig.«

Warum endgültig?

313 Im Brief des Schreibbüros (312) findet sich auch das sonderbare Angebot:

»Wir erstellen Werbebriefe, schreiben Manuskripte, übernehmen die Abschriften von Dissertationen und Habilitationen ...«

Das ist ein Ding der Unmöglichkeit. Inwiefern?

314 Wörterbücher sind beim Texten eine große Hilfe. Nur glauben darf man ihnen nicht alles. Wörterbücher werden schließlich auch nur von Menschen gemacht.

Den Begriff *pachten* erklärt ein großes deutsches Wörterbuch mit »gegen Entgelt entleihen«. Das trifft nicht zu. Wie würden Sie *pachten* erklären?

315 Genügt Ihnen meine Antwort 314? Dann sind Sie kein Jurist. Ein Jurist würde noch auf dem Hinweis bestehen, daß die zitierte Wörterbucheintragung schon deshalb falsch sei, weil es eine Leihe gegen Entgelt überhaupt nicht gebe. »Nach § 598 BGB«, so würde er argumentieren, »ist *Leihe* unentgeltlich. Gegen Geld kann man nur etwas *mieten*. Deshalb gibt es heute auch keine Leihwagen mehr, sondern nur noch Mietwagen.«

Soll man die juristische Unterscheidung akzeptieren und *Leihe, leihen, entleihen, ausleihen, verleihen* in Zukunft nur noch da verwenden, wo kein Geld im Spiel ist?

312 Weil, wer ein Schreibbüro »seit kurzer Zeit eröffnet« hat, es zwischendurch immer wieder hat zumachen müssen. Anders ausgedrückt: *seit* darf nur bei imperfektiven Verben stehen. So nennt man Zeitwörter, die ein andauerndes Geschehen bezeichnen:

> *Seit kurzem gibt es* in Schramberg ein Schreibbüro, das Ihnen gern lästige Schreibarbeiten abnimmt ...

Bei perfektiven Verben, die wie *eröffnen* ein abgeschlossenes Geschehen bezeichnen, heißt es *am (Am 1. März haben wir ...)* oder *vor*:

> *Vor kurzem haben wir* ... ein Schreibbüro *eröffnet* ...

313 Weil sich Habilitationen zum Abschreiben sowenig eignen wie Promotionen. Abschreiben lassen sich Dissertationen und Habilitations*schriften* oder auch die Manuskripte.

314 Ich wäre für ›etwas gegen Entgelt befristet zur Bewirtschaftung übernehmen‹.

315 Nein, meine ich. Oder allenfalls da, wo es um juristische Texte geht. Doch selbst Juristen halten sich nicht strikt daran, daß nach §§ 598–604 BGB *Leihe* die unentgeltliche Überlassung des Gebrauchs einer Sache ist. Auch sie sprechen von *Leiharbeit* und *Leiharbeitnehmern,* obgleich der Verleiher für das Verleihen ein Entgelt kassiert.

Und die Allgemeinsprache richtet sich schon gar nicht nach dem Bürgerlichen Gesetzbuch: Wir haben *Leihbüchereien,* in denen Bücher gegen eine *Leihgebühr* (!) *entliehen, verliehen* oder *ausgeliehen* werden, haben *Pfandleihen* und *Leihhäuser* und dazu *Kostümverleihe,* bei denen man für den *Leihfrack* berappen muß. Wie sollte man sonst sagen? Sich ein Abendkleid *mieten*? Also, wenn das keine Zumutung ist!

316 Aus dem Rohtext eines Stellenangebots:

»Im Auftrag eines katholischen Verlages in Süddeutschland suchen wir für eine aktuelle Illustrierte

Mitglied der Chefredaktion

Es handelt sich um ein Blatt, das im mehrfarbigen Tiefdruck 14-tägig erscheint und eine konsequent christliche Grundhaltung vertritt ...«

Mitglied der Chefredaktion – welch ein Krampf! Aber dazu kommt es, weil man den *stellvertretenden Chefredakteur* nicht mehr suchen darf, ohne die *stellvertretende Chefredakteurin* als Alternative ausdrücklich mitzusuchen.

Doch auch sonst ist an der Textstelle einiges schief. Was stimmt nicht?

317 Im Rohtext des Stellenangebots (316) heißt es weiter:

»Die Illustrierte will anders sein als ihre Konkurrenten und wendet sich an Familien, die gute und lebendige Unterhaltung, fundierte Lebenshilfe, spannende Reportagen und verläßliche Hintergrund-Stories suchen.«

Dazu meint ein Schweizer Kollege: »Wenn eine Illustrierte konkurrenziert wird, dann kaum von Fachblättern, Kalendern oder Pornoheften, sondern von Blättern ihrer eigenen Kategorie. Illustrierte sind aber naturgemäß weiblichen Geschlechts und somit Konkurrent*innen* .« Hat er recht? Muß es wirklich heißen:

»Die Illustrierte will anders sein als ihre Konkurrent*innen* ...«?

318 Seine Messe-Einladung schließt ein Aussteller mit dem Hinweis:

»Von jetzt ab finden Sie mich in Halle 8, Stand 254 (Gang B).«

Rümpfen Sie jetzt die Nase?

316 Wenn das Blatt wirklich *14tägig* (ohne Bindestrich!) erschiene, müßte das Erscheinen zwei Wochen lang dauern. *14tägig* bedeutet: ›vierzehn Tage lang‹. Gemeint ist *14täglich*: ›alle 14 Tage einmal‹.

Außerdem kann das Blatt wohl im mehrfarbigen Tiefdruck hergestellt werden, aber nicht darin erscheinen. Vorschlag:

Das im Mehrfarbentiefdruck hergestellte Blatt erscheint alle 14 Tage; es vertritt eine konsequent christliche ...

317 Ich meine, nein. Denn erstens kann eine Illustrierte auch sächliche Konkurrenten haben: *das Journal, das Magazin.* Zweitens können wir den *Konkurrenten* auch die weiblichen Spielarten zuordnen, genauso wie wir in die Begriffe *Bücherleser* und *Briefschreiber* die *Leserinnen* und *Schreiberinnen* einbeziehen. Und drittens ist eine Illustrierte keine Person. Was sie weiblich macht, ist allein das grammatische, nicht das natürliche Geschlecht.

Man sollte, meine ich, den Kampf der Feministinnen gegen den Sexismus, der mit seinen Schrägstrichformulierungen *(Leser/-innen, Briefschreiber/-schreiberinnen)* die Sprache schwerfällig macht, nicht auch noch auf die Spitze treiben. Trotzdem ein Vorschlag zur Güte:

Die Illustrierte will anders sein als ihre Konkur*renz.*

Auf ein Wort, liebe Leserin: Beziehen Sie das gelegentliche *lieber Leser* bitte auch auf sich. Beim Lesen kommt es ja nicht darauf an, ob einer Männlein oder Weiblein ist. Wichtig ist allein, daß er (statt umständlich *er/sie)* vom Lesen etwas hat.

318 Nein, warum sollten Sie? Sie sind schließlich Texter und nicht Sprachpfleger! Unter Sprachpflegern, Stilistikern & Co. galt *von jetzt ab* lange Zeit als »unfein«. Bei Zeitangaben sei *von ... an* stilistisch besser: *von jetzt an, von morgen an.* Doch die Sprache und ihre Sprecher haben sich nicht daran gehalten. So mußte die Sprachpolizei schließlich klein bei- und zugeben: »*Von jetzt an* gilt *von jetzt ab* wohl noch als leicht umgangssprachlich gefärbt, aber nicht mehr als schlechter Stil.«

319 Die Frauenzeitschrift »Brigitte« – viel Mode, viel Kosmetik – überschrieb im Oktober 1988 einen Beitrag so:

Machen Sie mehr aus Ihrem Typen!

Seit wann wird *Typ* denn schwach flektiert? Hätte es nicht *Machen Sie mehr aus Ihrem Typ!* heißen müssen?

320 Die Allianz kündigt eine Erhöhung der Haftpflichtversicherung mit der Begründung an, daß der Durchschnitt der *Schadenszahlungen* im letzten Jahr erheblich gestiegen sei. Auf der Rückseite des Formschreibens ist ein Auszug aus den allgemeinen Versicherungsbedingungen abgedruckt. Darin ist vom Durchschnitt der *Schadenzahlungen* die Rede.
Was ist nun richtig, *Schadens-* oder *Schadenzahlungen*?

321 Ein Geschenkartikelversand aus Bremen bietet einen sogenannten Ostereierbaum an, ein schmiedeeisernes Gestell, in das man Ostereier und Blumen stecken kann. Dazu heißt es:

»... ist unverwüstlich und kann immer wieder verwandt werden.«

... *verwandt* oder ... *verwendet*?

322 In einem Begleitbrief wird über einen Künstler gesagt, er arbeite heute freiberuflich als Designer für Gardinen, Teppiche, Tapeten, Modetextilien und *Porzellandekore*.
Wie heißt der Plural von *Dekor*?

323 Wie ist das eigentlich mit der Hannover-Messe? Die »computer zeitung« behauptet, sie informiere über alles, »was sich in Richtung EDV an der Hannover-Messe tut«. *An* der oder *auf* der Messe?

324 Für ein Buch, das sich mit den Grundlagen erfolgreicher Personalpolitik befaßt, wirbt der Verlag mit einer Doppelkarte, auf deren erster Seite nur die Frage steht:

»Sind Sie mit Ihrer Entscheidungsgrundlage für das alltägliche Zigtausend-Mark-Problem noch nicht zufrieden?«

Durch Kürzen würde die Frage suggestiver. Was würden Sie weglassen?

319 Schwach flektiert wird *Typ* erst seit ein paar Jahren: *des/dem/den Typen*. Dieser *Typ* ist etwa gleichbedeutend mit *Macker, Scheich, Mufti* oder auch nur *Kerl*. Der »Brigitte«-Artikel war die Aufforderung an junge Frauen, ihrem Freund Manieren beizubringen.

Natürlich ist die übliche Aufforderung *Machen Sie mehr aus Ihrem Typ!* weiterhin korrekt; sie meint: »Machen Sie mehr aus sich/Ihrem Äußeren!« Dieser Typ *Typ* wird weiterhin stark flektiert: *des Typs, dem/den Typ*.

320 Richtig ist beides. In den meisten Zusammensetzungen mit *Schaden-* sind beide Bildungsweisen üblich: *Schaden-* und *Schadensfall, Schaden-* und *Schadensmeldung*. Aber immer ohne Fugen-*s*: *Schadenfeuer, Schadenfreude, schadenfroh*.

321 Beide Formen sind gebräuchlich, beide richtig. Wird *verwenden* aber nicht im Sinn von ›benutzen‹ verwendet oder verwandt, ist die Bildungsweise mit *a* üblicher: *Er hat sich für einen Kollegen verwandt, viel Mühe auf etwas verwandt.*

322 Ob Sie sich nun für den eingedeutschten Plural *Dekore* oder für den französischen Plural *Dekors* entscheiden – Sie liegen in jedem Fall richtig.

323 Bisher gab allein die Geographie den Ausschlag. In der Schweiz trifft man sich regulär *an* der Basler Mustermesse, in der Bundesrepublik *auf* der Hannover-Messe. Weil aber der Gebrauch der Präpositionen nicht starr festliegt, werden sich gerade auf diesem Gebiet geographische Spracheigenheiten in Zukunft stärker verwischen.

324 Ich würde *noch nicht* weglassen, denn mit *noch nicht* könnte man den Satz auch falsch verstehen, im Sinn von (etwa) *noch* (immer) *nicht*. Ausdrücken soll die Frage aber: Sind Sie … *wirklich* zufrieden?

325 In einem Prospekt, mit dem eine Straßenbahn AG für sich wirbt und dabei das Auto tüchtig madig macht, heißt es:

»Eine moderne Großstadt und die sie umgebenden Gemeinden können ohne gut funktionierenden Nahverkehr nicht existieren. Abgesehen davon, daß sie in ihren Autos geradezu ersticken würden.«

Das ist ein Ding der Unmöglichkeit, nicht wahr?

326 Ein Stoffresteversand bittet seine Kundinnen um Weiterempfehlung und schließt seinen Prospekt mit den Worten:

»Wir möchten uns für Ihre Mühe schon jetzt bestens bedanken.«

Sie würden das gewiß nicht schreiben. Warum nicht?

327 Am 3. Juni 1988 brachte die Neue Post als Aufmacher auf der Titelseite die sensationelle Nachricht:

»Prinz Charles zahlt jetzt freiwillig für ein Baby.«

Der Beitrag im Heftinnern stellte das Ereignis etwas anders dar:

»Prinz Charles adoptiert das Baby seines toten Freundes.«

Als was könnte man den Aufmacher bezeichnen?

328 »Zur Eröffnung der Ausstellung ›Kunst vom Fließband‹ – Produkte des Textildesigners Wolf Bauer – am ... um ... lädt das Landesgewerbeamt Baden-Württemberg ergebenst ein.«

Das ist ein Stilbruch par excellence. Wieso?

329 Ursachen müssen heute oft *abgeklärt* und Positionen *durchgecheckt* werden, bevor man ein Problem *ausdiskutieren* kann.
Was meinen Sie, sind die schräg gedruckten Wörter nicht allesamt Doppelmöpse (Tautologien)? Würde es nicht genügen, Ursachen zu *klären*, Positionen zu *checken* und Probleme zu *diskutieren*?

325 Ja. Menschen und Hunde können in Autos ersticken – wie aber sollte eine Großstadt nebst angrenzenden Gemeinden in ihre Autos hineinpassen? Gemeint ist:

... daß sie *an* ihren Autos geradezu ersticken würden.

326 Weil drei von fünf Leuten aus *sich bestens bedanken* einen ironischen Unterton heraushören und die beiden andern *sich bedanken* für oberkellnerhaft halten; »Ich bedanke mich«, schnarren Ober gewöhnlich, wenn sie das Trinkgeld einstecken. Danken Sie lieber, sagen Sie *danke*, das klingt angenehmer.

327 Als erfolgreiche Masche, Sensationslust zu wecken. Und gleichzeitig als einen der Tricks, mit denen sich die Regenbogenpresse das Naserümpfen ihrer Nichtleser einhandelt.

328 Weil *Kunst vom Fließband* und *ergebenst einladen* unvereinbare Gegensätze sind. *ergebenst* ist so antiquiert, daß man es, wenn überhaupt, nur noch ironisch verwenden kann. Hier aber ist es ernst gemeint und wirkt komisch.
Was sagt man heute für *ergebenst*? Nichts. ... *lädt das Landesgewerbeamt Baden-Württemberg ein* paßt besser in unsere Zeit.

329 Ja, im allgemeinen schon. Wer sehr genau hinhört, nimmt allerdings feine Unterschiede wahr. In der Vorsilbe steckt ja auch eine Bedeutung.
ab- hat etwas Abschließendes. »Bei *klären* sehe ich«, sagt Dr. Wolfgang Müller vom Wissenschaftlichen Rat der Dudenredaktion, »den ganzen Vorgang; bei *abklären* habe ich deutlich das Ergebnis, das Ende in den Blick gerückt.«
durchchecken ist stärker als *checken,* das mehr ein Kontrollieren meint. *durchchecken* schließt Stichproben aus; es bedeutet ›vollständig checken‹, ›Punkt für Punkt prüfen‹.
ausdiskutieren ist etwas anderes als *diskutieren*; es heißt soviel wie ›zu Ende diskutieren‹. Auch wenn es heute überstrapaziert wird – es ist ein sinnvolles Wort.

330 Aus einem Stellengesuch in der ZEIT:

Sprach-/Literaturwissenschaftlerin
41, II. Lehramtsexamen Sek. I und II. Französisch, Latein, Pädagogik; Erfahrung in der Interpretation, Kritik und Beurteilung literarischer Übersetzungen, fließende Französischkenntnisse in Wort und Schrift ...

Für diesen Text verdient die Frau Lehrerin keine Eins. Wieso nicht?

331 Ob man überhaupt, hat mich unter Hinweis auf den Stellengesuchstext (330) jemand gefragt, Erfahrung *in* der Interpretation, *in* der Kritik und *in* der Beurteilung haben könne. Hätte es nicht heißen müssen: *Erfahrung in der Interpretation, mit der Kritik und bei der Beurteilung?* Das eine schließe das andere nicht aus, habe ich ihm geantwortet. Nur gelte es, feine Unterschiede zu beachten.
Was drücken Ihrer Meinung nach die drei Präpositionalgefüge aus?

a) Erfahrung *in* ... haben
b) Erfahrung *mit* ... haben
c) Erfahrung *bei* ... haben

332 »Warum schreiben Sie noch immer mit einer elektrischen Schreibmaschine?« fragt ein Werbebrief eines Büromaschinenhändlers aus Heilbronn.

Wie ist das eigentlich: Schreibt man *auf* oder *mit* der Maschine?

333 Auf die *Warum*-Schlagzeile im Brief des Büromaschinenhändlers (332) folgt der entrüstet klingende Rat:

»Wo es für Sie doch leichter und schneller geht mit der ›Olympia electronic compact‹!«

»Das ist süddeutsch, aber nicht hochdeutsch!« empört sich eine Wienerin, die es nach Stuttgart verschlagen hat. »In Stuttgart hört man oft dieses unmögliche *wo*, etwa: *Mei Schweschtr, wo in Renninge läbt* ... oder *Die Fraue, wo beim Daimlr schaffet* ...« Hat die Dame recht?

330 Erstens ist für sie eine *Kritik* offenbar keine Beurteilung, und zweitens kann man wohl *fließend Französisch sprechen* oder ein *fließendes Französisch*; dann folgt ein Wort dem anderen ohne Stocken. Sind aber statt der Sprache nur die Kenntnisse fließend, dann muß man aufpassen, daß sie nicht ineinander ver- und den Bach hinunterfließen.

331 Unsere großen sechsbändigen deutschen Wörterbücher schweigen sich darüber aus; wir müssen uns auf unser Sprachgefühl verlassen. Nach meinem ist es so:

a Wer Erfahrung *in* der Interpretation und *in* der Beurteilung literarischer Übersetzungen hat, der kennt sich in der Sache aus.

b Wer Erfahrung *mit* der Kritik hat, der hat (gute oder schlechte) Erfahrungen beim Kritisieren oder Kritisiertwerden gesammelt.

c Erfahrung *bei* der Beurteilung kann man nicht haben, wohl aber kann man sie bei der Beurteilung gewonnen oder schlicht und einfach gemacht haben.

332 Beides ist üblich. Stilistisch gibt es keinen Unterschied.

333 Teils – teils. Der auf Personen bezogene relativische Anschluß *wo* ist in der Tat fürs Schwäbische typisch. Als Beleg ein sehr schwäbisches Sprichwort: »A gueter *Onkel, wo* ebbes brengt, isch bessr wie a liabe *Dant, wo* Klavier schpielt.«

Doch mit dem schwäbischen *wo*, das hochdeutsch *der, die* oder *das* heißt, hat das *wo* im Brief des Büromaschinenhändlers nichts zu tun. Sein erstauntes *wo doch* ist im gesamten deutschen Sprachgebiet gebräuchlich. Es gehört allerdings mehr der gesprochenen Sprache an; in einem gedruckten Sachtext würde man dafür eher *obgleich* oder *während* setzen. Nicht so im Werbebrief. *Wo es für Sie doch leichter und schneller geht mit* ... strahlt Unbekümmertheit und Frische aus. Mehr noch: *Wo es für Sie* ... klingt nicht nur lebendiger, es ist auch grammatisch korrekt.

334 Aus dem Manuskript eines Zeitschriftenbeitrags, in dem es um Seminarangebote ging:

»Übrigens muß es *Kursus,* nicht *Kurs* heißen. *Kursus* ist ein Lehrgang, zum Beispiel ein *Englischkursus,* ein *Mathematikkursus* – *Kurs* ist eine Richtung, zum Beispiel *Kurs Südost.*«

Hätten Sie als Redakteur dem Autor das abgenommen?

335 »Kooperieren geht über studieren«, meint die Post und empfiehlt in einer Zeitungsanzeige ihren Großkunden, Pakete »im Rahmen eines Post-Kooperationsvertrages« auf die Reise zu schicken:

»Ein paar Stichworte: Selbstbuchen, Abholung, Haus-Haus-Behälterversand, EDV in der Versandabteilung, bargeldlos, vereinfachte Abrechnung ...
Vieles davon gilt bereits ab 10 Pakete die Woche.«

Müßte es nicht *ab 10 Paketen die Woche* gelten?

336 Hans Heinrich und Patrizia M. aus Frankfurt am Main gaben ihre Vermählung mit den Worten bekannt:

»Wir tragen ab heute einen Namen.«

Wie das? Waren die beiden vordem namenlos?

337 Der Art Director's Club Schweiz in Zürich bietet Interessenten das jüngste ADC-Jahrbuch an und empfiehlt ihnen gleichzeitig, dem ADC-Buchklub beizutreten; denn dann brauchten sie nicht länger zu befürchten, kein Jahrbuch mehr abzubekommen – das Jahrbuch 1987 war schnell vergriffen – und hätten außerdem die Sicherheit,

»rechtzeitig von der Erscheinung des neuen Buches zu erfahren.«

Nun kennen wir alle elegante und typische Erscheinungen, Neu- und Naturerscheinungen und einige von uns sogar Geistererscheinungen – aber ist Ihnen schon mal die Erscheinung eines neuen Buches begegnet? Mir nicht. Wie sagt man das auf deutsch?

334 Wohl kaum. Erstens hat der Autor übersehen, daß es auch noch *Aktien- und Wechselkurse* gibt, und zweitens geht er in seinem Streben nach Eindeutigkeit entschieden zu weit. Viele Wörter haben mehr als nur eine Bedeutung, und *Kurs* ist nur ein um die lateinische Endsilbe *-us* verkürzter *Kursus* (lat. *cursus* = Lauf, schnelle Bewegung, Reihenfolge). Und weil sich auch in einem Lehrgang etwas sozusagen in vorgegebener Reihenfolge schnell bewegt, kann man mit gutem Recht einen Kurs nicht nur steuern, sondern auch besuchen.

335 Nicht unbedingt. Bei Raumangaben steht zwar nach *ab* immer der Dativ *(ab unserem Auslieferungslager, ab allen Güterbahnhöfen)*, aber bei Zeit- und Mengenangaben haben Sie die Wahl: *ab erstem/ersten April, ab 10 Paketen/Pakete*. Der Dativ ist üblicher: *ab 10 Paketen.*

Folgt auf *ab* ein Artikel oder ein Pronomen, so steht immer der Dativ: *ab dem 30. Lebensjahr, ab seinem letzten Geburtstag*. Zur Frage »*ab* oder *von ... an*?« finden Sie einiges unter 318.

336 Das frischgebackene Ehepaar hatte offenbar nur nicht daran gedacht, daß man *einen* beim Sprechen zwar betonen kann, beim Lesen aber unbetont aufnimmt, solange es nicht gesperrt, unterstrichen, durch ein vorgesetztes *nur* verstärkt oder sonstwie hervorgehoben ist. Besser, man verzichtet im Gedruckten auf *einen*, wenn man *einen einzigen* meint, und sagt es so:

> Wir tragen ab heute *den gleichen* Namen.

337 Wir benutzen den substantivierten Infinitiv und sprechen statt von der »Erscheinung« vom *Erscheinen* des nächsten ADC-Jahrbuchs.

Oft sind es wirklich nur Nuancen. Wer sich im Englischen Garten in München *verlaufen* hat, hat sich damit nicht *vergangen*; Straßenbahnen halten manchmal an einer *Bedarfs-*, nicht aber an einer *Bedürfnis*haltestelle – und ob einer, um seine Ruhe zu haben, einen *stillen Ort* oder ein *stilles Örtchen* aufsucht, ist auch zweierlei.

Liest sich leicht und schreibt sich schwer:

Deutsch, frisch und locker

Texter: »Woher willst du schon wissen, daß mein Entwurf nichts taugt? Du hast noch nie einen Werbebrief entworfen.«
Ehefrau: »Ich habe auch noch nie ein Ei gelegt. Trotzdem verstehe ich von Eierkuchen mehr als eine Henne.«

Es war einmal ein schlauer Bauer. Weil es ihn ärgerte, daß immer die dümmsten Bauern die dicksten Kartoffeln hatten, las er ein Kartoffelbuch. Das bestätigte es ihm: »Stets ernten die stupidesten Agrartechniker die voluminösesten Kartoffeln.« Weil er fleißig war, las er noch viele Bücher, wurde Kartoffelwissenschaftler und kam schließlich zu der Einsicht: »De facto tendieren die subterranen Vegetationsformen der Solana tuberosa reziprok zum IQ des diplomierten resp. promovierten Agrarökonomen.«

Die kleine Geschichte wird oft erzählt, wo die Schwerverständlichkeit wissenschaftlicher Ausdrucksweise aufs Korn genommen werden soll. Doch um sich schwerverständlich auszudrücken, muß man nicht Wissenschaftler sein.

Personalkauf steht an der Tür zu einem Raum, in dem Mitarbeiter einer Strickwarenfabrik Stücke mit kleinen Fehlern günstig kaufen können. »Haha«, amüsiert sich ein aufgeweckter Azubi, »bei uns wird Personal gekauft.« Wie würden Sie dem Schlauberger klarmachen, daß *Personalkauf* auch »Kauf durch das Personal« meinen kann? Sie könnten erklären, das Wort sei zwar mißverständlich, aber:

> Im Deutschen sind die syntaktischen Beziehungen derart flexibel, daß bei einem determinativen Kompositum das erste Glied nicht unbedingt in genitivischer Relation zum zweiten stehen muß; auch eine mittelbare präpositionale Abhängigkeit des Bestimmungswortes vom Grundwort ist möglich.

Damit hätten Sie sich korrekt und garantiert unverständlich ausgedrückt. Sie könnten auch erklären:

> *Personalkauf* ist richtig gebildet; denn bei einer Zusammensetzung mit *-kauf* muß der vorangehende Wortteil keineswegs immer das bezeichnen, was gekauft wird.

Das wäre deutlicher. Doch überzeugen werden Sie den Kritikus erst mit einem handfesten Beispiel:

> Beim *Maschinenkauf* werden zwar Maschinen gekauft, beim *Hamsterkauf* aber keine Hamster.

Leicht und locker schreiben dauert länger. Vereinfachen kostet die meiste Zeit. Aber es ist der Mühe wert. Mit einem gescheiten Vergleich, einem anschaulichen Beispiel erreichen Sie mehr als mit jeder schnell herunterdiktierten Erklärung.

338 Ein Verlag ist umgezogen, ins 10. Obergeschoß eines Hamburger Geschäftshauses. Seinen Umzug gibt er durch eine gut gestaltete Drucksache bekannt. In Foto, Text und Zeichnung wird erklärt, wie man die Verlagsräume finden kann, je nachdem, ob man im Erdgeschoß, im 1. Obergeschoß, im Parkhaus oder in der Ladenstraße ankommt. Da heißt es:

> »Wenn Sie im Erdgeschoß ankommen, liegt der Eingang zwischen dem Tabakgeschäft (links) und dem Briefmarkengeschäft (rechts).«

Das ist nicht ganz logisch. Wieso nicht?

339 Journalisten werden von der Industrie derart mit Presseinformationen eingedeckt, daß sie das weitaus meiste davon ungelesen in den Papierkorb werfen müssen. Um diesem mißlichen Zustand abzuhelfen, haben sich findige Köpfe ein neues Informationsmittel ausgedacht, sogenannte Pressekontaktkarten. Das sind bebilderte Postkarten im Abreißblock, die außer der Adresse des Herstellers nur den Kern seiner Produktinformation enthalten und mit denen der Journalist bei Interesse nähere Informationen anfordern kann.
Ein Verlag, der solche Kontaktkarten verschickt, schreibt an Journalisten:

> »Wir möchten zwischen Ihnen als Journalist und den betreffenden Informationsgebern eine Kontaktbrücke bauen.«

a) Wissen Sie noch, wie der Dativ von *Journalist* heißt?

b) Was halten Sie vom Bau einer *Kontaktbrücke?*

340 Eine Anlageberatung empfiehlt, Minenwerte in Kanada zu kaufen, vor allem Gold und Silber. Begründung:

> »Auf längere Sicht wird auch die Nachfrage nach anderen Metallen ständig steigen. Und mit der Nachfrage die Kurse ... «

a) Der zweite, unvollständige Satz müßte eigentlich ein Prädikat im Plural haben. Wie würde er grammatisch korrekt lauten?

b) Welche Form ist die stilistisch bessere, die grammatisch korrekte oder die aus dem Werbebrief?

338 Weil der Eingang im Erdgeschoß ständig zwischen Tabak- und Briefmarkengeschäft liegt, ob Sie nun im Erdgeschoß ankommen oder nicht. Hier ist ein Zwischengedanke ausgelassen worden. Korrekt wäre:

> Wenn Sie im Erdgeschoß ankommen, *benutzen Sie den Eingang*, der zwischen dem Tabak- und dem Briefmarkengeschäft liegt.

Ausgelassene Zwischengedanken sind meistens der Logik abträglich, aber selten dem Stil. Sie merken es ja selbst beim Texten: Ein Satz wirkt oft frischer, wenn er eine klitzekleine Ungenauigkeit enthält. Was aber nicht heißt, daß sich Sprachlogik und Lebendigkeit ausschlössen:

> Wenn Sie im Erdgeschoß ankommen, *finden Sie den Eingang* zwischen ...

339 a *Journalist* gehört wie *Jurist, Prokurist, Germanist* zu den männlichen Substantiven, denen man heute im Genitiv, Dativ und Akkusativ Singular gern das Beugungs-*en* amputiert. Ob und, wenn ja, wieweit das schon richtig oder noch falsch ist, darüber gehen die Meinungen auseinander. An sich müßte es heißen: ... *zwischen Ihnen als Journalisten und* ... Allerdings könnte man das auch für den Plural halten. Wer deutlich machen will, daß er sich an einen einzigen Leser wendet, müßte auf eine andere Formulierung ausweichen, etwa auf ... *zwischen Ihnen als journalistisch Tätigem und* ...

b Wohl auch nicht viel, was? Entweder *stellt man den Kontakt her*, oder man *knüpft* ihn, oder man *baut eine Brücke*; eines genügt. Daß so eine Brücke nicht aus Beton ist, wird sich ein Journalist ja denken können.

340 a *Und mit der Nachfrage werden es die Kurse* ...

b Hier würde grammatische Hyperkorrektheit den Stil nur versteifen. Der Originalsatz, der sich um die Kongruenz im Numerus einen Teufel schert, klingt frischer.

341 Zwei Sätze aus Werbetexten:

a) »Nach Aufgabe der Produktion in Ellerbeck wird die 1978 in Recklinghausen errichtete Fabrik die einzige zentrale Produktionsstätte der XY GmbH.«

b) »Herr B. hat die Firma aus eigener persönlicher Initiative übernommen.«

Inhaltlich haben beide Sätze nichts miteinander zu tun, doch wird in beiden aus dem Wunsch, einen Sachverhalt möglichst deutlich zu bezeichnen, ein Doppelmops produziert. Wieso?

342 »Muß es mit zunehmend*en* oder mit zunehmend*em* Alter heißen?« fragte mich jemand aus einer Firma, die Sachversicherungen für Elektrogeräte anbietet:

> »Und es ist nun einmal eine Binsenweisheit, daß auch Fernsehgeräte *mit zunehmenden* (?) *Alter* immer reparaturanfälliger werden.«

»Es geht darum«, fügte er hinzu, »daß eine Mehrzahl des Begriffes *Alter* erreicht wird.« Was hätten Sie ihm geantwortet?

343 Seit einiger Zeit kann man beobachten, daß Fachleute immer häufiger Wörter in die Mehrzahl setzen, die früher nur in der Einzahl gebräuchlich waren. *Alter* ist ein solches Wort. Aber auch wenn ein Versicherungsfachmann von *Lebensaltern* oder von *Ablaufaltern* spricht, brauchen wir ihm das nicht nachzumachen. Wie würden Sie das kleine Sprachproblem der Frage 342 lösen?

344 Ein Geschenkartikelversand bietet unter vielen netten Kleinigkeiten Eierbecher mit Mützchen an. Dazu heißt es:

> »Frühstückseier frieren zwar nicht, aber sie werden gern kalt. Setzen Sie ihnen bunte Pudelmützen auf.«

Zwei Sätze, frisch und ansprechend. Trotzdem eine Frage: Stimmt es, daß gekochte Eier *gern* kalt werden oder – beispielsweise – Frau Müller sich bei nassem Wetter *gern* einen Schnupfen holt?

341 a Die *zentrale Produktionsstätte* gib es nur im Singular, *zentral* kann nur eine *einzige* sein. *einzige* ist gut entbehrlich.

b Mit der *eigenen persönlichen Initiative* ist es nicht anders. Wer etwas aus *persönlicher* Initiative unternimmt, tut es auch immer aus *eigener*. Und umgekehrt. *persönlicher* ist höchst überflüssig.

342 Meine Antwort:

Wenn Sie *Alter* in den Plural setzen wollen, müßte die Stelle heißen: *Mit zunehmenden Altern*. Aber so sagt man nicht. *Alter* gehört zu den Wörtern, die normalsprachlich nur in der Einzahl verwendet werden. Wir alle werden *im Alter* ein bißchen tuddelig, nicht »in den Altern«, obgleich jeder sein eigenes Alter hat.

343 Zwei Vorschläge:

a Man schreibt dem Kunden normal-, nicht fachsprachlich:

... daß auch Fernsehgeräte mit zunehmendem Alter ...

b Man umgeht die Schwierigkeit, indem man vereinzelt, also aus dem Plural *Fernsehgeräte* einen Singular macht:

... daß auch jedes Fernsehgerät mit zunehmendem Alter ...

344 Wörter wandeln sich, oft erweitern sie ihre Bedeutung. *gern* hat in der Umgangssprache auch den Sinn ›gewöhnlich‹ und ›normalerweise‹ angenommen; es ist aber kürzer, leichter, flexibler und dadurch für einen Werbetext brauchbarer als die schwerfälligen Adverbien vom Typ *üblicherweise* und *gewohnheitsmäßig*.

345 Eine Reisegesellschaft in Zürich gibt ihre Rufnummer mit dem Sprüchlein bekannt:

»Die heisse Nummer für Ferien zu heissen Preisen: 01/...«

Heiße Preise? Davon läßt man lieber die Finger, denn sonst verbrennt man sich. Mit welchen Adjektiven ließen sich günstige Preise besser signalisieren?

346 So gut wie alles läßt sich mit unterschiedlicher Intensität ausdrükken. Wer eine *geschlagene* Stunde gewartet hat, dem ist das Warten verdammt sauer geworden, saurer jedenfalls, als wenn er eine *ganze* Stunde gewartet hätte. Kostet umgekehrt eine Eintrittskarte *ganze* fünf Mark, dann belastet sie den Geldbeutel weniger, als wenn sie *nur* fünf Mark kosten würde. Was halten Sie nun davon, wenn der Herausgeber eines Loseblattwerks in einem Werbebrief schreibt:

»Und jeden Monat wächst das Grundwerk weiter. Denn Monat für Monat kommt Wissenswertes hinzu. Als Ergänzungslieferung für ganze 40,8 Pfennige die Seite.«

347 Ein Textilversand aus Suser in der Schweiz bietet *Frotté-Stretch-Fix-Leintücher* an. Was ist daran wohl aus Leinen?

348 Eines von verschiedenen Fallbeispielen, mit denen die Barmenia gesetzlich Krankenversicherte von den Vorzügen einer privaten Krankenversicherung überzeugen möchte, ist das einer seit kurzem privatversicherten jungen Familie, Antje und Uwe K. mit Töchterchen. Im Prospekt heißt es:

»Arzt oder Heilpraktiker nach Wahl, keine Überweisungsscheine, 100 % Kostenerstattung für Zahnbehandlung und bis zu 75 % für Zahnersatz. Frau K. entschied sich z. B. erst kürzlich für Kontaktlinsen. Dafür wurden ihr früher nur 20 Mark für das Gestell und die Kosten für einfache Brillengläser erstattet ...«

Wenn es Ihnen beim Lesen auch so ergangen ist wie mir beim ersten Draufschauen, müßten Sie sich jetzt darüber wundern, daß es für Kontaktlinsen Gestelle geben soll, die 20 Mark kosten. Oder? Wie hätte sich das Mißverständnis vermeiden lassen?

345 Beispielsweise mit *christlich, brieftaschenfreundlich, erfreulich, himmlisch, hochinteressant, human, sonnig, sympathisch, wohltuend, zivil* und sogar mit *zuckersüß.*

346 Erstens heißt der Plural von ›Pfennig‹ *Pfennig* – 40 *Pfennige* sind 40 Kupfermünzen. Zweitens ist ein Seitenpreis von *40,8 Pfennig* ganz schön happig und drittens alles andere als *ganz*, denn der Vierfünftelpfennig hinter dem Komma ist ja ein kaputter. Mit anderen Worten: Der Satzsinn darf dem Wortsinn nicht widersprechen.

Zwei Auswege: Entweder ungeniert abrunden: *für ganze 40 Pfennig die Seite* – oder aber ohne Beschönigung: *für 40,8 Pfennig die Seite.*

347 Nichts. Trotzdem muß man *Fixleintuch* nicht unbedingt durch *Spannbettuch* (nur zwei *t*!) ersetzen wollen. Überhaupt handelt die Direktwerbung unklug, wenn sie vertraute Begriffe aufgibt, bloß weil die Zeit darüber hinweggegangen ist. Die meisten Menschen hängen stärker am Gewohnten, als Werber glauben wollen. Möhren werden noch immer auf dem *Reibeisen* gerieben, Blusen noch immer mit dem *Bügeleisen* geglättet, auch wenn das eine Eisen aus Cromargan und das andere zur Hauptsache aus Aluminium und Kunststoff besteht.

348 Wer leicht lesbar schreiben und schnell verstanden werden will, darf sich keine Textsprünge leisten. Er muß immer hübsch der Reihe nach erzählen. Das hat der Barmenia-Texter nicht getan; er hat etwas Wichtiges übersprungen. Auf *Kontaktlinsen* folgt bei ihm ziemlich bald das Wort *Gestell*, ohne daß vorher der Begriff *Brille* gefallen wäre. Deutlicher wäre es gewesen, er hätte erst von den Brillengläsern und dann vom Gestell gesprochen:

> Frau K. entschied sich erst kürzlich für Kontaktlinsen. Dafür wären ihr früher nur die Kosten für einfache Brillengläser und 20 Mark für das Gestell erstattet worden ...

Oder – narrensicher – *... und 20 Mark für das Brillengestell ...*

349 Man sagt *am 30. Oktober vorigen Jahres* und *am 30. Oktober nächsten Jahres*. Sagt man aber »am 30. Oktober diesen Jahres«, dann ist das plötzlich falsch. Können Sie sich erklären, warum es *Anfang vorigen* und *Ende nächsten*, aber *Mitte dieses Jahres* heißen muß?

350 »Müssen wir, wenn wir nichts falsch machen wollen, in unseren Briefen immer *am 30. Oktober dieses Jahres* schreiben und nicht, wie man es doch oft hört, *diesen Jahres?*« fragte mich eine Korrespondentin des Deutschen Bücherbunds in Stuttgart. Wenn Sie die Frage zu beantworten hätten und meine Antwort 349 gelesen haben, müßten Sie darauf mit Ja antworten, nicht wahr?

351 Auch wenn man sich die größte Mühe gibt, klar und einfach zu schreiben – hinterher stellt man oft fest, daß es noch einfacher gegangen wäre. Das habe ich eben wieder beim Übersetzen eines Artikels aus dem Amerikanischen gemerkt, der von den schwierigen Jahren des Heranwachsens handelt. Ein Satz aus dem Original:

> »Troubled teens represent only a small fraction of the total adolescent population.«

In einer Wort-für-Wort-Übersetzung hieße das:

> Verhaltensgestörte Teens stellen nur einen kleinen Bruchteil der gesamten heranwachsenden Bevölkerung dar.

Bruchteil, so habe ich mir gesagt, läßt sich ohne Sinnverlust zu *Teil* verkürzen, und *die gesamte heranwachsende Bevölkerung* ist nichts anderes als *alle Jugendlichen*. Und so lautete meine Übersetzung:

> Verhaltensgestörte Teens machen nur einen kleinen Teil aller Jugendlichen aus.

Ein Kollege aber hat mir bewiesen, daß es noch einfacher geht. Können Sie sich denken, wie?

349 Das liegt an der Wortart. *nächstes* und *voriges* sind Adjektive; wir deklinieren sie schwach, ihr Genitiv Singular endet vor männlichen und sächlichen Substantiven auf *-en*. Genauso, wie wir noch *heutigen Tags* etwas *frohen Herzens* und *heitern Sinns* genießen können, sollten wir spätestens zu Beginn *nächsten Jahres* – ein früherer Zeitpunkt wäre als Grammatikbeispiel unbrauchbar – gute Vorsätze in die Tat umsetzen.

dieses aber ist ein Demonstrativpronomen; es wird stark dekliniert wie der bestimmte Artikel *das*. Wir sagen *Anfang des Jahres* und dementsprechend *Anfang dieses Jahres*.

350 Nein. »*dieses Jahres* ist zwar die richtige Form, aber zuallererst«, so habe ich der Korrespondentin geraten, »sollten Sie überlegen, ob Sie den ausdrücklichen Hinweis auf *dieses Jahr* tatsächlich brauchen; bürokratische Übergenauigkeit versteift nur den Stil. Im Frühherbst genügt es, wenn man schreibt:

> Am 12. Mai haben wir die Neuauflage angekündigt – am 30. Oktober wird sie ausgeliefert.

Daß damit nicht der 12. Mai des vergangenen und der 30. Oktober des übernächsten Jahres gemeint sind, wird der Leser sich ja denken können.«

351 *Nur ein kleiner Teil aller Jugendlichen ist verhaltensgestört.*

Immer wieder zeigt es sich: Textarbeit ist Teamarbeit; vier Augen sehen mehr als zwei und sechs mehr als vier.

Haben Sie einen Kollegen, der Ihre Texte kritisch gegenliest? Dann sollten Sie froh und dankbar sein und sich bei Gelegenheit mit kritischer Durchsicht seiner Texte revanchieren.

352 Nur wenige Techniker beherrschen die Technik, ihr Fachwissen in Allgemeinverständlichkeit umzusetzen. Damit das anders wird, hat sich in Stuttgart die tekom gegründet, eine Gesellschaft für technische Kommunikation. Sie will erreichen, daß Verfasser von Bedienungsanleitungen, Wartungsunterlagen und dergleichen »benutzergerecht und verständlich informieren«. Zu ihrer Herbsttagung 1988 lud die tekom mit einem Prospekt ein, in dem es hieß:

> »Die Referate werden mehrmals am Tag wiederholt. Sie suchen sich die Themen, die Sie besonders interessieren, aus unserem Angebot aus und wählen selbst den Zeitpunkt, wann Sie diese zu hören wünschen.
> Für Sie uninteressante Themen können so ohne Zeitverlust ausgelassen werden.«

a) Was würden Sie mit dem Schluß des ersten Satzes tun?
b) Wie würden Sie den letzten Satz im Aktiv ausdrücken?

353 Aus einem Werbebrief einer Brennstoffhandlung:

> »Wer seinen Winterbedarf noch nicht eingedeckt hat, sollte umgehend seinen Bedarf feststellen und mittels der beigefügten Bestellkarte in Auftrag geben.«

Wieso geht das schlecht?

354 »Unerfreulicher kann einem die Zustellung von Blumen kaum angedroht werden«, schrieb mir Uwe M. aus Fellbach und schickte mir zum Beweis die Benachrichtigungskarte eines Blumengeschäfts; er hatte sie, als er nach Hause kam, in seinem Briefkasten gefunden. Die gedruckte Karte informiert den »sehr geehrten Kunden« darüber, daß man ihm einen Blumengruß hätte überreichen sollen, ihn aber nicht angetroffen habe und die Blumen auch nirgends habe abgeben können. Sie schließt so:

> »Wir sahen uns gezwungen, die Blumen wieder mitzunehmen, und bitten Sie höflich, sich zwecks Vereinbarung ihrer Aushändigung mit uns in Verbindung zu setzen.«

Was ist an diesem kurzen Text besonders ärgerlich? Und wie ließe er sich vorwurfsfrei fassen?

352 a ... *wann Sie diese zu hören wünschen* – noch steifer läßt sich das wirklich nicht sagen. Das liegt außer am substantivischen *diese* am bürodeutschen *wünschen*. Lockerer:

> Sie suchen sich aus unserem Angebot aus, *was Sie besonders interessiert, und hören es sich dann an, wenn es Ihnen am besten paßt.*

b *So lassen Sie weg,* was für Sie uninteressant ist, und verlieren keine Zeit.

353 Weil man in natürlicher Sprache weder einen Bedarf mittels Bestellkarte in Auftrag geben noch ihn eindecken kann. Bestenfalls kann man ihn *haben*. Eindecken kann man sich, aber nicht mit Bedarf, sondern mit Heizöl. So hätte die Brennstoffhandlung schreiben sollen:

> Wenn Sie sich noch nicht mit Heizöl eingedeckt haben, sollten Sie sich jetzt überlegen, wieviel Sie brauchen, und die Bestellkarte ausgefüllt an uns zurückschicken.

354 Noch ärgerlicher als das üble Bürokratendeutsch ist der verkappte Vorwurf, der in *Wir sahen uns gezwungen* ... steckt. Wer zwingt den Blumenhändler denn, die Blumen wieder mitzunehmen? Der Kunde, der es wagt, nicht anwesend zu sein, wenn der Blumenhändler unangemeldet klingelt? Der Hinweis auf die »gezwungenermaßen erfolgte Wiedermitnahme« ist völlig überflüssig.

Wie nun den Text verbessern? Paul Heise, Werbetexter in Otterberg, schlägt vor:

> Bitte rufen Sie recht bald an, damit wir einen neuen Liefertermin vereinbaren können, falls Sie die Blumen nicht lieber selbst bei uns abholen wollen.

Ich würde noch stärker komprimieren:

> Möchten Sie sich die Blumen bei uns abholen? Sonst rufen Sie bitte an.

355 Ein Immobilienbüro bietet Drei- bis Fünf-Zimmer-Eigentumswohnungen an, Kaufpreis zwischen 390 000 und 432 000 DM. In diesen stolzen Preisen sollte ja eigentlich richtiges Deutsch eingeschlossen sein, aber im Angebotstext heißt es:

> »Für die Wohnung Nr. 8 besteht die Möglichkeit eines Einbaues von einem Schwimmbad im Garten.«

Wie würden Sie den ungeschickt im Nominalstil abgefaßten Satz reparieren?

356 Eine Frage, die in vielen Büros immer wieder auftaucht: Was ist richtig?

a) Wir bestätigen den Erhalt Ihres Schreibens vom ... und *der* beigefügten Unterlagen.

b) Wir bestätigen den Erhalt Ihres Schreibens vom ... und *die* beigefügten Unterlagen.

357 Antwort 356 zeigt, was grammatisch richtig ist. Aber Regelrichtigkeit ist noch lange kein flotter Stil. Wie würde ein geschickter Schreiber die Bestätigung formulieren?

358 Ein Spezialgeschäft für Hemden und Strickmoden verschickt eine »Wichtige Information«:

> »Durch Bauarbeiten bedingt, wurde ein Teil unseres Lagerbestandes (Kleider, Blusen, Röcke, Pullover, Westen, Hemden usw.) geringfügig bestaubt. Unser Grundsatz: Immer nur das Beste für unsere Kunden, zwingt uns, einen Teil dieser Ware bis zu 50 % (fünfzig Prozent!) Nachlaß anzubieten.«

Im zweiten Satz steckt ein Grammatikfehler. Wo?

359 Eine Glanzleistung ist die »Wichtige Information« (358) wirklich nicht. Wieso angestaubte Ware »das Beste für unsere Kunden« sein soll, bleibt unerfindlich.
Wie hätten Sie die Kundschaft über den Preisnachlaß informiert?

355 Vermutlich auch durch radikales Vereinfachen:

Für die Wohnung Nr. 8 läßt sich im Garten ein Schwimmbad einbauen.

356 a ist richtig, denn *Erhalt* bezieht sich nicht nur auf *Schreiben*. Man bestätigt nicht die beigefügten Unterlagen, sondern deren Erhalt:

... den Erhalt Ihres Schreibens und der beigefügten Unterlagen.

357 Überhaupt nicht, er würde sich das ausdrückliche Bestätigen schenken! Wozu wohl hat der Briefbogen eine Bezugszeichenzeile oder einen Bezugszeichenblock!

Ein geschickter Schreiber kommt ohne große Umschweife zur Sache, etwa so:

Aus Ihren Unterlagen – vielen Dank auch! – sehen wir, daß ...

358 »... einen Teil dieser Ware bis zu 50 % ... Nachlaß anzubieten« ist grammatisch falsch. Entweder:

... bis zu 50 % *ermäßigt* anzubieten

oder:

... mit einem Nachlaß bis zu 50 %.

359 Mein Vorschlag:

Beim Umbau hat ein Teil unseres Lagerbestandes ein bißchen Staub abbekommen, wirklich nicht viel. Wenn man es nicht wüßte, sähe man es nicht. Trotzdem haben wir die Preise dieser Waren stark herabgesetzt. Leicht angestaubte Kleider, Blusen, Röcke, Pullover, Westen und Hemden können Sie bei uns jetzt bis zu 50 % (fünfzig Prozent!) unter dem bisherigen Preis bekommen. Die Gelegenheit für jeden, der Gutes gern günstig kauft.

360 Annette L., Absolventin einer Werbeakademie, bietet einer Fachzeitschrift Auszüge aus ihrer Diplomarbeit zur Veröffentlichung an. Und als Alternative:

»Selbstverständlich lassen sich die Themen oder die Diplomarbeit auch zusammengefaßt präsentieren und können von mir jederzeit in gewünschter Weise, längenmäßig oder nach journalistischen Kriterien, umgestellt werden.«

Genau das bezweifelt die Redaktion. Denn wer auf die merkwürdige Idee kommt, eine Fachzeitschrift würde eine Diplomarbeit von weit über hundert Seiten unter Umständen sogar am Stück abdrucken, zeigt damit nur, daß er vom Journalismus keine Ahnung hat. Auch ist der Stil nicht gerade Spitze. Der Satz

Selbstverständlich lassen sich die Themen ... und können von mir ...

wirkt sonderbar steif, sogar falsch. Ist Ihnen klar, was daran nicht stimmt und wie man ihn zurechtrücken müßte, damit er geschmeidiger wird?

361 Eine wäßrige Angelegenheit:

Sehr geehrte Damen und Herren,

Wir sind die Werbeagentur Ihres Messestand-Nachbarn XY auf der nächsten RATIO und bitten Sie heute mit unserem Schreiben um Ihre Unterstützung.

Im Messestand der Firma XY ist eine Wasserver- und -entsorgung vorgesehen, so daß wir Sie heute um Mitteilung darüber bitten, ob in Ihrem Messestand ein Wasseranschluß vorgesehen ist.

Bejahendenfalls dehnen wir unsere Bitte dahingehend aus, ob von Ihrem Messestand eine Verlängerung in den XY-Messestand vorgenommen werden kann ...

Was setzen geschicktere Texter für *ob* (*... so daß wir Sie heute um Mitteilung darüber bitten, ob ...*; *Bejahendenfalls dehnen wir unsere Bitte dahingehend aus, ob ...*)?

360 Leitet eine gemeinsame Adverbialbestimmung *(selbstverständlich)* zwei durch *und* verbundene Teilsätze ein, dann müssen beide Aussagen parallel stehen. Richtig wäre:

> *Selbstverständlich lassen sich die Themen* ... auch zusammengefaßt *präsentieren und* von mir jederzeit ... *umstellen.*

Oder aber man beschränkt die in Spitzenstellung stehende Adverbialbestimmung auf den ersten Teilsatz, macht einen Punkt oder setzt ein Semikolon und formt aus dem zweiten Teilsatz unter Verzicht auf den *und*-Anschluß einen selbständigen Satz:

> Selbstverständlich lassen sich die Themen ... auch zusammengefaßt präsentieren; *sie können* von mir jederzeit ... *umgestellt werden.*

361 Das Fragezeichen. Die direkte Frage ist der direkte Weg zur Antwort; sie bringt einen unkomplizierten, frischen Ton in jede Anfrage und kürzt ab:

> Ist in Ihrem Messestand auf der nächsten RATIO ein Wasseranschluß vorgesehen? Wenn ja, können wir von dort eine Verlängerung in den Nachbarstand legen lassen?

Auch sind direkte Fragen leichter zu formulieren; bei indirekt vorgebrachten Anliegen verhaspelt man sich eher. Vielleicht haben Sie es bemerkt: Der komplizierte, mit *Bejahendenfalls* beginnende Satz im Brief der Agentur hätte nicht mit »ob«, sondern mit *daß* weitergeführt werden müssen.

362 Ein Pforzheimer Versandhaus schreibt einem Kunden, der sich eine neue Uhr zulegen möchte:

»Wir erlauben uns, Ihnen unseren neuesten Geschenkberater sowie einen speziellen Uhrenprospekt beizufügen. Wir sind überzeugt, daß Sie darin bestimmt einen Ersatz für ihre 20 Jahre alte Uhr finden. Über eine neue Bestellung freuen wir uns schon heute.«

a) Das altertümliche *Wir erlauben uns* ist kein guter Start. Sollte man nicht besser mit *Wir schicken Ihnen hier . . .* einsetzen?

b) *unser neuester Geschenkberater* heißt aus der Kundenperspektive wie?

c) *Wir sind überzeugt, daß Sie darin bestimmt . . .* – was ist entbehrlich?

d) Würden auch Sie von *Ersatz* sprechen?

e) Wann kann man sich *über* eine Bestellung freuen?

363 Hätten Sie Lust, den *Wir-erlauben-uns*-Text (362) neu zu fassen?

364 Viele Firmen versenden Angebotsformulare, auf deren Rückseite die *Liefer- und Zahlungsbedingungen* aufgedruckt sind und deren Vorderseite mit einem ewig gleichen Satz wie dem beginnt:

»Wir danken Ihnen für Ihre Anfrage. Für das nachfolgend aufgeführte Angebot gelten die umseitig aufgeführten Bedingungen.«

Nicht nur wegen der unschönen Wiederholung *(aufgeführte/aufgeführten)* sollte man den Angebotskopf neu fassen. Was schlagen Sie vor?

362 a Nein, denn auch dann würden die beiden ersten Sätze mit *Wir* beginnen. Sympathischere Briefe schreibt, wer weniger egozentrisch einsetzt.

b *unser neuester Geschenkberater* ist aus der Sicht des Kunden sein Eigentum, also: *Ihr neuester Geschenkberater.*

c Der Vorreiter *Wir sind überzeugt* ... Ohne das Pochen auf die eigene Überzeugung klingt der Satz frischer und gewinnender: *Bestimmt finden Sie darin* ...

d Wohl kaum. Wo es sich anbietet, sollten wir das Wort *Ersatz* lieber umschreiben; es hat seit damals, als man *Ersatzkaffee* trank und alle möglichen *Ersatzstoffe* produzierte, den Beigeschmack »mindere Qualität«.

e *Über* eine Bestellung kann man sich erst freuen, wenn sie eingetroffen ist. Solange man sie nur erwartet, freut man sich *auf* sie.

363 Ich wäre für:

Hier kommt Ihr neuer Geschenkberater, dazu ein spezieller Uhrenprospekt. Sicher finden Sie darin einiges, was Ihnen noch besser gefallen wird als Ihre gute alte Uhr, die nun nach 20 Jahren ausgedient hat.
Auf Ihre neue Bestellung freuen wir uns schon heute.

364 Man könnte schreiben:

Auf Ihre Anfrage – vielen Dank! – hier das Angebot. Es gelten die umseitig aufgeführten Bedingungen.

Das ist zwar besser, aber noch nicht gut, denn auf das Wort *Bedingungen* reagieren Käufer heute oft allergisch. Verständlich, heißt es doch im Klartext: Der Verkäufer diktiert, der Käufer akzeptiert. Wer nicht gleich so weit gehen und seine *Liefer- und Zahlungsbedingungen* kundenfreundlich in *Ihre Kauf- und Sparvorteile* umdichten will, der sollte wenigstens, wo irgend möglich, das Reizwort *Bedingungen* vermeiden. Ich wäre für:

Hier ist das Angebot, nach dem Sie fragten. Achten Sie auch auf die Rückseite? Danke.

365 Ein Artikel in einer Zeitschrift für Sekretärinnen nimmt eine Seminareinladung auseinander. Zunächst wehrt sich der Autor gegen das Knausern im Büro, wünscht sämtliche Halbbriefe – die DIN-Regeln kennen sie als Sparvordrucke, würden sie aber besser Geizvordrucke nennen – ins Altpapier und fährt fort:

> »Soviel zum falschen Sparen. Ich möchte noch eine Ungereimtheit in diesem Brief besprechen. Da bitte ich Sie aber zunächst, selbst herauszufinden, was hier ungereimt ist. Ich will Sie auf die Fährte setzen: Sehen Sie sich die Absätze ›Seminarthemen‹ und ›Seminartermine‹ genau an.«

Das wirkt stocksteif. Wodurch? Sie kriegen es gewiß kürzer und lockerer hin, wetten?

366 Ein Möbelwerk in Lippe, das an Kunden direkt verkauft, versichert in seinem Prospekt:

> »Auf alle Möbel mit verborgenen Mängeln geben wir drei Jahre Garantie.«

Auf der linken Hälfte des Briefumschlags, in dem dieser Prospekt verschickt wird, ist das so ausgedrückt:

> »Sie tragen nicht das geringste Risiko. Wir geben für verborgene Mängel drei Jahre Garantie.«

Welche Formulierung ziehen Sie vor?

367 Aus einer gekonnt bebilderten Werbung für reizvolle Dessous:

> »XY gehört mit zu den bezauberndsten Garnituren, die es gibt.«

Eine Einschränkung ist niemals werbewirksam. Etwas gleich zweimal mit nichtssagenden Worten einzuschränken bringt erst recht nichts.

Wieso ist der Satz zweimal eingeschränkt? Und wie könnte er ohne Einschränkungen lauten?

365 Wer eine Vorliebe für Stehkragen hat und gern so schreibt, als hätte er einen Besenstiel verschluckt, braucht nur ständig von dem zu sprechen, was er vorhat: *Ich möchte noch …, Da bitte ich Sie aber …, Ich will Sie auf die Fährte setzen …* Für den Leser ist das, was der Autor will, möchte oder erbittet, herzlich unwichtig. Wichtig ist allein, daß der Autor sein Vorhaben in die Tat umsetzt.

Und was den Stil betrifft: Statt der *Ich*-Ankündigungen ein paar Kurzformeln und auch mal ein Imperativ – das wirkt frischer:

> Soviel zum falschen Sparen. *Und nun* zu einer weiteren Ungereimtheit im Brief. *Probieren Sie* erst einmal, ob Sie die nicht selbst entdecken. *Kleiner Tip:* Sehen Sie sich die Absätze ›Seminarthemen‹ und ›Seminartermine‹ genau an.

366 Die eine ist sowenig zu empfehlen wie die andere. *Wir geben für verborgene Mängel drei Jahre Garantie* ist zudem unsinnig; man garantiert nicht für Mängel, sondern für Qualität.

Auf alle Möbel mit verborgenen Mängeln … macht skeptisch – auf die andern Möbel also nicht? Oder sind *verborgene Mängel* etwa bei allen Möbeln zu vermuten?

Mein Rat: Überlassen wir den Terminus *verborgene Mängel* den Juristen, sagen wir es in der Werbung lieber so:

> Sollte sich wirklich einmal ein Mangel zeigen, der auf Material- oder Herstellungsfehler zurückzuführen ist – *Sie haben auf alle Möbel drei Jahre Garantie.*

367 Die erste Einschränkung ist das unnötige *mit* in *gehört mit zu den bezauberndsten Garnituren*, die zweite der nichtssagende Relativsatz *die es gibt*. Wem *XY – eine bezaubernde Garnitur* zu dürftig ist, der könnte das Besondere betonen:

> XY – eine Garnitur mit üppiger Spitze, bezaubernd und verführerisch.

368 Der Informationsdienst des Landes Baden-Württemberg macht auf eine Musterschau des Kunsthandwerks aufmerksam und schreibt:

> »Auch diesmal umfaßt das reichhaltige Angebot Gegenstände aus den verschiedensten Materialgebieten – Metalle, Keramik, Glas, Email, Holz, Leder u. a.«

Würden auch Sie von *Materialgebieten* sprechen?

369 Peter S. aus Schlangenbad braucht einen neuen Bürostuhl und, damit man ihm den bewilligt, ein Attest von seinem Orthopäden. Der legt alle ärztliche Autorität ins Verbale und diktiert:

> »Es wird fachärztlicherseits dafür plädiert, daß der Og. wegen eines Wirbelsäulenleidens eine Sitzerleichterung erfährt inform der Bewilligung einer besonderen Stuhlausführung mit möglichst beweglicher Sitzfläche.«

»Da hat sich aber einer einen abgebrochen«, könnte man jetzt sagen. Oder?

370 Nirgendwo ist der Unterschied zwischen dem munteren Ton der Werbetexter in Anzeigen und dem Krampfdeutsch der Sachbearbeiter in Briefen so groß wie im Versicherungswesen. Da fragt eine Versicherung bei jemandem an, der einen Schaden gemeldet hat, ob inzwischen eine korrekte Lageskizze existiere. Und fährt fort:

> »Bejahendenfalls bitten wir um Herleitung eines Exemplars.«

Hört sich toll an, was? Wie hätten Sie das ausgedrückt?

371 *Schicken Sie uns bitte ..., Lassen Sie uns bitte wissen ...* – das klingt zwar natürlicher als *Wir bitten um Übersendung ..., Wir bitten um Benachrichtigung ...,* aber durch ein zu häufiges *bitte* bekommt ein Brief leicht einen herablassenden Unterton. Was bleibt dem, der nicht ständig *bitte* schreiben möchte?

368 Wozu ein Wort wie *Material*, das für Roh-, Werk-, Kunst-, Bau- und Arbeitsstoff stehen kann, noch um den diffusen Begriff *-gebiet* erweitern? Selbst wenn Ihnen ein Wort nicht präzis genug erscheint – versuchen Sie nicht, es dadurch zu präzisieren, daß Sie es in die Länge ziehen. *Materialien* ist anschaulicher als *Materialgebiete*.

369 Auch das: »Die weitverbreitete Meinung, ein komplizierter, hauptwortreicher Stil verleihe einer Bescheinigung mehr Nachdruck, ist schwer zu widerlegen.«
Ich hätte trotzdem so formuliert:

> Herr Peter S. hat ein Wirbelsäulenleiden. Er sollte an seinem Arbeitsplatz auf einem Stuhl sitzen können, der den heutigen Erkenntnissen der Arbeitsmedizin entspricht.

Eine Kleinigkeit am Rande: Die Präposition »inform« gibt's (noch) nicht; noch gilt die Getrenntschreibung: *in Form*.

370 Für *bejahendenfalls* kann man etwas kürzer, aber nicht besser *in diesem Fall* schreiben; ich wäre für *wenn ja*.
Und *bitten wir um Herleitung* heißt in normalem Deutsch: *Schicken Sie uns bitte ...*
Allen Büroberuflern ins Stammbuch: Vermeiden Sie die Formulierung *Wir bitten um ...*, denn danach kann es nur mit einem Substantiv weitergehen, meistens ist es eines auf *-ung: ... um Übersendung/Mitteilung/Benachrichtigung.*

371 Er könnte variieren mit:

> *Seien Sie so gut und schicken Sie uns ...*

Oder daran denken, daß man eine Bitte auch als Frage vorbringen kann. Das Beispiel aus 370 könnte lauten:

> *Existiert bereits eine korrekte Lageskizze? Wenn ja, schicken Sie uns eine Kopie?*

372 Ein Lotterieeinnehmer schreibt:

»Zwei Originallose habe ich für Sie zur Auswahl beigelegt. Bestimmen Sie den Einsatz selbst und notieren ihn bitte auf beiliegendem Bestellschein.«

Woran liegt es, daß der zweite Satz holperig klingt?

373 Aus einem Werbeprospekt der FDP:

»Als Vorsitzende des XY-Frauendienstes appelliere ich immer wieder an den Oberbürgermeister und die Gemeinderäte, eine andere Festsetzung der Prioritäten zugunsten der vordringlichen sozialen Aufgaben vorzunehmen.«

... *eine andere Festsetzung der Prioritäten vornehmen* – so etwas nennen Grammatiker eine Streckkonstruktion. Wer leicht und locker schreiben will, vermeidet solche mit inhaltslosen Worten in die Länge gezogenen Wendungen und sagt es kürzer. Hier wie?

374 Werbung mit Luftballons, eine Werbe-Idee aus »Werbe-Ideen«:

»Es gibt sie in allen Formen und Farben. Sie lassen sich schnell aufblasen und individuell bedrucken. Man kann sie für Dekorationszwecke an und im Laden benutzen ... «

a) Ist da nicht die Reihenfolge durcheinandergeraten?

b) Wozu läßt sich etwas, was man *für Dekorationszwecke* benutzen kann, sonst noch benutzen?

c) Worüber ist Ihr scharfes Auge im letzten Satz außerdem gestolpert?

375 »Wir sprechen Sie als Schiedsrichter an«, schrieb mir jemand von der Zentralstelle Absatz der Deutschen Bundesbahn in Mainz. Es ging um die Frage, ob der Restaurantwagen-Service *ein integrierendes* oder *ein integriertes Element im Leistungsangebot* der Deutschen Bundesbahn sei. Was soll man antworten?

372 Grammatisch gesehen ist der zweite Satz ein Aufforderungs-, kein Aussagesatz. Während sich im Aussagesatz das am Anfang stehende Subjekt auf beide durch *und* verbundenen Satzteile bezieht:

> *Sie bestimmen* den Einsatz selbst *und notieren* ihn bitte auf beiliegendem Bestellschein,

muß im Aufforderungssatz das Subjekt im zweiten Satzteil wiederholt werden:

> *Bestimmen Sie* den Einsatz selbst, *und notieren Sie* ihn bitte auf beiliegendem Bestellschein.

373 *... die Prioritäten zugunsten der vordringlichen sozialen Aufgaben anders zu setzen.*

374 a Ja, in der Regel werden Luftballons erst bedruckt und dann aufgeblasen.

b Man kann es ganz einfach *zur Dekoration* benutzen, die angehängten *-zwecke* sind verbaler Leerlauf. Noch einfacher: man kann damit *dekorieren.*

c *an und im Laden* – das paßt nicht zusammen. Wo man *in* mit *dem* zu *im* verschleift, muß man das auch mit dem vorangehenden *an* tun: *am und im Laden.*

375 Zuerst müßte geklärt werden, was überhaupt gemeint ist. Soll gesagt werden, daß der Restaurantwagen-Service ein sich einfügender, zur Bildung eines Ganzen wesentlich beitragender Bestandteil ist? Dann wäre er ein *integrierendes Element.*
Oder soll gesagt werden, daß der Restaurantwagen-Service nicht mehr wegzudenken ist, weil bereits fest eingegliedert? Dann wäre er *ein in das Leistungsangebot integriertes Element* (aber kein »integriertes Element im Leistungsangebot«).
Wozu ich rate? Zu keinem der beiden Ausdrücke; sie sagen mit tönenden Worten so gut wie nichts. Statt sich über eine inhaltsleere Aussage den Kopf zu zerbrechen, sollte man es lieber mit Klartext versuchen. Und dabei gleich überlegen, worin sich wohl das *Leistungsangebot,* das die Bahn ihren Fahrgästen macht, von einem *Angebot* unterscheidet.

376 Pelikan empfiehlt in einem Werbebrief einen Markierungsstift mit den Worten:

> »Mit der breiten Markierungsspur das Markana-Spot können Sie die Wörter einfach überstreichen. Seine gelbe, transparente Farbe hebt diese Stellen mit großer Leuchtkraft aus dem übrigen Text heraus. Wichtige Daten und Fakten werden schneller erfaßt und die nachfolgenden Leser sofort auf das Wichtigste aufmerksam gemacht.«

Wie ließe sich der letzte Satz lebendiger formulieren?

377 Auf der Hannover-Messe wurde die Null-Nummer einer Fachzeitschrift für das Versicherungswesen vorgestellt. In einem an mögliche Inserenten gerichteten Prospekt heißt es dazu:

> »Versicherungsbetriebe sind gegenüber modernen Ideen und Verfahrensweisen zur Verbesserung ihrer Dienstleistungen aufgeschlossen und auch finanzstarke Verbraucher und Anwender neuzeitlicher Büro- und Betriebstechnik.«

Der Satz hat zwei Schwachstellen. Welche? Und wie müßte er – unter Anlehnung an den Wortlaut – geändert werden?

378 An anderer Stelle im selben Prospekt weist der Verlag darauf hin, daß er noch andere Fachzeitschriften herausgibt, die ebenfalls interessante Werbeträger seien. Um mögliche Bedenken zu zerstreuen, versichert er:

> »Die Leserschaft der im XY-Verlag erscheinenden Zeitschriften wird sich in keiner Weise überschneiden.«

Daran ist kein Wort übertrieben. Wieso nicht?

376 Zum Beispiel dadurch, daß man die zweite Satzhälfte ins Aktiv setzt:

Wichtige Daten und Fakten werden schneller erfaßt. *Wer den Text nach Ihnen liest, sieht gleich, worauf es ankommt.*

377 Hier werden zwei Aussagen von *sind* abhängig gemacht: Versicherungsbetriebe *sind aufgeschlossen für ... und auch finanzstarke Verbraucher von ...* Ein einziges *sind* kann aber nicht gut für Aussagen stehen, die einmal auf die Frage »Wie?« antworten (Wie sind Versicherungsbetriebe? Aufgeschlossen) und einmal auf die Frage »Wer oder was?« (Wer oder was sind Versicherungsbetriebe? Finanzstarke Verbraucher).

Zur Verdeutlichung ein simples Parallelbeispiel: *Hühner sind dumm und auch Tiere.* Korrigieren ließe sich die Konstruktion, indem man anstelle des *und-auch*-Anschlusses Subjekt und Hilfsverb wiederholt: *Hühner sind dumm, sie sind Tiere.*

Kaffee und Zahnpasta, Papier und Farbbänder kann man verbrauchen, nicht aber Büro- und Betriebstechnik. Sie läßt sich allenfalls *anwenden*, gewiß aber *nutzen*.

So würde ich ändern:

> Versicherungsbetriebe sind aufgeschlossen für moderne Ideen und Verfahren zur Verbesserung ihrer Dienstleistungen, *und – nicht zu vergessen – sie sind finanzstarke Nutzer* neuzeitlicher Büro- und Betriebstechnik.

378 Weil sich die Leserschaft gar nicht überschneiden kann. Überschneiden kann sich nur, was aus mindestens zwei Teilen besteht. *Leserschaft* aber ist ein Kollektivum, als Sammelname Bezeichnung in der Einzahl. Sie kann sich sowenig überschneiden, wie sich ein einzelner Leser überschneiden kann. Gemeint ist:

> *Die im XY-Verlag erscheinenden Zeitschriften wenden sich an sehr verschiedene Zielgruppen; Überschneidungen gibt es nicht.*

379 Ein Stuttgarter Bankhaus gibt jedes Jahr einen informativen Bericht über den Grundstücksmarkt im Großraum Stuttgart heraus. In Stuttgart ist das Bauland knapp, der Wohlstand groß und der Wunsch nach einem eigenen Häusle noch größer. So steht es aber nicht in dem Bericht, der hat einen anderen Stil:

> »Neben der Ausweisung und Erschließung neuer Bauflächen in preisgünstigen Randgebieten mit entsprechendem Ausbau der öffentlichen Verkehrsmittel könnte eine flexiblere Handhabung der bestehenden Bauvorschriften seitens der Behörden zur intensiveren Bebauung der innerstädtischen und stadtnahen Grundstücke eine gewisse Auflockerung am Stuttgarter Grundstücksmarkt schaffen.«

Möchten Sie einmal probieren, den Bandwurmsatz, in dem tatsächlich kein Komma fehlt, so umzuschreiben, daß er leichter verständlich wird?

380 Ist Ihnen klar, wieso sich die Neufassung 379 leichter liest als der Originalsatz über den Stuttgarter Grundstücksmarkt?

381 Die Leitung der Messe Frankfurt verschickte eine Pressemitteilung über einen Kongreß zum Thema »Geschäftsreisen«, der Ende 1988 in ihren Räumen stattgefunden hatte. Überschrieben ist die Mitteilung so:

> »Europa muß selbstbewußt handeln«
>
> *Forderung nach von den USA unabhängiger Luftverkehrspolitik*

Zwei Präpositionen direkt nebeneinanderzustellen wie hier im Untertitel *nach* und *von,* das ist zwar kein falsches, aber auch kein gutes Deutsch.

Sie kennen bestimmt zwei Möglichkeiten, den Untertitel verständlicher zu formulieren. Kommen Sie drauf?

379 Ein Vorschlag:

Am Stuttgarter Grundstücksmarkt könnte das Angebot größer sein. Dazu müßten aber in den preisgünstigeren Randgebieten neue Bauflächen ausgewiesen und erschlossen und die S-Bahn-Strecken weiter ausgebaut werden. Innerstädtische und stadtnahe Grundstücke ließen sich intensiver bebauen, wenn die Behörden die Bauvorschriften flexibler handhabten.

380 Es liegt nicht allein daran, daß der Bandwurm in drei Segmente zerteilt ist. Mindestens so wichtig ist etwas anderes: Sechs farblose Substantive, darunter fünf *-ung*-Wörter – *Ausweisung, Erschließung, Ausbau, Handhabung, Bebauung, Auflockerung* –, sind in der Neufassung zu Verben geworden, die *öffentlichen Verkehrsmittel* (die man ja eigentlich nicht ausbauen kann) zu *S-Bahn-Strecken* konkretisiert.

Folgerung für jeden, der gern gelesen werden will: Knausern Sie mit Substantiven, die der Leser sich nur schemenhaft ins Bild umsetzen kann. Seien Sie verschwenderisch mit Verben; Verben bringen Leben in den Text.

381 Zunächst bietet sich der gute alte Relativsatz an, der immer deutlicher ist als jeder längere Einschub vor einem sinntragenden Substantiv, das hier *Luftverkehrspolitik* heißt:

> Forderung nach einer Luftverkehrspolitik, *die von den USA unabhängig ist*

Zu lang, zu umständlich? Dann bleibt als zweite Möglichkeit, die beiden Präpositionen durch einen Artikel (Geschlechtswort) voneinander zu trennen:

> Forderung nach *einer* von den USA unabhängigen Luftverkehrspolitik

Schon läuft der Untertitel glatter, schon wird er leichter verstanden.

382 Eine Schweizer Büromöbelfabrik bietet Bauelemente an, die sich je nach Bedarf immer wieder anders zu Bürozellen kombinieren lassen. Unter der Überschrift *Der Mensch steht im Mittelpunkt* verkündet der Prospekt in schönstem Nominalstil:

> »Steigerung der Leistung und Förderung der Kreativität durch Respektierung seines Wunsches nach Geborgenheit, Wohlbefinden, Privatsphäre bei gleichzeitiger Beteiligung am Umweltgeschehen.«

Die Häufung von Substantiven beschwert den Satz, macht ihn abstrakt und schwer verständlich. Möchten Sie nicht einmal versuchen, wenigstens einen Teil der Substantive durch Verben zu ersetzen?

383 Ein Münchner Ferntouristikunternehmen schreibt in seinem Angebot:

> »Sie bezahlen für diese Traumreisen in vier Kontinente Traumpreise, die sich kaum von einem Urlaub in Europa unterscheiden. Preise in die Karibische See und in den Fernen Osten sind dieses Jahr besonders günstig.«

Gedrängte Sprache hat viel für sich. Aber man kann nicht wichtige Satzteile auslassen, ohne daß die Logik leidet. Erkennen Sie die Sinnlücken?

384 Langes Schild an einer Haltestelle der Stuttgarter U-Straßenbahn:

KEIN FAHRAUSWEISVERKAUF

Wie hätten Sie die gleiche Information menschenfreundlicher, weil besser lesbar, formuliert?

382 Mein Vorschlag kann nur Anhaltspunkt sein:

> Wo man seine Sehnsucht nach Geborgenheit, Wohlbefinden und Privatsphäre respektiert und ihn doch gleichzeitig am Umweltgeschehen beteiligt, steigt die Leistung, wächst die Kreativität.

383 Es gibt keine Traumpreise, die sich kaum von einem Urlaub unterscheiden; aber natürlich gibt es Preise, die sich kaum von *denen für einen Urlaub* unterscheiden. Auch gibt es keine Preise in die Karibische See, sondern nur *Preise für Flüge und Fahrten in die Karibik.* – Vorschlag, in puncto Logik auch nicht etepetete:

> Traumreisen in vier Kontinente zu Traumpreisen, kaum teurer als ein Urlaub in Europa! Die Karibik und den Fernen Osten gibt's bei uns dieses Jahr schon ab ... Mark.

384 Sie hätten gewiß auf die schwer lesbaren Großbuchstaben verzichtet und das lange Wort in seine Bestandteile zerlegt:

> Kein Verkauf von Fahrausweisen

Kurze Wörter kann das Auge besser erkennen. Zerschlagen Sie deshalb, wo es irgend geht, lange Wörter in kleinere Stücke. Der »Einkommensteuererklärungsabgabetermin« ist in verständlichem Deutsch der *Termin zur Abgabe der Einkommensteuererklärung*, ein »Fachschulaufnahmeantragsformular« ein *Formular für den Antrag auf Aufnahme in eine Fachschule* und ein »Kultusministerkonferenzbeschluß« ein *auf der Ständigen Konferenz der Kultusminister gefaßter Beschluß.*

Erstens sind kurze Wörter besser verständlich, und zweitens wird jetzt durch Präpositionen deutlich, wie die einzelnen Glieder eines zerschlagenen Kompositums aufeinander zu beziehen sind. Dem Kompositum sieht man das nämlich oft nicht an. Schon bei einer dreigliedrigen Zusammensetzung wie *Büroinformationssysteme* kann man rätseln, wo die Sinnfuge steckt: Geht es um Informationssysteme fürs Büro oder um Systeme zur – was immer das sein mag – Büroinformation?

385 Ein Pforzheimer Großversandhaus ließ vor Weihnachten seine Kunden raten, welcher Artikel aus dem großen Angebot der Renner des Weihnachtsgeschäfts würde:

»Jeder Teilnehmer, der richtig getippt hat, erhält den am meisten bestellten Gegenstand geschenkt – ganz egal, ob es sich um einen Diamantring, einen Pelzmantel, einen Leder- oder sonstigen Artikel handelt.«

... *einen Leder- oder sonstigen Artikel* – ist das richtiges Deutsch?

386 Eine Landesbausparkasse schreibt in einem Akquisitionsbrief:

»Mit neuen Finanzierungsmodellen können wir Ihnen den Bau oder den Kauf des eigenen Hauses, einer Eigentumswohnung oder andere wohnwirtschaftliche Maßnahmen entscheidend erleichtern. Auch bei geringem Eigenkapital.«

... *oder andere wohnwirtschaftliche Maßnahmen* – hört sich toll an, was? Aber konkreter wird's besser verstanden. Dann könnte es beispielsweise wie lauten?

387 Wer kürzere Sätze bildet, schreibt verständlicher. Wie würden Sie den zu lang geratenen Satz zerlegen?

»Wenn wir Ihnen mit unserem Schreiben und dem beigefügten Prospekt eine Anregung für die rendite- und krisensichere Anlage des Ihnen zur Verfügung stehenden Kapitals geben konnten und Sie an weiterer Information über uns und den zur Zeit angebotenen Fonds interessiert sind, benutzen Sie bitte die beiliegende Antwortkarte.«

388 Tester gesucht:

»Wir möchten Sie freundlich einladen, den neuartigen XY-Rasierapparat ohne Verpflichtung während zehn Tagen auszuprobieren.«

Abgesehen davon, daß sich das geschickter sagen ließe: Ist *während zehn Tagen* richtiges Deutsch?

385 Ja, solche Konstruktionen gelten als zulässig. Doch wenn etwas richtig ist, ist es damit noch lange nicht gut. Sagen wir es lieber konkreter:

> ... ganz egal, ob es ein Diamantring, ein Pelzmantel, *eine Lederjacke oder ein anderer Artikel ist.*

386 Ich wäre für:

> Mit neuen Finanzierungsmodellen können wir Ihnen den Bau oder Kauf eines Hauses oder einer Eigentumswohnung, *auch Anbauten, Umbauten oder eine größere Renovierung*, entscheidend erleichtern. Selbst bei geringem Eigenkapital.

387 Eine Möglichkeit von vielen:

> Blättern Sie doch einmal den Prospekt durch. Die Seiten ... und ... möchten wir Ihnen besonders ans Herz legen. Aber auch sonst werden Sie manche Anregung für die rendite- und krisensichere Anlage Ihres Kapitals finden.
>
> Weitere Informationen über uns und den gerade angebotenen Fonds kommen, sobald Sie uns die Antwortkarte zurückgeschickt haben.

388 Nach *während* steht der Genitiv: *während der nächsten zehn Tage.* Ist aber der Genitiv in einer kürzeren Formulierung wie *während zehn Tage* nicht als Genitiv erkennbar, weicht man auf den Dativ aus: *während zehn Tagen* ist tatsächlich grammatisch korrekt. Doch ein erfahrener Texter würde anders formulieren, vielleicht so:

> Hätten Sie nicht Lust, sich *zehn Tage lang* jeden Morgen mit dem neuen XY-Apparat zu rasieren? Mit dem Ausprobieren gehen Sie keine Verpflichtung ein.

389 Daß man für *unterschiedlich* auch *verschieden* sagen könnte, ist in Vergessenheit geraten: *verschieden* ist offenbar verschieden. Wie wäre es mit einem Wiederbelebungsversuch?

> *Vier unterschiedliche Firmen – vier unterschiedliche Meinungen –*

sollte man da nicht besser schreiben:

> *Vier verschiedene Firmen – vier verschiedene Meinungen*

390 Lilien Porzellan Austria gibt eine Sammelteller-Serie »Die Meisterwerke des Franz von Defregger« heraus. Der Prospekt, mit dem der erste Sammelteller angeboten wird, enthält eine kurze Lebensbeschreibung des Malers. Da heißt es zunächst, Defregger habe eigentlich den väterlichen Hof übernehmen sollen, aber ...

> ... mit eisernem Willen und unendlichem Fleiß setzte er seine Aufnahme an der Münchner Kunstakademie durch, wo er später bei dem berühmten Historienmaler Piloty studierte. Doch schon mit seinen ersten Historienbildern vermochte er aus dem Schatten Pilotys zu treten. Er findet seinen eigenständigen künstlerischen Stil. Vom Publikum bewundert und von der Kritik verwöhnt, eilte Defregger in den siebziger und achtziger Jahren des vorigen Jahrhunderts von Erfolg zu Erfolg. 1878 wurde er als Professor an die Münchner Akademie berufen ...

Das alles ist im Präteritum erzählt, in der Vergangenheit. Nur in der Mitte steht ein Satz im Präsens: *Er findet seinen eigenständigen künstlerischen Stil.*

Darf man beim Erzählen so einfach die Zeiten wechseln?

391 Erfahrene Texter sparen sich ein gutes Argument für den Schluß auf, denn da kommt es besser zur Geltung. Im Werbebrief setzen sie es oft ganz nach unten, leiten es aber nicht mit PS *(Postskriptum)* oder NS (*Nachschrift*) ein, sondern mit *Übrigens*, das wirkt eleganter.

Aber auch *Übrigens* sieht man schon häufig. Darum sollten wir uns überlegen, wie wir die Nachschrift sonst noch anschließen könnten. Wie wohl?

389 Nein, bloß nicht! Hier macht *verschieden* nichts deutlicher. Eindringlichkeit erreichen wir durch Kürzen:

Vier Firmen – vier Meinungen!

390 Ja – solange man nicht zu oft hin und her springt. Wer Vergangenes unvermittelt in der Gegenwart weitererzählt, bringt Leben in die Geschichte. Sprachwissenschaftler haben einen Namen dafür, sie sprechen vom Praesens historicum, vom historischen Präsens.

Nur mit Zeitangaben will sich das historische Präsens nicht recht vertragen. *1878 wird Defregger als Professor an die Münchner Akademie berufen* – das wäre zwar nicht falsch, widerspräche aber dem Sprachgefühl vieler. Deshalb der Rückfall ins Präteritum: *1878 wurde ...*

391 Beispielsweise so:

Fast hätte ich's vergessen: Ein kleines Dankeschön fürs Mitmachen wartet auf Ihre Abrufkarte.

Weitere Möglichkeiten:

- *Noch eine Bitte:*
- *Was ich noch sagen wollte:*
- *Das sollten Sie beachten:*
- *Bitte nicht vergessen:*

Das munterste PS, das mir untergekommen ist, stand unter einem Brief, mit dem ein Büromaschinenhändler aus Heilbronn für elektronische Schreibmaschinen warb:

> *Ach so,* den Preis nennen wir Ihnen auch: 620 Mark. (Die Mehrwertsteuer ist darin enthalten.)

Wenn der Kopf aber nun ein Loch hat . . .

Vom Spiel mit Wörtern und Worten

Lebensweisheit einer Elfjährigen:
»Jungs sind wie Autos: Wenn man nicht aufpaßt, liegt man drunter.«

Als Helmut Schmidt am 23. Dezember 1988 seinen 70. Geburtstag beging, erinnerte sich Bundespräsident Richard von Weizsäcker an alte Zeiten. Anfang der achtziger Jahre war von Weizsäcker (CDU) Regierender Bürgermeister von Berlin, Schmidt (SPD) deutscher Bundeskanzler und das Verhältnis zwischen beiden nicht das beste. Damals habe Schmidt über Weizsäcker das harsche Urteil gefällt: »Dieser Mensch ist ein Klops.« Weizsäcker wörtlich: »Das saß.« Dann aber habe er, Weizsäcker, das Wort aufgegriffen und die Berliner gefragt, ob es nicht stimme, daß ihnen ein Klops immer noch lieber sei als ein Hamburger. (Für Leser südlich des Bodensees: Bei waschechten Berlinern heißt die Frikadelle nicht *Bulette*, sondern *Klops*, und als *Hamburger* gilt außer McDonald's Delikatesse auch jemand, der wie Schmidt aus Hamburg stammt.)

Am gelungenen Wortspiel haben wir alle unsern Spaß. Es ist ein exzellenter Muntermacher, auch in der Werbung. Als was bietet wohl die Post ihre todschicken neuen Telefonapparate an? Nicht als *super-*, sondern als POSTMODERN. Mein Supermarkt animiert seine Kundinnen zum Seitensprung: »Heute abend können Sie Ihrem Mann erzählen, Sie hätten sich in einen Holländer verliebt«: 100 Gramm zu einsneunundneunzig. Einen großen Bericht über den blühenden Seitensprung-Tourismus nach Fernost überschreibt der »Stern« mit *Bumsfidel* – ein Wort, das, als es um 1900 aufkam, nur ›quietschvergnügt‹ bedeutete. Der Diamant-Informations-Service hält es lieber mit Männern, die hierzulande *über ihre Verhältnisse lieben*. Durch Auswechseln eines einzigen Buchstabens neuen Sinn zu stiften – das hat ein wenig mit Sprachkunst und eine Menge mit Humor und Kreativität zu tun: Aral bietet neben einem *Schlemmer-Atlas* (Restaurantführer) einen *Schlummer-Atlas* (Hotelführer) an; die Siemens-Werbung macht einen *Videorecorder* zum *Video-Rekordler*.

Einfallsreichtum und gute Laune sind für jeden, der gern gelesen werden will, mindestens so wichtig wie korrektes Deutsch. Um das assoziative Denken anzukurbeln, bietet dieses Kapitel etwas, was die kleinen grauen Zellen hopsen läßt, nach der Melodie:

Wenn der Kopf aber nun ein Loch hat, lieber Herrgott, lieber Herrgott?
Stopft es zu, liebe Leute. Aber nicht mit Stroh.

392 Ein Hotel in Garmisch-Partenkirchen verschickt bunte Ansichtskarten, die mit einem Werbetext bedruckt sind.
Die Schlagzeile:

Wenn Sie lange Zeit keine Zeit hatten, wird es höchste Zeit . . .

Wozu? Sich in der eleganten und doch behaglichen Atmosphäre des Hotels zu entspannen.
Was halten Sie von der Wortwiederholung in der Schlagzeile? In der Schule haben wir ja alle einmal gelernt, Wiederholungen seien schlechter Stil und deshalb zu vermeiden.

393 Schlagzeile einer Weinwerbung, die mit der leicht variierten Wortwiederholung spielt:

Wenn Sie Wert auf Etikette legen, sollten Sie Wert . . .

Wie geht das wohl weiter?

394 Eine Meldung aus dem Berliner Tagesspiegel:

»Der Chemiekonzern Henkel hat eine halbe Million DM für die Renovierung der chinesischen Großen Mauer gespendet.«

Dem vorangestellt ist ein einziges, die Meldung anschaulich zusammenfassendes Wort, das sonst als Synonym für »Reinemachefrau« gebraucht wird. Kommen Sie drauf?

395 Ein launiger PR-Artikel der Kurverwaltung Bad Birnbach setzte im Oktober 1988 – zu einer Zeit, als die Rangeleien um die Gesundheitsreform noch in vollem Gange waren – so ein:

Kurt Blüm in Birnbach?
Möglich wäre es schon, daß Sie in Bad Birnbach dem Bonner Minister begegnen; zum Beispiel weil ihm – wie unseren Badegästen – bei immer 27–38 °C in den 13 Innen- und Außenbecken der ROTTAL TERME die geplante Behandlungsgebühr nicht so schwerfallen wird . . .

Flott getextet. Nur: Warum heißt Blüm plötzlich nicht mehr *Norbert,* sondern *Kurt*?

392 In der Schule lernt man so allerlei, mit dem man hinterher wenig anfangen kann. Drei Varianten des Begriffs *Zeit* in einer Schlagzeile zu vereinen – das nenne ich einen gelungenen Anreiz zum Weiterlesen.

393 Kurz und gekonnt so:

. . . *auf Etiketten legen.*

Bei der Gelegenheit: *das Etikett* läßt sich auf dreierlei Weise in den Plural setzen: *die Etikette, die Etiketten, die Etiketts.* In der Schweiz und in Österreich heißt das Etikett *die Etikette,* Plural: *die Etiketten.* Daneben ist im gesamten deutschen Sprachgebiet *die Etikette* das feine Wort für feinen Benimm.

394 *Putzhilfe.*

Gut gemacht – gern gelesen.

395 Nicht drauf gekommen? Dann sprechen Sie den Vornamen *Kurt* mal mit langem *u*!

Mit einer doppelsinnigen Überschrift Leseneugier zu wecken, ohne dabei der Sprache ein Härchen zu krümmen – ich finde das Spitze. Begriffsstutzige, die dem Kurdirektor von Bad Birnbach den vermeintlichen Lapsus unter die Nase rieben, erhielten als Dankeschön einen Prospekt mit Gastgeberverzeichnis und die Antwort:

> Ob Blüm in Birnbach *kurt,* wissen wir nicht,
> aber daß er *Norbert* heißt, wissen wir schon!

396 *Wir geben uns solche Mühe, und Sie schlafen ein.*

Was meinen Sie, läßt ein derartiger Vorwurf überhaupt noch eine vorwurfsfreie Fortsetzung zu?

397 *Sie bekommen den Lada auch mit Katalysator.*

Das war 1988 kein lockendes Angebot, sondern eine Selbstverständlichkeit. Gewohntes bekommt aber sofort Pep, wenn man es aus der Gegenperspektive darstellt. Schlagzeile eines Lada-Werbeplakats aus dem gleichen Jahr: *Auf Wunsch auch ohne Kat.*

Wie könnte man eine landläufige Behauptung von der Art *Schon x Prozent aller Mercedes-Besitzer haben einen Zweitwagen* in eine überraschend witzige Werbeaussage für Fiat-Kleinwagen umfunktionieren?

398 Schlagzeilen aus zwei Kurzsätzen sind besonders eindringlich, wenn der erste Satz beim Leser Erstaunen oder sogar Protest auslöst und der zweite ihm klarmacht, daß er in die falsche Richtung gedacht hat.

Eine Anzeige aus der Aids-Kampagne 1988 zeigt ein halbnackertes junges Ding, das, eine Straße entlangspazierend, sichtlich auf Kundschaft wartet. Die Schlagzeile setzt mit der Behauptung ein: *Aids bekommt man nicht.* Der zweite Kurzsatz besteht aus vier einsilbigen Wörtern. Wie könnten sie lauten?

399 Wer ein und dasselbe Wort im selben Atemzug zweimal gebraucht – einmal in wörtlicher, einmal in übertragener Bedeutung –, bringt seine Leser mit Sicherheit zum Schmunzeln. Zum Beweis eine Schlagzeile aus einer Serie von Eigenanzeigen der Zeitschrift »Brigitte«:

Brigittes Pullis liegen nicht im Schrank.
Brigittes Pullis liegen im . . .

Wo? Suchet, so werdet ihr finden.

396 Aber sicher! Beispielsweise die:

In der TWA-Ambassador Class tun wir alles, um es Ihnen bequem zu machen. Kaum sind Sie an Bord . . .

Natürlich ist nicht gesagt, daß die aufs Glatteis lockende Headline *Wir geben uns solche Mühe . . .* der TWA mehr Fluggäste bringt. Aber der TWA-Anzeige bringt sie auf jeden Fall mehr Leser. Und ist das nichts?

397 Indem man sie auf den Kopf stellt:

Schon x Prozent aller Panda-Besitzer haben einen Erstwagen.

398 *Man holt es sich.*

Das ist kurz, knapp und gekonnt. Und stimmen tut es auch.

Die Hakenschlagzeilenmethode sollten Sie sich merken, falls Sie sie nicht längst selbst praktizieren. Ein paar weitere nachahmenswerte Beispiele:

- *Essen und Trinken hält Leib und Seele zusammen. Sagt man.* (Diätratschläge in der Zeitschrift »Vital«)
- *Bochum macht ständig Theater. Welttheater.* (Imagewerbung des Kommunalverbandes Ruhrgebiet)
- *Schaden macht klug, sagt der Volksmund. Von den Kosten sagt er klugerweise nichts.* (Werbung eines Versicherungsmaklers)

399 Sie werden staunen:

Brigittes Pullis liegen im Trend!

Ein gescheites Wortspiel läßt die Lachmuskeln zucken. Und lachende Leser sind geneigte Leser. Ob ihre Geneigtheit sie aber so scharf aufs Nachstricken der Brigitte-Pullis macht, daß sie die Zeitschrift abonnieren, ist natürlich eine andere Frage.

400 »Mit der kombinierten Geldanlage in Schweizer Franken und Dollar ist es wie mit dem Zürichsee«, behauptet ein Schweizer Finanzberater: »Attraktiveres gibt es nicht. Man darf nur nicht reinfallen.«

Zunächst ein ungewöhnlicher Vergleich, der aufhorchen, aber alles im dunkeln läßt, erst dann die verblüffende Begründung – nach diesem Strickmuster gelingt es Könnern, Kompliziertes auf humorvolle Weise zu veranschaulichen.

- *Wirtschaft ist wie ein Fahrrad,* sagt der amerikanische Soziologe Peter F. Drucker.
- *Märkte sind wie Fallschirme,* behauptet der frühere Bundeskanzler Helmut Schmidt.
- *Mit der Inflation ist es wie mit der Zahnpasta,* pflegt Bundesbankpräsident Karl Otto Pöhl zu sagen, wenn er auf die Beträge zu sprechen kommt, die die Bundesbank zur Stützung des Dollars in den Wirtschaftskreislauf gepumpt hat.

Wie lauten wohl die Begründungen der drei Vergleiche?

401 Leser werden niemals böse sein, wenn Schreiber den Mut zu kräftigen Vergleichen haben, schon gar nicht, wenn die Vergleiche auch noch witzig sind.

Denken wir an die Fachsprache der Computerleute. Sie hat sich zu einem *Techno-Slang* entwickelt, der *vom Normaldeutsch so weit entfernt ist wie . . .* Wie weit wohl?

402 Ein Stellenangebot:

<u>Architekt sucht erstklassige Sekretärin</u>
Sie soll aussehen wie ....
denken wie ....
sich benehmen wie.....................................
und arbeiten wie ....

Mit welchen Vergleichen würden Sie die Lücken füllen?

400 Wirtschaft ist wie ein Fahrrad: *beides hat nur Balance, wenn es fährt.*

– Märkte sind wie Fallschirme: *sie funktionieren nur, wenn sie sich öffnen.*

– Mit der Inflation ist es wie mit der Zahnpasta: *Was einmal aus der Tube raus ist, kriegt man nicht wieder rein.*

Als Anregung ein paar weitere anschauliche Vergleiche vom selben Typ:

– Spruch im Schaukasten einer Gemeinde: *Halte es mit guten Vorsätzen wie mit deiner Freundin: Führe sie aus.*

Aus Reader's Digest

– *In meiner Kindheit war ein Vater für mich wie das Licht im Eisschrank. In jedem Haus gab es einen, aber niemand wußte, was er tat, sobald sich die Tür hinter ihm geschlossen hatte.*

Erma Bombeck

– *Das Leben ist wie ein geschicktes Zahnziehen; man denkt, das Eigentliche soll erst kommen, bis man mit Verwunderung sieht, daß es schon vorbei ist.* Bismarck

401 Nur als Beispiel:

... so weit wie Schillers Glocke vom Text der Verordnung über die Festsetzung des Grundpreistarifs der niederrheinischen Elektrizitätswerke.

402 So lautete das Inserat im Original:

Sie soll *aussehen wie ein Mädchen, denken wie ein Mann, sich benehmen wie eine Dame* und *arbeiten wie eine Biene.*

Nicht ausgeschlossen, daß der Architekt auf sein Stellenangebot auch Zuschriften erhielt, in denen dem Sinn nach folgendes stand:

Wer wie eine Biene arbeitet oder wie ein Ochse schuftet und abends müde ist wie ein Hund, sollte zum Tierarzt gehen – vielleicht ist er ein Esel.

403 Anfang Februar 1989 hatten sich die Vertreter der wichtigsten Zentralbanken der westlichen Welt, die sogenannte G7-Runde, zu einer Währungskonferenz in Washington eingefunden. Es ging um den Abbau des amerikanischen Handelsbilanz- und Haushaltsdefizits, um das Schuldenproblem der Entwicklungsländer und die heraufziehende Inflationsgefahr. Die Konferenz endete ohne konkretes Ergebnis. Ein Börsenhändler brachte es so auf den Punkt:

> »Die G7-Runde gleicht einer Runde von Zechgenossen kurz vor der Polizeistunde. Jeder hofft, daß . . .«

Was hofft er wohl?

404 Kurz vor der Währungskonferenz hatten in Washington die Kardiologen getagt, ohne bei der Suche nach den Ursachen der Arterienverkalkung auch nur einen Schritt vorangekommen zu sein. Was sie zu bieten gehabt hätten, schreibt der »Stern«, seien vor allem Statistiken:

> »Und die scheinen nicht mehr wert als der Laternenmast für den Betrunkenen: Sie . . .«

Was meinen Sie, wie das jetzt weitergeht?

405 Kennen Sie den?

Chef: »Diese Woche sind Sie jetzt zum fünften Mal zu spät erschienen. Was geht Ihnen dabei eigentlich durch den Kopf?«
Mitarbeiter: »Daß . . .«

So, jetzt sind Sie dran.

406 »Weltenbummler stellen an eine Reisegesellschaft ganz schöne Ansprüche«, heißt es im Text einer airtours-Anzeige. Nach einer Aufzählung der in der Tat hochgesteckten Erwartungen geht es mit einem Zeugma (vgl. 432) weiter: »Für so viel Individualismus haben wir nicht nur Verständnis, sondern auch das richtige Angebot.« Überschrieben ist die mit dem Foto eines traumhaft schönen Südseestrandes bebilderte Anzeige mit:

> <u>Buchen Sie einen Urlaub, der so einmalig ist wie . . .</u>

Wie wer oder was?

403 *Jeder hofft, daß der andere die Rechnung bezahlt.*

Als Texter stehen Sie oft vor der Aufgabe, einen komplexen Sachverhalt prägnant, anschaulich und witzig in wenige Worte zu fassen. Nach meiner Erfahrung lohnt es sich, kurze, treffende Kommentare und Pointen zu sammeln und den Schatz von Zeit zu Zeit zu sichten, um dies und das daraus bei passender Gelegenheit leicht abgewandelt weiterzuverwerten.

404 *Sie dienen eher zum Festhalten als zur Erleuchtung.*

Das Sprüchlein sollten wir uns merken, nicht wahr?

405 Die Schlagfertigkeit im Originalton:

»Daß heute Freitag sein muß, Chef.«

Kleiner Tip: Wenn Sie in einer Zeitschrift die Witzecke aufgeschlagen haben, läßt sich die Sache noch ein bißchen spannender machen. Sie brauchen nur die zweite Hälfte eines Witzes mit einem Blatt Papier oder mit der Hand abzudecken – und zu probieren, ob Sie nicht selbst auf die Pointe kommen. Das läßt die kleinen grauen Zellen Polka tanzen.

Und wenn Sie einen Witz erzählt bekommen, können Sie auch probieren, ob Sie beim Mitdenken nicht schneller bei der Pointe sind als der Erzähler. Aber lachen Sie erst ganz zum Schluß – nichts ist enttäuschender für einen Witzbold als der zu frühe Lacher.

406 Die Headline lautet schlicht:

Buchen Sie einen Urlaub, der so einmalig ist wie Sie selbst

Das nenne ich einen psychologisch geschickten Vergleich. Denn der Mensch, der nicht gern hört, daß er etwas Besonderes, ja Einmaliges sei, muß erst noch gebacken werden.

Der Umweg übers Selbstwertgefühl des andern zu seiner Brieftasche ist mit Komplimenten gepflastert. Und »Komplimente«, sagte schon der britische Staatsmann und Schriftsteller Benjamin Disraeli vor über hundert Jahren, »muß man mit der Maurerkelle auftragen.«

407 Bekanntlich ist manches weibliche Wesen, das mit fünfzehn schlank wie eine Gerte war, mit fünfzig *schlank wie eine Tonne.*

Leute gibt's, die sind *verschwiegen wie eine Litfaßsäule* oder *schwimmen wie eine bleierne Ente.* Solche Vergleiche sind witzig, aber bekannt. Aufhorchen und schmunzeln wird der Leser erst, wenn er auf einen frischen Vergleich stößt: *so zartfühlend wie ein Reibeisen.* Was das heißt, weiß jeder, dem es nicht gelingt, eine Zwiebel zu Ende zu reiben, ohne daß sie plötzlich rot wird.

Wenn Sie Lust haben, dann überlegen Sie einmal, was Ihnen an witzigen, aufs Gegenteil zielenden Vergleichen einfällt zu:

a) charmant wie ....
b) witzig wie...................
c) romantisch wie..............
d) phantasievoll wie............
e) unentbehrlich wie ....
f) spannend wie...................
g) sinnvoll wie ....
h) nützlich wie ....
i) erfolgversprechend wie ....
j) überraschend wie ....

408 Um von zusammengesetzten Wörtern das Gegenstück zu bilden, braucht man im allgemeinen nur ihre vordere Hälfte umzukehren: *vorwärts – rückwärts, Aufstieg – Abstieg.*

Witzbolde kennen eine andere Methode; sie drehen die Komposita vorn und hinten gesondert um und behaupten, das Gegenstück zum *Oberhemd* sei nicht etwa das *Unterhemd,* sondern der *Unterrock.* Und wenn man es dabei mit der Rechtschreibung nicht so genau nimmt, entdeckt man die eigenartigsten Zusammenhänge: *Frühlingserwachen – spät rechts einschlafen.*

Wie heißt scherzeshalber das Gegenstück zu:

a) Vorstand ....
b) Hochsitz ....
c) Mutterland ....
d) Anzug.......................
e) Tagträumerei................
f) irreparabel ....
g) elternlos........................
h) ausschlafen.....................
i) Oberhaupt ....
j) Untersetzer.....................
k) Wasserlache ....
l) Vollwaise........................

407 Was ich zusammengestellt habe, sind keine Lösungen, nur Vorschläge. Vielleicht sind Ihnen sogar Vergleiche gelungen, die noch besser treffen?

a charmant wie ein Betonpfeiler
b witzig wie ein Börsenbericht
c romantisch wie ein Paar Handschellen
d phantasievoll wie der soziale Wohnungsbau
e unentbehrlich wie ein Rodelschlitten in der Sahara
f spannend wie eine Sightseeing-Tour in der U-Bahn
g sinnvoll wie ein Flugblatt für Analphabeten
h nützlich wie Rhizinusöl gegen Keuchhusten
i erfolgversprechend wie der Versuch, einen Pudding an die Wand zu nageln
j überraschend wie die Tatsache, daß Heiligabend nächstes Jahr auf den 24. Dezember fällt

408 Falls Sie sich fragen, was dieser Un-Sinn soll: Spaß machen. Ist das nichts?

a	Rücklage	g	Kinderfest
b	Tiefstand	h	einwecken
c	Vaterstadt	i	Unterleib
d	Abdruck	j	Obersteiger
e	Nachtwache	k	Landweine
f	kluger Klartext	l	Halbidiot

Hin und wieder läßt sich die Methode sogar verwerten. In einer Fernsehdiskussion zum Thema »Herrliche Zeiten für Frauen?« verhalf der Trick dem Moderator zu der provozierenden Frage, ob *herrliche Zeiten für Frauen* zwangsläufig *dämliche Zeiten für Männer* sind.

409 Wer sich zu einem Sprichwortanfang einen neuen Schluß einfallen läßt, sorgt für Abwechslung und hat die Lacher auf seiner Seite. Möchten Sie nicht probieren, ob Ihnen nach dem Muster *Reden ist Silber, Ausreden sind Gold* zu den folgenden Anfängen eine Pointe gelingt?

a) Steter Tropfen höhlt...
b) Der Geist ist willig, aber das Fleisch...
c) Was du heute kannst besorgen, das...
d) In einer rauhen Schale steckt oft...
e) Wer im Glashaus sitzt...
f) Wer zuletzt lacht...

410 Pfiff bekommen Sprichwörter, wenn man mit einer überraschenden Fortsetzung darauf aufmerksam macht, wie fragwürdig manche seit Jahrhunderten unverändert weitergereichte Lebenserfahrung ist. Ein Beispiel, frei nach Marie von Ebner-Eschenbach: *Der Klügere gibt nach. Eben deshalb sind die Dummen so mächtig.* Überlegen Sie bitte, wenn Sie Lust haben, ob Ihnen nicht eine gescheite Fortsetzung einfällt zu:

a) Arbeit macht das Leben süß.
b) Wir sitzen alle im selben Boot.
c) Gedanken sind zollfrei.
d) Das Geld liegt auf der Straße.
e) Es ist noch kein Meister vom Himmel gefallen.
f) Eigner Herd ist Goldes wert.

411 Ein Etikettenhersteller in Holzkirchen, der – und das ist auch wörtlich gemeint – etwas gegen verrutschte, verkratzte, verbleichende oder sich gar von der Verpackung lösende Aufkleber hat, sagt es in einer Beihefterwerbung so:

> *Wir wünschen Ihrem Produkt, daß es stets mitgenommen wird. Aber nie ... aussieht.*

Welches Wort fehlt an der Stelle, wo die Pünktchen sind?

409 Was jetzt kommt, will nur Anhaltspunkt sein. Wer weiß, vielleicht hatten Sie viel bessere Einfälle?

a Steter Tropfen höhlt *die Leber.*
b Der Geist ist willig, aber das Fleisch ist *teuer geworden.*
c Was du heute kannst besorgen, *das kaufst du billiger als morgen.*
d In einer rauhen Schale steckt oft ein *fauler Kerl.*
e Wer im Glashaus sitzt, sollte nicht *vergessen, rechtzeitig die Vorhänge zuzuziehen.*
f Wer zuletzt lacht, *hat die längste Leitung.*

410 Auch diese »Lösungen« sind keine; sie wollen nur zeigen, was möglich ist.

a Arbeit macht das Leben süß. *Aber wer möchte schon zuckerkrank werden?*
b Wir sitzen alle im selben Boot. *Nur: Die einen legen sich in die Riemen, der andre setzt sich ans Steuer.*
c Gedanken sind zollfrei. *Aber Scherereien hat man doch.*
d Das Geld liegt auf der Straße. *Man muß es nur hinwerfen.*
e Es ist noch kein Meister vom Himmel gefallen. *Für gefährliche Arbeiten hat man seine Gesellen.*
f »Eigner Herd ist Goldes wert«, *sagte sich der Werksangehörige, als er die Kantine verließ.*

Das könnte dann beispielsweise so weitergehen: *Und kaufte noch am selben Tag einen XY-Mikrowellenherd.*

411 *mitgenommen.*

Schlagzeilen, die mit Homonymen (klanggleichen Wörtern verschiedener Bedeutung) arbeiten, sind Muntermacher. Denn wo *mitgenommen werden* gegen *mitgenommen aussehen* ausgespielt wird, hat außer dem Texter auch der Leser seinen Spaß.

412 Gegensätze zu benennen macht Freude, und einprägsam sind Kontraste auch. Das gilt für uralte Zwillingsformeln (*Tag* und *Nacht*, *Berg* und *Tal*), für Sprichwörter (*kleine* Ursache, *große* Wirkung), für Slogans (Der Tag *geht* – Johnny Walker *kommt*) und erst recht für aphoristisch zugespitzte Sprache.
Hier nun eine kleine Sammlung unvollständiger Geistesblitze. In die Lücken ist jeweils ein Gegenbegriff einzusetzen, der nicht immer nur aus einem Wort besteht. Anders ausgedrückt: Ihr Scharfsinn ist gefragt. Also bitte nicht nach rechts schielen.

a) Alle Menschen haben die Anlage, schöpferisch zu arbeiten, nur ......

b) Über Nacht berühmt wird man nur, wenn man .... gearbeitet hat.

c) Ein richtiger Sechziger ist mir lieber als ein .... Fuffziger. Die besten Jahre des Mannes beginnen, wenn die .... Jahre vorüber sind.

d) Man sollte die Dinge so nehmen, wie sie kommen. Aber man sollte dafür sorgen, daß die Dinge so kommen, wie ....

e) Der kleine Unterschied: ER denkt beim Lieben, SIE ....

f) Die meisten Menschen sind gut, bloß die .... sind schlecht.

g) Ein Mann, der nachgibt, wenn er unrecht hat, ist weise. Ein Mann, der nachgibt, wenn er recht hat, ist ....

h) Wenn die Tochter heiratet, verliert der Vater zwar die Mitgift, aber er gewinnt ....

i) Die Menschen nehmen es hin, wenn man ihnen auf die Hühneraugen tritt. Aber sie nehmen es nicht hin, wenn man .... Hühneraugen.

j) Eine Stecknadel hat genausoviel Kopf wie mancher Autor, aber bedeutend mehr ....

k) Wer glaubt, etwas zu sein, hat aufgehört, ...

l) Viele Menschen sind zu gut erzogen, um mit vollem Mund zu sprechen. Aber sie haben keine Bedenken, dies mit .... zu tun.

412 Hier die antithetisch aufgebauten Geistesblitze im Originalton. Auch wenn Sie die Lücken nur sinngemäß und nicht wortwörtlich gefüllt haben, dürfen Sie sich das als Plus anrechnen.

a Alle Menschen haben die Anlage, schöpferisch zu arbeiten, nur *merken es die meisten nicht.* Truman Capote

b Über Nacht berühmt wird man nur, wenn man *tagsüber hart* gearbeitet hat. Howard Carpendale

c Ein richtiger Sechziger ist mir lieber als ein *falscher* Fuffziger. Die besten Jahre des Mannes beginnen, wenn die *guten* Jahre vorüber sind. Goethe

d Man sollte die Dinge so nehmen, wie sie kommen. Aber man sollte dafür sorgen, daß die Dinge so kommen, wie *man sie nehmen möchte.* Curt Goetz

e Der kleine Unterschied: ER denkt beim Lieben, SIE *liebt beim Denken.* Oliver Hassenkamp

f Die meisten Menschen sind gut, bloß die *Leute* sind schlecht. Erich Kästner

g Ein Mann, der nachgibt, wenn er unrecht hat, ist weise. Ein Mann, der nachgibt, wenn er recht hat, ist *verheiratet.* Robert Lembke

h Wenn die Tochter heiratet, verliert der Vater zwar die Mitgift, aber er gewinnt das *Badezimmer.* Robert Lembke

i Die Menschen nehmen es hin, wenn man ihnen auf die Hühneraugen tritt. Aber sie nehmen es nicht hin, wenn man *sagt, sie hätten* Hühneraugen. Norman Mailer

j Eine Stecknadel hat genausoviel Kopf wie mancher Autor, aber bedeutend mehr *Sinn für Zuspitzung.* George D. Prentice

k Wer glaubt, etwas zu sein, hat aufgehört, *etwas zu werden.* Philip Rosenthal

l Viele Menschen sind zu gut erzogen, um mit vollem Mund zu sprechen. Aber sie haben keine Bedenken, dies mit *leerem Kopf* zu tun. Orson Welles

413 Wer einen Handzettel, der für den nachträglichen Einbau von Türsicherungen wirbt, mit *Gelegenheit macht Diebe* überschreibt, kriegt dafür bestimmt keinen Oscar. Aber er darf sicher sein, daß niemand die zum Sprichwort geronnene, von Generation zu Generation weitergegebene Lebenserfahrung anzweifelt. Und schnell verstanden wird er auch. Eben deshalb ist es nicht schlecht, in der Werbung mit Sprichwörtern zu arbeiten. Sprichwörter sind uns so geläufig, daß wir nur den Anfang zu hören brauchen, und schon wissen wir, wie's weitergeht. Wolfgang Mieder zitiert in seinem Buch »Antisprichwörter« (Wiesbaden 1983) ein kleines Unsinnsgedicht, in dem 31 Sprichworthälften miteinander verquickt sind. Wetten, daß Sie alle Sprichwörter auf Anhieb erkennen und ohne weiteres komplettieren können? Probieren Sie es.

Extempore
Wo man hobelt, kräht kein Hahn,
grober Klotz ist halb gewonnen.
Was sich neckt, ist alt getan,
wie gebettet, so zerronnen.

Blindes Huhn sieht mehr als zwei,
steter Tropfen kommt von oben,
Aug um Aug verdirbt den Brei,
Ende gut ist aufgeschoben.

Gottes Mühlen beißen nicht,
keine Rose hat zwei Seiten,
wenn sie auch die Wahrheit spricht.
Guter Rat krümmt sich beizeiten.

Frisch gewagt, fällt selbst hinein,
unrecht Gut will Weile haben.
Morgenstunde höhlt den Stein,
wer zuletzt lacht, liegt begraben.

413 Nun, haben Sie alle Sprichwörter entschlüsselt? Falls nicht, hier sind sie:

- Wo gehobelt wird, fallen Späne.
- Danach kräht kein Hahn.
- Auf einen groben Klotz gehört ein grober Keil.
- Frisch gewagt ist halb gewonnen.
- Was sich neckt, das liebt sich.
- Jung gewohnt ist alt getan.
- Wie man sich bettet, so liegt man.
- Wie gewonnen, so zerronnen.
- Ein blindes Huhn findet auch mal ein Korn.
- Vier Augen sehen mehr als zwei.
- Steter Tropfen höhlt den Stein.
- Alles Gute kommt von oben.
- Aug' um Auge, Zahn um Zahn.
- Viele Köche verderben den Brei.
- Ende gut, alles gut.
- Aufgeschoben ist nicht aufgehoben.
- Gottes Mühlen mahlen langsam, mahlen aber trefflich klein.
- Hunde, die bellen, beißen nicht.
- Keine Rose ohne Dornen.
- Jedes Ding hat zwei Seiten.
- Wer einmal lügt, dem glaubt man nicht,
  und wenn er auch die Wahrheit spricht.
- Guter Rat ist teuer.
- Was ein Häkchen werden will, krümmt sich beizeiten.
- Frisch gewagt ist halb gewonnen.
- Wer andern eine Grube gräbt, fällt selbst hinein.
- Unrecht Gut gedeihet nicht.
- Gut Ding will Weile haben.
- Morgenstund' hat Gold im Mund.
- Steter Tropfen höhlt den Stein.
- Wer zuletzt lacht, lacht am besten.
- Da liegt der Hund begraben!

414 Hier können Sie an konstruierten Abschreckungsbeispielen Ihre Reaktionsschnelligkeit testen. In jedem Wortschwall ist eine einfache Lebensweisheit versteckt. Wie heißt sie? Wenn Sie langsam lesen, kommen Sie drauf, bevor Sie mit dem Satz fertig sind.

a) Innerhalb des Hoheitsgebietes der hundertprozentig Sehgeschädigten obliegen die Regierungsgeschäfte dem aufgrund seiner Monokularität Überlegenen.

b) Das nach längerer Pause in der Nahrungsaufnahme durch Nahrungsmangel in den Geweben oder Abfall des Blutzuckerspiegels ausgelöste und von Kontraktionen des Magens begleitete Gefühl des Nahrungsbedürfnisses versetzt eine an diesem Gefühl leidende Person in die Lage, auch einfache oder ohne nennenswerte Sorgfalt zubereitete Speisen mit Appetit zu sich zu nehmen.

c) Das Erzeugen von Geräuschen mit Hilfe von Rasseln, Trommeln und diversen anderen Lärminstrumenten zum Zwecke der Aufmerksamkeitsweckung (Reklame) ist selbstverständliches Attribut aller ursprünglich gewerblichen Tätigkeiten, die vormals im wesentlichen manuell unter Benutzung einfacher Werkzeuge und Geräte, derzeit aber auch mit Hilfe technischer Verfahren ausgeübt werden.

d) In extremen Mangelsituationen begnügt sich selbst die Inkarnation des Bösen mit dem Verzehr wenig appetitlicher, kaum sättigender, weil relativ kleiner Schadinsekten.

415 Und nun das gleiche anders herum: Jetzt dürfen Sie, so Sie Lust haben, Sprichwörter durch Auswalzen unkenntlich machen:

a) Erst wägen, dann wagen!

b) Übermut tut selten gut.

c) Lügen haben kurze Beine.

414 Was Sie soeben wahrscheinlich nur angelesen haben, macht einen weiteren Vorzug des Sprichworts deutlich: seine einprägsame Kürze. Das war's:

a Im Land der Blinden ist der Einäugige König.

b Hunger ist der beste Koch.

c Klappern gehört zum Handwerk.

d In der Not frißt der Teufel Fliegen.

415 Sie werden gemerkt haben, wie einfach es ist, viele Worte um etwas zu machen, was sich mit wenigen treffend ausdrücken läßt. Wortreich und dunkel schreiben ist leicht, klar und durchsichtig schreiben ist schwerer.

Wenn Sie vergleichen möchten, wessen Walzblech schöner scheppert:

a Die Ausführung eines Unterfangens, dessen günstiger Ausgang mit relativ hoher Ungenauigkeit behaftet ist, sollte zu einer vorher mit höchstmöglicher Präzision durchzuführenden Überprüfung der Wahrscheinlichkeit des Eintretens des positiven Ergebnisses in Abhängigkeit gebracht werden.

b Sobald die Grenzen akzeptabler Courage durch Ausübung von Ausgelassenheit überschritten werden, treten in fast allen derartigen Fällen unvorhersehbare und nur äußerst schwer behebbare Komplikationen auf.

c Derjenige, der zum Zwecke der Verschaffung von Vorteilen für sich selbst oder fremde Personen Äußerungen verwendet, deren der Wahrheit widersprechender Inhalt ihm selbst bekannt ist, sollte nicht vergessen, daß solche Äußerungen im allgemeinen lediglich über ein wesentlich verkürztes Fortbewegungsmittel verfügen und somit als gehbehindert eingestuft werden können, weswegen eine sie benutzende oder sich auf sie verlassende Person im Normalfall nicht weit kommt.

416 Denken Sie gern ums Eck? Dann haben Sie hier reichlich Gelegenheit. Die Methode kennen Sie bestimmt. Frage: »Aufforderung an einen italienischen Fluß, ein russischer zu sein?« Antwort: »Poseidon.« (Po, sei Don!) Um Ihnen die Raterei etwas zu erleichtern, sind der erste, der dritte und der letzte Buchstabe des Lösungswortes vorgegeben. Los geht's!

a) Möbelstück in einer Parfümeriefabrik? A.O......H

b) Geräusch eines auf den Steinfußboden fallenden Portemonnaies? B.R.......H

c) Persönlich angeredeter Kubikmeter Holz? D.S..R

d) Überproduktionsberg der Europäischen Gemeinschaft, schon zu Goethes Zeiten ein Trauerspiel? E.M..T

e) Gärtnerische Empfehlung bei bevorstehender Knappheit? H.R.....E

f) Kraftfahrzeugsteuer? L.N...D

g) Dienstgrad eines Nadelbaums? O.E......R

h) Im Viereck wachsende Bergkiefern? Q.A...........N

i) Punktuelle Suche in der Druckerei? R.S.........G

j) Teilmenge eines zu fest geratenen Napfkuchenteigs? R.H.....K

k) Nordamerikanische Aufforderung, eine an einem der Großen Seen gelegene Stadt zu verkaufen? S.L....E

l) Aus drei Tieren bestehender Mensch mit Ziegenbart? S.I.........R

m) Straßenbahnfahrerin in Polen? T.A.....N

n) Lebensgemeinschaften in gebundener Sprache? V.R....N

o) Aufforderung an einen Azubi, größer zu werden? W.C.........T

p) Tätigkeit schwungvoller Stripteasetänzerinnen? W.S............N

q) Hauch nach feuchtfröhlich gefeiertem Totogewinn? W.T.......E

r) Stelzvogelduo? Z.E......R

416 Zugegeben, Wortspiele können albern sein. Doch reiner Nonsens sind sie selten; sie haben mehr mit Kreativität zu tun, als humorlose Menschen für möglich halten.

a *aromatisch*
b *Börsenkrach*
c *duster* (du Ster!)
d *Egmont* (EG-Mont)
e *Hortensie* (horten Sie!)
f *Lenkrad*
g *Oberkiefer*
h *Quadratlatschen*
i *Rasterfahndung*
j *Rührstück*
k *Sellerie* (Sell Erie!)
l *Spitzbärtiger* (Spitz, Bär, Tiger)
m *Trampolin*
n *Versehen*
o *Wachsmalstift*
p *Wäscheschleudern*
q *Wetterfahne*
r *Zweireiher*

Und weil es erstens Spaß macht, Wörter beim Wort zu nehmen, und zweitens auf dieser Seite sonst ein Loch wäre, gleich noch ein paar weitere Scherzdefinitionen, von *Abführmittel* bis … Apropos *Abführmittel* – könnte der Hintersinn nicht gelegentlich einen Aufhänger für die Anpreisung eines verdauungsfördernden Präparats ergeben? *XY wirkt sanfter als das Abführmittel der Polizei* …

Abführmittel = Handschellen
Altar = bejahrte hundert Quadratmeter
Autobiographie = Lebensbeschreibung eines Pkw
Automaten = Paradiesäpfel aus feuchten Niederungen
Denkmal = Aufforderung zur Gehirnarbeit
Erbstück = Untersuchungsobjekt der Genforschung
Estrich = Linie eines Vokals
Etagere = Wurfwaffen der baskischen Untergrundorganisation
Fraktur = Bummel in großer Gala
gleichgültig = ohne Verzug wirksam
Habgier = Aufforderung, bei Seegang vom Kurs abzuweichen
Kontaktlinsen = berührungsfreudige Hülsenfrüchte
Lokaltermin = Verabredung zum Abendessen
Neandertaler = bei Düsseldorf gefundene Silbermünze
Sturzhelm = Schutzbehauptung
Tabelle = Unterarmknochen eines Kartenreiters

417 Emanzipatorische Bewußtseinsbildung ist eine todernste Sache, zumindest aus der Sicht streitbarer Frauen, die bei jeder Gelegenheit ausdrücklich mitgenannt sein wollen, als *Leserinnen, Kolleginnen* und sogar als *Mitgliederinnen* (!). Wie wäre es, wenn wir den Menschinnen zuliebe die Sprache um ein paar weibliche Formen bereicherten, nur so zum Spaß? Das geht ganz einfach nach dem Muster *der Kantor – die Kantine, der Mohr – die Möhre.*

Einverstanden? Dann nehmen Sie sich zehn Minuten Zeit. Wenn Ihnen derweil zehn komische Alternativen zu männlichen Titeln und Berufsbezeichnungen einfallen, dürfen Sie sicher sein, daß Sie ein helles Köpfchen haben und den Schalk im Nacken obendrein.

418 Der Text einer Anzeige, die für Erdgas wirbt, beginnt so:

»Heize, wie du, wenn du frierst, wünschen wirst, geheizt zu haben

Aus diesem Satz können Sie, wenn Sie, und das setzen wir voraus, wollen, zweierlei lernen: Erstens die Kommaregeln im Deutschen und zweitens die Grundsätze für vernünftiges Heizen. Erdgas ist Energie aus der Natur...«

Aus dem, was Sie soeben gelesen haben, können Sie, wenn Sie wollen, auch noch mehr lernen – was wohl?

419 Noch beliebter als in der Werbung ist die Masche, Klassikerworte oder den Titel eines bekannten Romans oder Bühnenstücks abgewandelt als Schlagzeile zu nutzen, im Journalismus. Dem Journalisten, der über einen wissenschaftlichen Zeitungsartikel die Überschrift setzt:

Der Stoff, aus dem die Gene sind,

macht das Verschlüsseln Spaß – und dem Leser das Entschlüsseln, nicht wahr? Wie heißt der Titel im Original?

417 Nun, hat es Sie amüsiert? Ich schätze, der Texter, der keinen Spaß am Spiel mit Wörtern hat, muß erst noch gebacken werden. – Als Ehepaare könnten grüßen lassen:

der Aga – die Agathe
der Abt – die Abszisse
der Doktor – die Doktrin
der Domino – die Dominante
der Franz – die Franse
der Gardist – die Gardine
der Gouverneur – die Gouvernante
der Grenadier – die Grenadine
der Kapo – die Kapotte
der Politiker – die Politesse
der Portier – die Portiere
der Premier – die Premiere
der Primus – die Primel
der Sir – die Sirene
der Sultan – die Sultanine
der Tort – die Torte

Solche Sprachblödeleien sind übrigens gar nicht so dumm, wie sie aussehen; sie decken oft überraschende Zusammenhänge auf: Von lateinisch *primus* (= erster) kommen nicht nur der *Klassenprimus* und der *Premierminister,* sondern auch die *Premiere* (Erstaufführung) und die *Primel* (erste Frühlingsblume).

418 Daß literarische Bildung alles andere als hinderlich ist, wenn es darum geht, pfiffige Werbetexte zu schreiben.

Die komisch zerhackte und in ihrem Stakkato trotzdem eingängige Schlagzeile wird Ihnen bekannt vorgekommen sein. Vielleicht haben Sie das Original, dem sie nachempfunden ist, noch im Ohr. Es ist ein vielzitierter Ausspruch von Christian Fürchtegott Gellert (1715–1769):

Lebe, wie du, wann du stirbst,
Wünschen wirst, gelebt zu haben.

419 Richtig getippt: Die literarische Vorlage ist der Titel des 1971 erschienenen Romans von Johannes Mario Simmel:

Der Stoff, aus dem die Träume sind

420 Hätten Sie Lust, Ihren literarischen Spürsinn noch etwas zu schärfen? Dann dürfen Sie überlegen, warum Ihnen die folgenden Zeitungsartikelüberschriften bekannt vorkommen. Wie heißt der Originaltitel, auf den sie anspielen? Und vielleicht kommen Sie auch auf den Autor und – in etwa – auf das Erscheinungsjahr der bekannten literarischen Vorlage.

a) *Ansichten eines Fauns*
Über Peter Rühmkorf

b) *Herr Woytyla und seine Knechte*
Getanzte Parodie auf den Papst

c) *Goethe, Gräber und Gelehrte*
Reportage über die deutsche Kulturpolitik

d) *Nackter Mann, was nun?*
Weshalb Nackedeis in der Werbung weiblich sind

e) *Nun rocken sie wieder*
Bericht über ein Musikfestival

f) *Der Modekrieg findet nicht statt*
Aufsichtsratssitzung bei der Mode-Woche

g) *Schauspieler proben den Aufstand*
Kritik am Intendanten

h) *Die Angst der Richter vor den Mördern*
Gewalt in El Salvador

i) *20 Jahre und kein bißchen leise*
Alfa Spider

j) *Unordnung und spätes Leid*
Filmrezension

k) *Schöner Hansi, böses Kind*
Platzverweis für Hans Müller

l) *Fünf Parteien suchen eine Regierung*
Regierungskrise in Italien

m) *Auf der Suche nach der verlorenen Vergangenheit*
Erinnerungen an Marc Chagall

n) *Von Menschen und Maschinen*
Mißverständnisse um den Computer

420 Das war nicht einfach. Seien Sie nicht geknickt, wenn Ihnen weniger als die Hälfte der Originaltitel eingefallen ist; schon fünf Richtige sind ein gutes Ergebnis.

a *Ansichten eines Clowns*
Roman von Heinrich Böll, 1963

b *Herr Puntila und sein Knecht Matti*
Schauspiel von Bert Brecht, 1940

c *Götter, Gräber und Gelehrte*
»Roman der Archäologie« von C. W. Ceram (eigentlich: Kurt W. Marek), 1949

d *Kleiner Mann, was nun?*
Roman von Hans Fallada, 1932

e *Nun singen sie wieder*
Schauspiel von Max Frisch, 1946

f *Der trojanische Krieg findet nicht statt*
Schauspiel von Jean Giraudoux, 1935

g *Die Plebejer proben den Aufstand*
Schauspiel von Günter Grass, 1966

h *Die Angst des Tormanns beim Elfmeter*
Roman von Peter Handke, 1970

i *60 Jahre und kein bißchen weise*
Autobiographischer Roman von Curd Jürgens, 1976

j *Unordnung und frühes Leid*
Novelle von Thomas Mann, 1926

k *Dicke Lilli, gutes Kind*
Erinnerungen von Lilli Palmer, 1974

l *Sechs Personen suchen einen Autor*
Schauspiel von Luigi Pirandello, 1921

m *Auf der Suche nach der verlorenen Zeit*
Romanzyklus von Marcel Proust, 1913–1927

n *Von Mäusen und Menschen*
Roman von John Steinbeck, 1937

Anregungen gefällig?

Kiebitzen, stibitzen, besser machen

Was ist das Schwerste von allem? Was dir das Leichteste dünket:
Mit den Augen zu sehn, was vor den Augen dir liegt.

Goethe, Xenien

Gut zweihundert Jahre ist es her, daß sich der Herr Minister Goethe, nur mit Mantelsack und Dachsranzen versehen, in stockdunkler Nacht in die Postchaise warf, um den lästigen Amtsgeschäften in Weimar zu entfliehen und in Italien die Malerei zu erlernen. Was Goethe lernte, weil er sich bewußt dazu erzog, war genaues Sehen. Am 17. September 1787 notierte er abends in Verona in seinem Reisetagebuch:

> »Ich betrachtete heute, auf mancherlei Wegen durch die Stadt, die Tracht und die Manieren besonders des Mittelstandes, der sich sehr häufig und geschäftig zeigt. Sie schlenkern im Gehen alle mit den Armen. Personen von höherem Stande, die bei gewissen Gelegenheiten einen Degen tragen, schlenkern nur mit einem, weil sie gewohnt sind, den linken stillzuhalten.«

Wer von uns beobachtet seine Mitmenschen wohl so genau, daß er aus ihrem Gang, ihrem Habitus, ihrem Armeschlenkern Rückschlüsse auf ihren sozialen Status ziehen könnte? Und doch haben auch wir zwei Augen im Kopf. Aber sie nehmen, weil der Blick gewöhnlich nach innen auf die eigenen Interessen und Probleme geht, nur einen Bruchteil der Außenwelt wahr. Erblikken, bewußt aufnehmen können die meisten nur, was ein anderer vor ihnen in klare Worte gefaßt hat. Erst dann gehen ihnen die Augen auf, und sie fragen sich, wieso sie nicht von allein darauf gekommen sind.

Genau hier liegt die moralische Berechtigung fürs Werbetexten.

Solange ein Katalogtexter Versandhauskundinnen nicht darauf aufmerksam macht, daß beispielsweise die angebotene Damenarmbanduhr für 89 Mark ein ultragenaues Quarzwerk und – viel wichtiger – ein besonders attraktives, leicht verstellbares Schmuckband im aktuellen Bi-Metall-Look hat und daher gleich gut zu Gold- und zu Silberschmuck getragen werden kann – so lange nehmen die Kundinnen die Vorzüge der im Katalog abgebildeten Uhr nicht wahr.

Als Texter sind Sie derjenige, der anderen die Augen öffnen muß, indem er ihnen erzählt, was sie sehen. Und wenn Ihre Werbung ohne Bild auskommen muß, ist es noch wichtiger, das, wofür Sie werben, so lebhaft und anschaulich vorzustellen, daß der Umworbene es greifbar vor sich zu sehen meint. Ein paar Tips dazu auf den nächsten Seiten.

421 Angenommen, Sie wollen der Fachpresse einen neuen Luftsprudler vorstellen, den man in Waschtischarmaturen einbauen kann. Nach Angabe des Herstellers hält er fünfmal länger als herkömmliche Einsätze. Außerdem läßt sich damit der Wasserdurchlauf reduzieren, was in einem Vier-Personen-Haushalt jährlich 100 Mark an Wasser- und Energiekosten einsparen soll.
Sie schreiben einen sachlich-informativen Pressetext, fügen ein gutes Schwarzweißfoto bei, wissen aber, daß Sie verdammt viel Glück haben müssen, wenn der Redakteur, der sich vor Pressetexten nicht retten kann, Ihren überhaupt bemerkt. Also beschließen Sie, einen fröhlichen, ins Auge springenden Brief mitzuschicken. Sie haben auch schon eine tolle Idee. Sie illustrieren Ihren Briefbogen mit einem lustig-listig dreinblickenden Sparschwein und kleben über dem Sparschlitz einen blanken Kupferpfennig fest; denn die Botschaft, die Sie rüberbringen wollen, heißt »Sparen!« Die Schlagzeile haben Sie auch:

Steter Tropfen füllt das Schwein!

Nun fehlt nur noch der Brieftext. Wie könnte er lauten?

422 Der Mensch ist von Natur aus träge. Ihn zum Kauf zu bewegen, dazu bedarf es gewöhnlich eines zweiten Anstoßes. Immer mehr Geschäftsleute kalkulieren heute bei größeren Werbeaktionen Nachfaßbriefe mit ein:

> »Unser Angebot haben Sie inzwischen erhalten. Es würde uns interessieren, wieweit unsere Offerte Ihren Wünschen entsprochen hat. Denn gerne würden wir Sie bei der Suche nach einer befriedigenden Lösung Ihrer Dichtungsprobleme unterstützen. Gegebenenfalls sind wir gerne bereit, Ihnen ein neues Angebot zu unterbreiten. In diesem Fall wären wir Ihnen für möglichst genaue Angaben dankbar, um ein spezielles Angebot für Sie ausarbeiten zu können.«

Der Stil verrät es: Hier war kein Texter am Werk. Ein Texter hätte das flotter hingekriegt, und er hätte vor allem gewußt, daß...?

421 Was jetzt kommt, ist der Text eines Begleitbriefs, mit dem sich das Büro für Communication Iris Eckermeier in Hennef im November 1988 an die Presse wandte:

> Guten Tag aus Fröndenberg!
> Wenn Sie mit einer Armatur, die den neuen Longlife-»E«-Luftsprudler hat, jeden Tag 510 959 Tropfen Wasser sparen und ich Ihnen den Grundstock im Gegenwert von 15 000 Tropfen schon mal beigefügt habe, in wieviel Jahren sind Sie dann Millionär? Richtig, in exakt 10 000 Jahren (und das sogar ohne Zinsen!).
>
> Und weil der Longlife-»E« fünfmal länger lebt, bleibt er der Spar-Spaß für Generationen ...

Das ist der fröhlichste und ansprechendste Begleitbrief, der mir in 18 Redaktionsjahren untergekommen ist.

422 ... daß, wer bei einer Werbeaktion Nachfaßbriefe einkalkuliert, niemals im Angebot schon das ganze Pulver verschießen darf. Ein wichtiger Kaufanreiz sollte für den Nachfaßbrief aufgespart werden; die Bitte an den Adressaten um genaue Angaben tut's nicht. Mit einem neuen Kaufargument hat ein Nachfaßbrief weit mehr Aussicht auf Erfolg als ein bloßes Nachhaken oder ein reiner Wiederholungsbrief. Beginnen könnte der Nachfaßbrief so:

> Am besten zusammengearbeitet haben wir immer mit Partnern, die sich erst nach gründlicher Marktinformation und vergleichender Prüfung verschiedener Fabrikate für unsere Dichtungsprofile entschieden haben. Ihr Zögern läßt uns vermuten, daß Sie zu diesen kritischen Partnern gehören.
>
> Um Ihnen die Entscheidung zu erleichtern, fügen wir einen Sonderdruck der Fachzeitschrift »Bau und Möbel« bei. Sie finden darin einen Test über die Witterungsbeständigkeit von Dichtungsprofilen verschiedener Hersteller. Wie Sie sehen ...

423 Eine Abonnentenwerbung für ein naturwissenschaftliches Magazin – nennen wir es X – beginnt so:

»Er las überhaupt wenig Goethe und warf 50 Jahre lang keinen Blick mehr in seinen ersten Roman. Aber er hatte mehrere naturwissenschaftliche Zeitschriften abonniert, machte physikalische Experimente, studierte das Panamakanal-Projekt und die Vulkanismus-Theorie und liebte das Gespräch mit bedeutenden Forschern wie Alexander von Humboldt. Und er ahnte auch, daß die Zukunft der Technik und den Naturwissenschaften gehört – und denen, die viel davon verstehen.«

Das klingt wie Tratschkes »Wer war's?« aus dem ZEITmagazin. Allerdings wird in der Schlagzeile gesagt, von wem die Rede ist: von Goethe.

Jetzt erfinden Sie mal eine Schlagzeile zu diesem gelungenen Aufhänger, mit dem auf das Angebot – hier auf das naturwissenschaftliche Magazin X – übergeleitet wird.

424 Spielzeugbewußte Eltern von heute erziehen zur Freizeitbewältigung von morgen –

so die Schlagzeile eines Werbebriefs, der in der Vorweihnachtszeit von einem großen Spielwarengeschäft verschickt wurde. Was meinen Sie dazu? Wahrscheinlich auch: »Gewogen und zu schwer befunden«, zu problematisch, zu wenig einladend. *spielzeugbewußt – erziehen – Freizeitbewältigung,* das klingt alles so angestrengt, so gar nicht nach Spiel. Möchten Sie nicht versuchen, den Grundgedanken spielerischer zu fassen?

425 Der Langenscheidt-Verlag brachte 1988 ein Handwörterbuch Deutsch-Indonesisch heraus. Im Waschzettel, wie die Branche die Begleitinformation zum Buch nennt, heißt es dazu: »Obwohl die Zersplitterung Indonesiens (rund 3000 bewohnte Inseln) ein babylonisches Dialektgewirr vermuten läßt, ermöglicht die Amtssprache ›bahasa indonesia‹ übergreifende Verständigung.« Aus diesem Hinweis ließe sich ein Titel für eine Buchbesprechung basteln. Wie könnte er lauten?

423 Die echte Schlagzeile lautete:

Goethe würde heute nicht mehr Goethe lesen. Sondern X.

424 Ein paar Vorschläge von vielen:

- Mit gutem Spielzeug fördern Sie Ihr Kind
- Sehr wichtig für Ihr Kind:
  Das richtige Spielzeug im richtigen Alter
- Mit Spielzeug von heute
  stellt sich Ihr Kind auf morgen ein
- Spielend lernt sich's leichter

Keine eigenen Einfälle? Dann hilft oft ein Blick ins Zitatenbuch:

- Schon Schiller wußte es:
  »Der Mensch ist nur da ganz Mensch, wo er spielt.«

Aufmerksamkeit erregt eine Schlagzeile aber meist erst dann, wenn sie sich von allgemeinen Aussagen löst, dafür einen Einzelfall ins Blickfeld rückt und den aus ungewohnter Perspektive beleuchtet:

- Hätte Opa Schultze einst statt mit Zinnsoldaten mit einer Puppenstube spielen dürfen ...

425 Ein Wörterbuch für 3000 Inseln

Aber das ist natürlich nur eine von vielen Möglichkeiten. Genausogut könnte man sich ein lustiges Wort aus der fremden Sprache herausgreifen und das zum Kern des Titels machen.

Ich selbst bin ein Anhänger zweigliedriger Überschriften; einem neugierig machenden Haupttitel füge ich gern einen informativen Untertitel an. Das sieht beispielsweise so aus:

Der Gartenzwerg heißt »patung orang kerdil«
Neues Wörterbuch »Deutsch-Indonesisch«

426 In appetitlich bebilderten Anzeigen wirbt Iglo mit witzigen Wortspielen für seine Pizza Grandiosa:

- Geben Sie dem Hähnchen ausnahmsweise mal 'nen Korb: Iglo's Pizza Grandiosa.
- Lassen Sie die Heringe ruhig mal sauer werden: Iglo's Pizza Grandiosa.

Nicht um den eigenwilligen Apostroph *(Iglo's)* geht es hier, darüber sehen wir großzügig hinweg. Nein, es geht um die fidelen Wortspiele. Solche gelungenen Schlagzeilen zu variieren ist ein gutes Training. Lassen Sie sich drei weitere einfallen, die den Leser auffordern, der Pizza zuliebe auf anderes zu verzichten?

427 Der Preis in der Werbung – das ist eine heikle Sache. Niedrige Preise kann man durch Relation veranschaulichen. Schreiben Sie nicht: *Die Mitgliedschaft ist preiswert, der Monatsbeitrag beträgt nur 4 DM.* Schreiben Sie lieber: *Die Vorteile, die Ihnen die Mitgliedschaft bringt, erhalten Sie für den Gegenwert einer Schachtel Zigaretten, für monatlich 4 Mark.* Hohe Preise kann man nach dem Muster verteidigen: *Es war schon immer etwas teurer, einen besonderen Geschmack zu haben.* Es gibt aber auch noch andere gute Möglichkeiten. Wüßten Sie eine?

428 »Werfen Sie den Gutschein am besten heute noch ausgefüllt und unterschrieben in den nächsten Briefkasten!«

Wie oft wohl haben wir einen Werbebrief schon mit dieser stereotypen Formulierung beendet! Hier wäre einiges gebessert, wenn es gelänge, der ewig gleichen Aufforderung einen neuen Aspekt abzugewinnen. Wüßten Sie einen?

426 Drei Möglichkeiten von vielen:

- *Lassen Sie den Schmortopf heute im Küchenschrank schmoren: Iglos Pizza Grandiosa.*
- *Linsen Sie der Linie zuliebe mal nicht nach Linsen mit Speck: Iglos Pizza Grandiosa.*
- *Lassen Sie heute den Rührkuchen ungerührt unangerührt: Iglos Pizza Grandiosa.*

Schlagzeilen, die mit Worten spielen, machen außer den Textern auch den Lesern Spaß. Das Lesevergnügen kann sich als Sympathie auf das beworbene Produkt übertragen. Ein Grund mehr, sich gerade beim Erfinden von Schlagzeilen vom Reichtum der Sprache inspirieren zu lassen.

427 Wird es brenzlig, weil man einen anfechtbaren Standpunkt vertritt, kann man sich durch Zitate absichern. Die Situation mag noch so fadenscheinig sein – ein Zitat aus berufenem Mund macht sich immer gut.

Ein Verlag, der Ringbücher mit auswechselbarem Kalendarium zu einem sehr stolzen Preis anbietet, beruft sich auf den englischen Schriftsteller und Sozialphilosophen John Ruskin (1819–1900):

> »Es gibt auf der Welt fast nichts, was gewisse Menschen nicht ein wenig schlechter herstellen und dann billiger verkaufen könnten. Wer nur auf den Preis sieht, ist das selbstverschuldete Opfer dieser Leute.«

428 Die Institutsleitung der Studiengemeinschaft Darmstadt schreibt in einem Werbebrief:

> »Sie brauchen den Gutschein nur auszufüllen und abzusenden. *Das ist genauso einfach und kostenlos, als wenn Sie ihn wegwerfen. Nur erheblich nützlicher für Sie.* Denn Sie bekommen für den Gutschein gratis und ohne jede Verpflichtung ...«

429 Mit einem herzigen Teddy läßt sich für vielerlei werben, sogar für den Güterverkehr der Deutschen Bundesbahn. Ein rundlicher Teddybär mit Stupsnase, der aus einer DB-Anzeige dem Betrachter die Arme entgegenstreckt, ist der Beweis. Offenbar rechnet man damit, daß dieses Motiv auch kühl kalkulierende Manager anspricht; schließlich waren sie alle einmal kleine Jungen, deren große Liebe einem ramponierten Teddy galt. Soviel zum psychologischen Hintergrund. Und sachlich ist das Motiv gar nicht so weit hergeholt: Die Bahn muß ja auch Spielzeug transportieren.

Wie nun aber vom Teddy oder vom Spielzeug auf InterCargo überleiten, das neue Transportsystem der Bahn?

430 Werbung, die mir besonders bemerkenswert erscheint, werfe ich nicht gleich weg. Zu meiner Sammlung gehört ein zwanzig Jahre alter Faltprospekt der »Gothaer Rente«. Sein Motto: *Leben wie im Paradies.* Darunter Adam und Eva im Paradiesgarten, Weintrauben verzehrend. Auf der Rückseite des Prospekts heißt es wiederum: *Leben wie im Paradies.* Darunter allerdings ein großes Fragezeichen und darunter, kleingedruckt:

> »Im Dezember 1970 betrug bei der Angestelltenversicherung die durchschnittliche Alters- und Invalidenrente 530 Mark.«

Heute liegt die Durchschnittsrente beträchtlich höher. Für 1987 weist der Geschäftsbericht der Bundesversicherungsanstalt für Arbeit das normale Altersruhegeld für Männer mit monatlich durchschnittlich 1246 Mark aus. Auch diese Zahl spricht Bände. Doch nun die entscheidende Frage:

Halten Sie es für psychologisch richtig, in einer Werbung für eine private Rentenversicherung den Umworbenen mit einer nüchternen, realen Zahl zu konfrontieren und es ihm zu überlassen, welchen Schluß er daraus zieht?

429 Die DB-Werbung schafft es mit einem Wortspiel, an dem der Leser seine Freude hat:

Wie gut Ihr Spielzeug läuft, hängt nicht zuletzt davon ab, *wie gut es fährt.* Und gerade in dieser Beziehung sind Sie mit InterCargo bestens beraten. Denn dieses neue Transportsystem der Güterbahn verbindet die elf wichtigsten Wirtschaftszentren über Nacht. Und das mit garantierten Beförderungszeiten...

Am besten, Sie lassen sich einmal von Ihrem Kundenberater ausführlich informieren. Damit Ihr Spielzeug möglichst bald *besser fährt.*

430 Hier werden wir möglicherweise verschiedener Meinung sein. Mancher alte Werbehase wird sagen: Man muß dem Umworbenen genau verklickern, was er tun soll; denn sonst tut er nichts, und die Gothaer Rente kann lange auf Abschlüsse warten. Ich halte es da lieber mit fähigen Journalisten, die oft Einfluß ausüben, indem sie *Zahlen für sich sprechen lassen*, zumal wenn sie die Zahlen durch eine eindringliche Vergleichsgröße veranschaulichen.

Am 8. März 1988 berichtete die Fernsehjournalistin Ulrike Wolf in den ARD-»Tagesthemen«, bei uns würden jedes Jahr 200 000 Kinder abgetrieben. Wörtlich setzte sie hinzu: »Eine Stadt wie Lübeck – nicht geboren.« Andere Journalisten schreckten mit ähnlichen Zahlen auf. – Ende 1988 ergab eine Meinungsumfrage, daß die Zahl der jungen Frauen, die für eine völlige Freigabe der Abtreibung sind, gegenüber 1980 um über 20 Prozent geschrumpft sei. Anfang der 80er Jahre hatte noch über die Hälfte der Frauen im gebärfähigen Alter auf dem Standpunkt gestanden: »Mein Bauch gehört mir.«

Um auf die Gothaer Rente zurückzukommen: Mir scheint der Faltprospekt, auf heutige Verhältnisse übertragen, nicht weniger wirkungsvoll zu sein als vor zwanzig Jahren. Eine Vergleichsgröße muß hier nicht zur Veranschaulichung herhalten; jeder weiß selbst am besten, wieviel er zum Leben braucht.

431 Mit welchen Argumenten könnte ein Touristikunternehmen für Familienferien in Colombo werben? Nun, es könnte sich an Väter wenden, die das nötige Kleingeld haben, und etwa so argumentieren:

> »Ihre Kinder haben bestimmte Wünsche, Ihre Gattin hat andere, und Ihre eigenen laufen in eine dritte Richtung. Aber wenn Sie mit uns nach Colombo fliegen, kommen alle auf ihre Kosten.«

Das wäre ein brauchbarer Vorwurf. Nur müßte er, damit attraktiver Werbetext draus wird, konkretisiert werden. Was schlagen Sie vor?

432 Zwei rhetorische Kunstgriffe tragen zur Eingängigkeit des Condor-Anzeigentextes (431) bei. Da ist einmal die Triade: *Ihre Kinder, Ihre Frau, Sie.* Solche Dreierreihung ist typisch für rhetorisch eindrucksvollen Werbetext: *Drei Dinge braucht der Mann: Feuer, Pfeife, Stanwell.* Oder nehmen Sie den Ritter-Sport-Slogan: *Quadratisch, praktisch, gut.* Der Kunstgriff ist uralt. Schon Cäsar meldete 47 v. Chr. seinen schnellen Sieg bei Zela nicht mit »Veni et vici«, sondern – nach Plutarch – mit *Veni, vidi, vici: Ich kam, ich sah, ich siegte.*

Und der zweite rhetorische Kunstgriff – erkennen Sie ihn?

433 Von Sir Winston Churchill (1874–1965) stammt das Rezept:

> »Ich habe eine Arbeit nie im Stehen getan, die ich sitzend erledigen konnte, und keine im Sitzen, die sich liegend verrichten ließ.«

Was könnte ein Texter, der für einen Herrenschneider einen Werbebrief entwirft, damit anfangen?

431 »Die Ferienflieger der Lufthansa« haben aus der Idee eine hervorragende Anzeige gemacht. Oben ein Bild, eine Strandszene: Zwei Lausbuben mit Schwimmflossen und Taucherbrille schleppen strahlend einen riesigen Schwertfisch aus Pappmaché. In den Bilderhimmel eingeklinkt ein Hinweis auf Colombo als eines von 72 Condor-Urlaubszielen. Unter dem Bild der Text:

> Ihre Kinder wollen einen Hund. Ihre Frau will einen Fuchs. Sie wollen eigentlich nur Ihre Ruhe. Und wenn Sie dann aus der Condor steigen, haben alle, was sie wollen.

432 Ja, es ist ein Zeugma, ein schon bei den alten Griechen beliebter Sprachtrick mit Schmunzelgarantie. *Zeugma* heißt eigentlich »Joch«. Der Trick besteht im »Zusammenjochen« verschiedener Aussagen, die so eng nicht zusammengehören; oft hängen sie von einem Ausdruck ab, der mal in wörtlicher und mal in übertragener Bedeutung gemeint ist. Bekanntestes Beispiel: *Der Delinquent schlug zuerst ein Fenster und dann den Weg zum Goldenen Adler ein.*

Im Condor-Text kommt der Schmunzeleffekt dadurch zustande, daß alle Beteiligten etwas wollen, was nicht nur der Sache, sondern auch der Wortart nach höchst verschieden ist. Die Kinder wollen einen *Hund* (Konkretum in wörtlicher Bedeutung), die Frau will einen *Fuchs* (= Reitpferd, Konkretum in übertragener Bedeutung), der Mann will seine *Ruhe* (Abstraktum).

433 Er könnte das Zitat als Aufhänger verwenden und beispielsweise so fortfahren:

> »Angesichts dieses lobenswerten Grundsatzes wird manch liebende Gattin einen stillen Seufzer tun und sich vorstellen, wie sehr Mr. Churchill seine Anzüge strapazierte, wenn er sich auf der Couch in seinem Arbeitszimmer ausstreckte.
>
> Doch nicht jedem Anzug sieht man derartige Strapazen an. Es hängt viel davon ab ...«

434 Stellen Sie sich eine doppelseitige Schwarzweißanzeige vor, die fürs Kapitalsparen werben soll: Links ein freundlicher, gepflegter älterer Herr, rechts die These:

Ein Kapitalsparbuch ist ein Geschenk, das Freude macht.

Das wäre Null-acht-fuffzehn-Werbung. Machen Sie es spannender. Dramatisieren Sie, machen Sie aus der These eine Minigeschichte. Wie könnte sie lauten?

435 Vielleicht erinnern Sie sich an die Anzeige, in der sich ein sorgenvoll dreinblickender Mensch im eleganten Glencheck mit der rechten Hand, die in einem Football-Handschuh steckt, an die zerfurchte Stirn greift. Die Anzeige wirbt für Pfandbriefe und Kommunalobligationen. Die Schlagzeile erläutert den besorgten Gesichtsausdruck:

Nehmen wir mal an, Ihre Kinder wollten später in den USA studieren

Mit welcher Argumentation würden Sie jetzt die Kurve von der Schlagzeile zum Angebot kriegen?

436 So überzeugend die Agentur der Hypothekenbanken argumentiert (435) – sprachlich hat ihre Argumentation einen Knacks. Haben Sie ihn entdeckt?

437 Werbung für Herrenunterwäsche darf frech und witzig sein. *Wenn Männer das, was sie attraktiv macht, aufs Vorletzte reduzieren, dann bleibt der Mann in Unterhosen,* behauptet Jockey, und jeder, der das liest, kann dazu nur schmunzelnd nicken. Ein anderer Anzeigentext von Jockey beginnt so:

»Wenn es 2 Tage im Jahr gäbe, an denen jeder Mann …«

Fällt Ihnen dazu eine witzige Fortsetzung ein?

434 Aufmerksame Zeitungsleser werden sich vielleicht an eine Anzeige der Bank für Gemeinwirtschaft erinnern, deren Texter sich zum Bild des freundlichen älteren Herrn diese beiden Sätze einfallen ließen:

> Er hatte vor, Geld für ein Geburtstagsgeschenk abzuheben. Er nahm ein Kapitalsparbuch für seine Enkelin mit.

Im Text daneben wurden die Vorzüge des Kapitalsparens erläutert – eine Werbung, die gewiß nicht nur Großväter auf neue Ideen brachte.

435 Die Agentur der Hypothekenbanken schafft es gekonnt mit den Worten:

> »Dann sollten Sie sich möglichst bald mit den amerikanischen Universitätsgebühren vertraut machen. Die Preise akademischer Würden werden Sie schnell davon überzeugen, selbst etwas zu studieren: Die Vorteile finanzieller Vorsorge mit Pfandbriefen und Kommunalobligationen. Da sind zuallererst die hohen Zinsen ...«

436 Ja, *überzeugen* läßt sich nicht mit dem Infinitiv koppeln; überzeugen kann man jemanden *von* etwas oder *davon, daß ...*, nicht aber »davon, zu ...«
Beseitigen ließe sich der kleine sprachliche Knacks so:

– Die Preise ... werden Sie schnell *davon überzeugen, daß es wichtig ist,* selbst etwas zu studieren ...
– Die Preise ... werden Sie schnell *von der Notwendigkeit überzeugen,* selbst etwas zu studieren ...

Oder kurz und gut:

– Die Preise ... werden Sie schnell *dazu bringen,* selbst etwas zu studieren ...

437 Im Originaltext geht es so weiter:

> »... in Unterhosen ins Büro müßte, dann gäbe es viel mehr Jockey-Träger.«

Wer wollte da nicht »Stimmt!« sagen! Schade, daß Humor in der Werbung selten ist.

438 Stellen Sie sich vor, Sie sollen einen Anzeigentext für eine Munddusche entwerfen. In den Kopf der Anzeige soll ein Babyfoto, Klein Ralphi als Nackedei auf dem Bärenfell. So etwas zieht die Blicke aller weiblichen Wesen zwischen acht und achtzig magisch an. Wie aber kriegen Sie jetzt die Kurve vom Bild zum Text?

439 Werbeverse hatten ihre große Zeit, als Werbung noch *Reklame* hieß, vor gut einem halben Jahrhundert. Inzwischen ist die Werbung seriöser geworden; pfiffig gereimte Zweizeiler haben heute Seltenheitswert. Aber in der Berliner U-Bahn findet man sie noch. Da fallen einem vor allem die kessen Verse einer Großbäckerei auf:

> Und der Orje fragt den Kulle:
> Haste nich 'ne Paech-Brot-Stulle?

Oder:

> Beim JA-Wort schweigt die junge Braut,
> weil sie noch schnell ein Paech-Brot kaut.

Den nächsten Zweizeiler dürfen Sie zu Ende dichten:

> Die Damen mit den flotten ...
> lieben dünne Paech-Brot ...

440 Im Herbst 1988 hatte die Deutsche Bundespost auch die Außenbezirke der Städte weitgehend verkabelt. Doch viele Hausbesitzer mochten sich keinen Kabelanschluß von der Straße ins Haus legen lassen; sie scheuten die Kosten und fanden, drei Fernsehprogramme seien genug. Also startete die Post eine Anzeigenkampagne; ihr wichtigstes Werbeargument gipfelte in dem Slogan: *Mit Kabelanschluß mehr erleben.*

Im Bild der einen Anzeige die unvergeßliche Marilyn in dem berühmten weißen Kleid, dessen Plisseerock – wissen Sie noch? – sich über dem U-Bahn-Schacht so verführerisch bauschte. Die Headline dieser von Lintas in Hamburg gestalteten Anzeige heißt nicht »Mit Kabelanschluß hätten Sie öfter das Vergnügen« – sie hat noch mehr Pfiff. Kommen Sie drauf?

438 Bei Braun hat man sich in der Werbung für die Mundddusche einen bemerkenswert guten Dreizeiler als Headline einfallen lassen:

Mit einem Jahr können die meisten Kinder laufen.
Mit fünf können schon viele schwimmen.
Mit sieben haben 90 % Karies.

439 Irrtum, meine Herren! In der oberen Zeile fehlt nicht das Reimwort auf *Schnitten;* als öffentliches Verkehrsmittel muß die U-Bahn schließlich auf Sitte und Anstand bedacht sein. Nein, der Werbevers heißt harmlos-heiter:

Die Damen mit den flotten Leibchen
lieben dünne Paech-Brot-Scheibchen.

440 Bei Lintas textete man:

»Kabelanschluß – und ich bekomme Filmangebote von allen Seiten!«

Das ist doppelt raffiniert. Erstens bleibt offen, wer das *Ich* der Headline ist. Bezieht man es auf Marilyn, staunt man, wieso sie heute noch Filmangebote bekommen soll – und liest weiter. Bezieht man es auf sich selbst, setzt für Sekunden fast so etwas wie eine Identifikation mit der Filmdiva oder ihrem Partner ein: »Kabelanschluß – und man reißt sich um mich!« ??? Man staunt – und liest weiter. Erst dann dämmert die zweite Raffinesse: Man ist auf den Doppelsinn des Wortes *Filmangebote* hereingefallen: Für die Monroe waren es Rollen, für einen selbst sind es die vielen alten Kinofilme, unter denen man nach Kabelanschluß wählen kann.

Einer Headline, die so gekonnt mit Worten spielt, gelingt es zumindest, den Leser in den Text hineinzuziehen. Ob er danach seine Meinung über den Kabelanschluß ändert, ist freilich eine andere Frage.

441 »Die neuen NEFF-Herde der Modellreihe Joker (Joker 140, 145 sowie 146) versetzen Sie in die Lage, während des Backens auch außerhalb des Hauses eine Tätigkeit zu verrichten« – nein, so wirbt NEFF nicht.

Wie würden Sie die Copy oder den Body- oder Brottext einer Anzeige beginnen, die für einen neuen, sehr komfortablen Herd werben soll?

442 Die Headline zur NEFF-Anzeige (441) lautet:

Endlich ein Herd, mit dem man gleichzeitig Kuchen backen und Rasen mähen kann: der neue NEFF

Wie finden Sie das?

443 Eine Baugesellschaft, die in den Dolomiten Ferienhäuser errichtet, lädt deutsche Interessenten zu Besichtigungsreisen ein:

»Prüfen Sie diese Investitionsmöglichkeit ... Deshalb laden wir Sie zu völlig unverbindlichen, für Käufer kostenlosen Besichtigungsreisen ein. Begleiten werden Sie erfahrene Fachleute, die Ihnen alle Auskünfte geben über Klima, Preise, Steuern, Vermietungsmöglichkeiten, Bauweise, Aufenthaltserlaubnis usw. Diskretion zugesichert.«

Ein durchschnittlicher Werbetext, dem Atmosphäre fehlt. Allerdings ist an der durch Pünktchen gekennzeichneten Stelle ein frischer Satz ausgelassen, der im Original den ganzen Absatz hebt. Wie könnte er lauten?

444 Eine Agentur in Frankfurt stellt in einer flott gemachten Werbebroschüre sich selbst und einige Ideen vor, so zum Beispiel als Blickfang für eine Stellenanzeige das kopflose Brustbild eines hochdekorierten Offiziers. Und in der Fußnote heißt es:

Statt Orden: Wir zahlen sehr gut.

Was ist daran schade?

441 Am besten natürlich, indem Sie sich in die Situation einer gestreßten Hausfrau versetzen und die Dinge mit ihren Augen sehen. So lebendig fängt der echte Anzeigentext an:

> »Manchmal kann ich mich schier zerreißen«, sagt Frau Hellmann. »Immer, wenn ich einen Kuchen backe, soll ich gleichzeitig im Garten helfen. Immer, wenn ich den Kindern die Vokabeln abhöre, soll ich gleichzeitig das Abendessen kochen. Und immer, wenn ich gerade den Sonntagsbraten im Backofen habe, ruft meine Mutter an und bricht wieder einmal den Guinness-Rekord im Dauerreden.« Falls Sie, liebe Leserin, unter ähnlichen Symptomen leiden wie Frau Hellmann, ist die Diagnose klar. Was Ihnen fehlt, ist der neue NEFF ...

442 Eigenartig, was? Denn bisher waren Sie gewiß der Meinung, Rasenmähen gehe nur mit Rasenmäher, Sense oder Sichel. Wie wäre es so:

> *Endlich* ein Herd, der Kuchen bäckt, während Sie den Rasen mähen: der neue NEFF

Darin stimmt das erste Wort nicht. Denn einen Herd, der buk, während sie im Garten Unkraut zupfte, hatte meine Oma schon. Nur machte die Gleichzeitigkeit sie nervös; immer wieder schnupperte sie, ob es aus dem offenen Küchenfenster nicht schon brenzlig roch. Der Unterschied zwischen damals und heute liegt allein im Komfort. Korrekt wäre:

> Endlich ein Herd, der bäckt, während Sie *in aller Ruhe* den Rasen mähen: der neue NEFF.

Aber ist das nun besser als das schiefe Original? Ich fürchte, nein. Die NEFF-Headline macht neugierig – nicht auf den Herd, wohl aber auf den Rasenmäher. Eben deshalb liest man sie und auch das, was druntersteht.

443 O-Ton, frisch und anschaulich:

> *Leider können wir Ihnen unsere Häuser nicht nach Deutschland bringen.*

444 Daß diese gute Idee nicht von einem selber stammt.

Sie haben es geschafft. Mit der Schnapszahl 444 endet das Frage-Antwort-Spiel. Schnapszahl? Der Name kommt vom Würfeln. Wer einst am Wirtshaustisch mit einem Wurf dreimal auf die gleiche Augenzahl kam, durfte eine Runde spendieren.

Zum Anstoßen muß es nicht unbedingt Hochprozentiges sein. Vier, vier, vier – darauf ein kühles Bier! Sie haben sich's verdient, vorausgesetzt, Sie haben von den 444 Fragen nicht 333 ausgelassen. Haben Sie nicht? Hut ab! Manche Fragen waren alles andere als leicht. Vielleicht hat es trotzdem ein bißchen Spaß gemacht? Wenn Sie das Buch nach ein paar Wochen noch einmal durchgehen, werden Sie sehen, daß eine Menge hängengeblieben ist.

Außerdem wissen Sie jetzt auch besser, wo Sie nicht ganz sicher sind und bei Gelegenheit doch lieber nachschlagen sollten. Haben Sie intus, welcher Fall nach *je* und welcher nach *entsprechend* steht? Wenn nicht: Seiten 93 und 103. Bei Sprachfragen, auf die Ihnen »Deutsch für Texter« die Auskunft schuldig bleibt, helfen Ihnen mit Sicherheit die im Literaturverzeichnis empfohlenen Bücher weiter.

Zu guter Letzt eine Bitte: Sie werden nicht 444mal mit mir einer Meinung gewesen sein. Vielleicht hat Sie dies und das gestört, vielleicht haben Sie mich sogar bei einem Irrtum ertappt. Dann schreiben Sie es bitte dem Verlag, damit der Lapsus bei einer Neuauflage beseitigt werden kann. Ich bin für jeden begründeten kritischen Hinweis dankbar, halte mich weder für unfehlbar noch für unverbesserlich und weiß sehr wohl, daß das Brett vorm Kopf der anderen nicht vorm Splitter im eigenen Auge schützt. EH

Stichwortverzeichnis

Sprachliche Zweifelsfälle

Nur die mit S. gekennzeichneten Zahlen verweisen auf Seiten, alle anderen auf Fragen und Antworten.

Fachwortverzeichnis

Begriffe der Grammatik

Nur die mit S. gekennzeichneten Zahlen verweisen auf Seiten, alle anderen auf Fragen und Antworten. Unter einer fettgedruckten Zahl finden Sie den von mehreren Hinweisen wichtigsten oder informativsten.

Sachwortverzeichnis

Werbetips

Nur die mit S. gekennzeichneten Zahlen verweisen auf Seiten, alle anderen auf Fragen und Antworten. Unter einer fettgedruckten Zahl finden Sie den von mehreren Tips wichtigsten oder informativsten.

Bücher, die Ihnen auf die Sprünge helfen

Wer schreibt, braucht so manches liebe Mal am Tag Rat, Auskunft oder einen neuen Anstoß. Aber an wen sich wenden? Kenntnisreicher, anregender und zuweilen sogar amüsanter als der Kollege vom Schreibtisch nebenan sind Lexika und Bücher mit gutem Register. Wenn Sie bereits eine Handbücherei besitzen, sind Sie fein raus. Wenn nicht, finden Sie hier, was den Grundstock dazu bilden könnte.

Sachlexika

Ein großes Sachlexikon braucht jeder Texter. Es muß ja nicht gleich die **24bändige Brockhaus Enzyklopädie** sein, deren Neubearbeitung im Frühjahr 1994 bis Band 23 gediehen war. **Meyers Neues Lexikon in zehn Bänden** (abgeschlossen 1994) tut's auch. Wer weniger investieren möchte, dem sei der **fünfbändige Neue Brockhaus** empfohlen (1993/94 in 8. Auflage erschienen).

Wenn Sie noch kein großes Sachlexikon besitzen und im modernen Antiquariat auf ein scheinbar besonders günstiges Angebot stoßen – überlegen Sie es sich dreimal! Lexikonwissen veraltet schnell. Mehr als von 12 Halblederbänden mit Goldschnitt aus den fünfziger Jahren haben Sie von einem modernen Taschenbuchlexikon. **Meyers 24bändiges Taschenlexikon** ist 1992 in 4. Auflage, der **20bändige dtv-Brockhaus** ebenfalls 1992 neu bearbeitet herausgekommen.

Rechtschreibung

Man kommt nicht ohne ihn aus: Der **Duden** ist *das* deutsche Rechtschreibwörterbuch; seine Regeln und Schreibweisen sind seit Ende der fünfziger Jahre für den Unterricht an bundesdeutschen Schulen verbindlich. Viele seiner Vorschriften halte ich für überzogen, einige für inkonsequent, manche für unbegreiflich. Trotzdem bin ich dafür, daß wir uns strikt an ihn halten – nicht, damit wir »richtig«, sondern damit wir einheitlich schreiben. Nur die einheitliche Schreibweise läßt schnelles Lesen und Verstehen zu. Jede Abweichung von der Schreibnorm zieht beim Lesen Aufmerksamkeit an und lenkt vom Inhalt ab.

Alle sechs, sieben Jahre erscheint ein neuer Duden; seit 1991 ist die 20. Auflage auf dem Markt. Bei jeder Neuauflage kommen nicht nur neue Wörter hinzu; vereinzelt werden auch Schreibweisen geändert, und zwar stillschweigend. Wer ein Monopol auf die Rechtschreibung hat, kann es sich leisten, mit ihr Geschäfte zu machen. Schreibern wie uns bleibt nämlich nichts anderes übrig, als in den sauren Apfel zu beißen und stets die neueste Dudenausgabe in Griffnähe zu haben; jede vorhergehende ist hoffnungslos veraltet.

Noch ein Tip: Lesen Sie, auch wenn es Sie Überwindung kostet, einmal im Leben die inzwischen auf über 80 Seiten angewachsenen Vorbemerkungen im Duden; Sie ersparen sich dadurch bei so manchem Schreib- oder Kommazweifel das Würfeln.

Zeichensetzung

Unsicher? Schneller als im Rechtschreibduden finden Sie sich in dem sehr übersichtlichen **Komma-Lexikon von Theofried Kratschmer** zurecht; es ist seit 1975 als Humboldt-Taschenbuch zu haben. Interessanter, weil es mit nicht ganz so simplen Beispielsätzen arbeitet, ist das Duden-Taschenbuch 1 von **Dieter Berger: Komma, Punkt und alle anderen Satzzeichen,** 2. Aufl. 1982.

Beide Bücher erfassen nicht alle Zweifelsfälle. Aber das macht nichts. Man braucht ja nur gut lesbar zu schreiben, und schon kommt man mit den Grundregeln der Zeichensetzung aus.

Grammatik

Was tun, wenn man nicht weiß, ob man einen Brief an *Herrn Präsidenten* oder an *Herrn Präsident Felix Fettback* richten soll? Lieber als zum **Duden 4 (Grammatik,** 4. Aufl. 1984) greife ich in solchem Fall zum **Duden 9, Richtiges und gutes Deutsch,** 3. Aufl. 1985. Sein größter Vorzug ist die alphabetische Gliederung; man findet schnell, was man sucht.

So gut wie alle mir bekannten Grammatiken sind sachlich, deskriptiv, auf Vollständigkeit bedacht, mit einem ungenügenden Register ausgerüstet und strohtrocken. Deshalb habe ich selbst eine geschrieben: **Mehr Erfolg mit gutem Deutsch – Das Handbuch für alle sprachlichen Probleme des Alltags,** Mosaik Verlag, München 1991 (Lizenzausgaben bei der Buchgemeinschaft Kremayr & Scheriau, Wien, und beim Bertelsmann Club, Gütersloh).

Wortwahl- und Bedeutungswörterbücher

Wenn Geld keine Rolle spielt und Sie sich ein nützliches Nachschlagewerk anschaffen wollen, haben Sie die Wahl zwischen zwei sechsbändigen Wörterbüchern, dem **Deutschen Wörterbuch** (**Brockhaus/Wahrig,** abgeschlossen 1984) und dem **Großen Wörterbuch der deutschen Sprache** (**Duden,** abgeschlossen 1981), das zu einem **achtbändigen** Werk erweitert wird; davon lagen im Frühjahr 1994 die ersten drei Bände vor. Bei mir vergeht kein Tag, an dem ich nicht beide große Wörterbücher dankbar befrage.

Scheuen Sie aber noch die große Anschaffung, dann rate ich Ihnen zu einem einbändigen Wörterbuch der gleichen Verfasser. Gerhard **Wahrigs** schon 1966 erschienenes einbändiges **Deutsches Wörterbuch** hat der Bertelsmann Lexikon Verlag in Gütersloh 1994 neu herausgebracht. Sein Pendant ist **Dudens** einbändiges **Deutsches Universalwörterbuch;** es liegt seit 1989 in 2., auf über 1800 Seiten erweiterter Auflage vor.

Gut gesagt und formuliert heißt ein 1988 vom Verlag DAS BESTE in Stuttgart herausgebrachtes Lexikon, das sechs Wörterbücher in einem Band vereint: 1. Herkunfts-, 2. Redensarten-, 3. Umgangssprache-, 4. Jugendsprache-, 5. Fremdwörter-, 6. Synonymwörterbuch – und das alles auf 575 Seiten. Ein unterhaltsames Buch für Anfänger; der Profi stößt schnell an die Grenzen.

Wenn das Wort, das einem auf der Zunge liegt, da nicht liegen bleiben soll, nützen einem die meisten Wörterbücher wenig, denn um ein Wort nachschlagen zu können, muß man es ja erst einmal haben. Hier will »Das ganz andere Lexikon« Abhilfe schaffen, das der ADAC-Verlag in München zusammen mit dem Verlag DAS BESTE 1992 herausgebracht hat. Es heißt **Der schnelle Weg zum richtigen Wort** und ist nach Sachbegriffen gegliedert. So findet man unter **Arzt** alle Fachärzte, vom Anästhesisten bis zum Zahnarzt. Begriffe eines größeren Themenbereichs sind in Tabellen zusammengefaßt. Gut gefallen mir die Abbildungen, deren einzelne Elemente bezeichnet sind. Wenn man Glück hat, findet man in dem Buch tatsächlich das gesuchte Wort.

Viel ergiebiger für Ihre tägliche Arbeit sind gute **Synonymwörterbücher.** Daß ich gern den von **Wolfgang Müller** herausgegebenen **Duden 8** benutze, »Das Wörterbuch für den treffenden Ausdruck« (2. Aufl. 1986), haben Sie schon auf Seite 169 lesen können. Es bietet eine unglaubliche Fülle sinn- und sachverwandter Wörter und Redensarten an. Nur braucht man wegen der Riesenauswahl und der vielen Querverweise etwas Zeit. Muß es schnell gehen, greife ich zum bewährten Synonymwörterbuch der **A. M. Textor: Sag es treffender** (Verlag Ernst Heyer, Essen, 12. Aufl. 1993) oder zu **Peltzer/Normanns »treffendem Wort«**, einem 1993 in 23. Auflage in der »treffenden Reihe« des Ott Verlags in Thun (Schweiz) erschienenen Synonymwörterbuch.

Zitatenbücher

»Über manche Gedankenlücke bilden Zitate die Eselsbrücke.« Wie wahr! Eben deshalb braucht man sie.

Am bekanntesten sind **Büchmanns »Geflügelte Worte«.** Mein ältester Büchmann stammt aus dem Jahr 1887 und leistet mir heute beim Aufspüren von Klassikerworten noch gute Dienste. 1987, genau hundert Jahre später, hat der Ullstein Verlag, Frankfurt am Main und Berlin, die 36. Auflage der »Geflügelten Worte« herausgebracht, 1993 ist die 39. Auflage erschienen. Natürlich gibt es Moderneres.

Neu auf dem Markt ist der Ende 1993 herausgekommene **Duden 12: Zitate und Aussprüche.** Er eignet sich hervorragend zum Nachschlagen bekannter und nicht mehr genau erinnerter Sentenzen, von der Antike bis zum Werbeslogan, von der Bibel bis zum Fernsehfilm. Im ersten Teil des Buchs sind die Zitate alphabetisch nach ihren Anfängen geordnet, im zweiten Teil nach Themen; das erleichtert den Zugriff. Ein weiterer Vorzug sind ausführliche Herkunftserklärungen und Hinweise auf den Gebrauch.

Weniger zum Nachschlagen als zum Nachlesen gedacht sind die beiden großen **Zitatenhandbücher** von **Eberhard Puntsch;** statt der gängigen Zitate enthalten sie eine Fülle kluger, anregender, weniger bekannter und schon deshalb gut weiterverwertbarer Gedanken (Moderne Verlagsgesellschaft, Landsberg am Lech; Band I: 13. Aufl. 1993, Band II: 3. Aufl. 1993). Äußerst ergiebig ist ein dritter voluminöser Band vom selben Autor: **Witze, Fabeln, Anekdoten** (ebenfalls Moderne Verlagsgesellschaft, 10. Aufl. 1992; alle drei

Bücher sind auch beim Weltbild Verlag, Augsburg, zu haben). Den Witz auf Seite 149 habe ich bei Puntsch aufgelesen.

Pointen sind bekanntlich das, was einem immer erst hinterher einfällt. Es sei denn Sie legen sich die von **Markus M. Ronner** gesammelten aktuellen Lesefrüchte zu: **Der treffende Geistesblitz. 1000 Aphorismen, Pointen und Bonmots des 20. Jahrhunderts,** 1990 in der »treffenden Reihe« des Ott Verlags (Thun/Schweiz) erschienen, die noch manches andere für Texter interessante Buch bereithält.

Aphorismensammlungen kann man nie genug haben. Kennen Sie die von **Lothar Schmidt** zusammengetragenen **Schlagfertigen Definitionen**? Seit 1987 auch als rororo-Taschenbuch zu haben.

Im WEKA-Verlag in Kissing läßt **Peter Lesser** seit einigen Jahren ein **Aktuelles Zitatenhandbuch** erscheinen, das den bestechenden Vorzug hat, eine Loseblattsammlung zu sein: Belangloses läßt sich mühelos aus- und Selbstgesammeltes systematisch einsortieren. Zugegeben, das ist ein etwas teurer Spaß. Selber Funken sprühen ist billiger. Eine eigene Zitatenkartei übrigens auch.

Goethe trug ständig ein Notizbuch mit sich herum; darin hielt er anschauliche Formulierungen seiner Zeitgenossen fest, geschickte Vergleiche und überhaupt allerlei Wissenswertes, um es bei Gelegenheit selbst verwerten zu können. Kästner las Zeitung mit der Schere in der Hand, und John F. Kennedy griff bei der Vorbereitung seiner Reden gern auf eine „Humor-Akte" zurück, die sein Redenschreiber Sorensen für ihn führte.

»Machen Sie es wie Goethe, Kästner und Kennedy!« rät Redenschreiber **Friedhelm Franken,** Referent für Öffentlichkeitsarbeit in Bonn und Herausgeber des **Reden-Beraters.** In der Einführung zum Kapitel »Gags, Zitate, Pointen« schreibt er: »Zitierwürdige Stellen in Büchern, Zeitungen, Zeitschriften markiere ich, lasse sie unverzüglich herausschreiben oder herausschneiden und alphabetisch in Karteikästen sortieren. So habe ich einen Zitaten-Fundus, der ständig wächst – und immer aktuell ist.« – **Der Reden-Berater** ist ein Handbuch in Loseblattform, das seit 1986 im Verlag Norman Rentrop in Bonn erscheint und eine Fülle von Anregungen für alle bereithält, die als Ghostwriter für andere Reden entwerfen oder selbst Reden halten wollen. Sie können sich das zweibändige Grundwerk für sechs Wochen zur Ansicht kommen lassen.

*

So, das müßte als Grundstock für die Handbücherei genügen. Was jetzt kommt, sind Bücher, die viel Anregendes enthalten, aber nicht unmittelbar neben dem Schreibtisch stehen müssen.

Sprach- und Stilratgeber

Edith Hallwass: *Deutsch müßte man können! Ein Sprachquiz für jedermann,* Hans Holzmann Verlag, Bad Wörishofen, 3. Aufl. 1989; Verlag des Schweizerischen Kaufmännischen Verbandes, Zürich, 2. Aufl. 1987; Econ Taschenbuch Verlag, Düsseldorf, 2. Aufl. 1991

– *Deutsch: locker, frisch, präzise – Ein vergnügliches Sprachtraining mit 444 Fragen und Antworten,* Hans Holzmann Verlag, Bad Wörishofen 1990; Verlag des Schweizerischen Kaufmännischen Verbandes Zürich 1990; aktualisierte Taschenbuchausgabe unter dem Titel *Vergnügliches Sprachtraining Deutsch* im Humboldt-Taschenbuchverlag, München 1992

– *So testen Sie Ihr Sprachgefühl – Ein kurzweiliger Deutschkurs mit 444 Fragen und Antworten,* Ehrenwirth Verlag, München 1992

Ilse und Ernst Leisi: *Sprach-Knigge oder Wie oder was soll ich reden?,* Gunter Narr Verlag, Tübingen 1992

Lutz Mackensen: *Gutes Deutsch in Schrift und Rede,* Sonderausgabe im Orbis Verlag für Publizistik, München 1993

Wolfgang Manekeller/Gabriele Reinert-Schneider: *Gutes Deutsch schreiben und sprechen,* Falken Verlag, Niedernhausen 1989

Ludwig Reiners: *Stilkunst – Ein Lehrbuch deutscher Prosa,* Verlag C. H. Beck, München, Originalausgabe 1943

Gabriele L. Ricoh: *Garantiert schreiben lernen – Sprachliche Kreativität methodisch entwickeln,* Rowohlt Verlag, Reinbek 1984

Wolf Schneider: *Wörter machen Leute,* R. Piper & Co. Verlag, München und Zürich, 4. Aufl. 1987

– *Deutsch für Kenner – Die neue Stilkunde,* »Stern«-Buch, Verlag Gruner + Jahr, 2. Aufl., Hamburg 1987

– *Deutsch fürs Leben. Was die Schule zu lehren vergaß,* Rowohlt Taschenbuchverlag, Reinbek 1994

Zum Thema »Text« in Journalismus und Werbung

Reiner H. Hager: *So schreibt man Briefe, die verkaufen,* Verlag Moderne Industrie, Landsberg am Lech, 2. Aufl. 1994

Heinz Hartwig: *Das Wort in der Werbung.* Verlag Karl Thiemig, München 1974

– *Die Kunst zu informieren – Werbe- und PR-Journalistik,* Verlag Karl Thiemig, München 1977

– *Werbetextgestaltung – Verbale Kommunikation heute,* Verlag Karl Thiemig, München 1978

Ulrich Herzog: *Treffsicher formulieren in Werbung und PR,* Stamm Verlag, Essen 1991

Walther von La Roche: *Einführung in den praktischen Journalismus,* List Verlag, München, 13. Aufl. 1992

Klaus Prochazka: *Direkt zum Käufer – Wie man Millionen per Post umsetzt,* Rudolf Haufe Verlag, Freiburg, 2. Aufl. 1990

Wolf Schneider: *Unsere tägliche Desinformation – Wie die Massenmedien uns in die Irre führen,* »Stern«-Buch, Verlag Gruner + Jahr, Hamburg, 5. Aufl. 1992

– *Deutsch für Profis – Handbuch der Journalistensprache,* »Stern«-Buch, Verlag Gruner + Jahr, Hamburg, Neuaufl. 1993 im Goldmann Verlag, München

Wolf Schneider/Detlef Esslinger: *Die Überschrift: Sachzwänge – Fallstricke Versuchungen – Rezepte,* List Verlag, München 1993

Walter Schönert: *Werbung, die ankommt. 199 Beispiele, Erfolgsregeln, praktische Erfahrungen,* Verlag Moderne Industrie, 6. Aufl., München 1992

Herbert Werler: *Millionengrab Werbung – Die Sünden der Werber und die Fehler ihrer Auftraggeber,* Schäffer-Poeschel Verlag, 2. Aufl., Stuttgart 1994

Der Werbeberater, Loseblattzeitschrift, zweibändiges Grundwerk, monatliche Ergänzungslieferungen, erscheint im Verlag Norman Rentrop, Bonn; Ansichtslieferung auf Anfrage